Hitchcock's Blondes

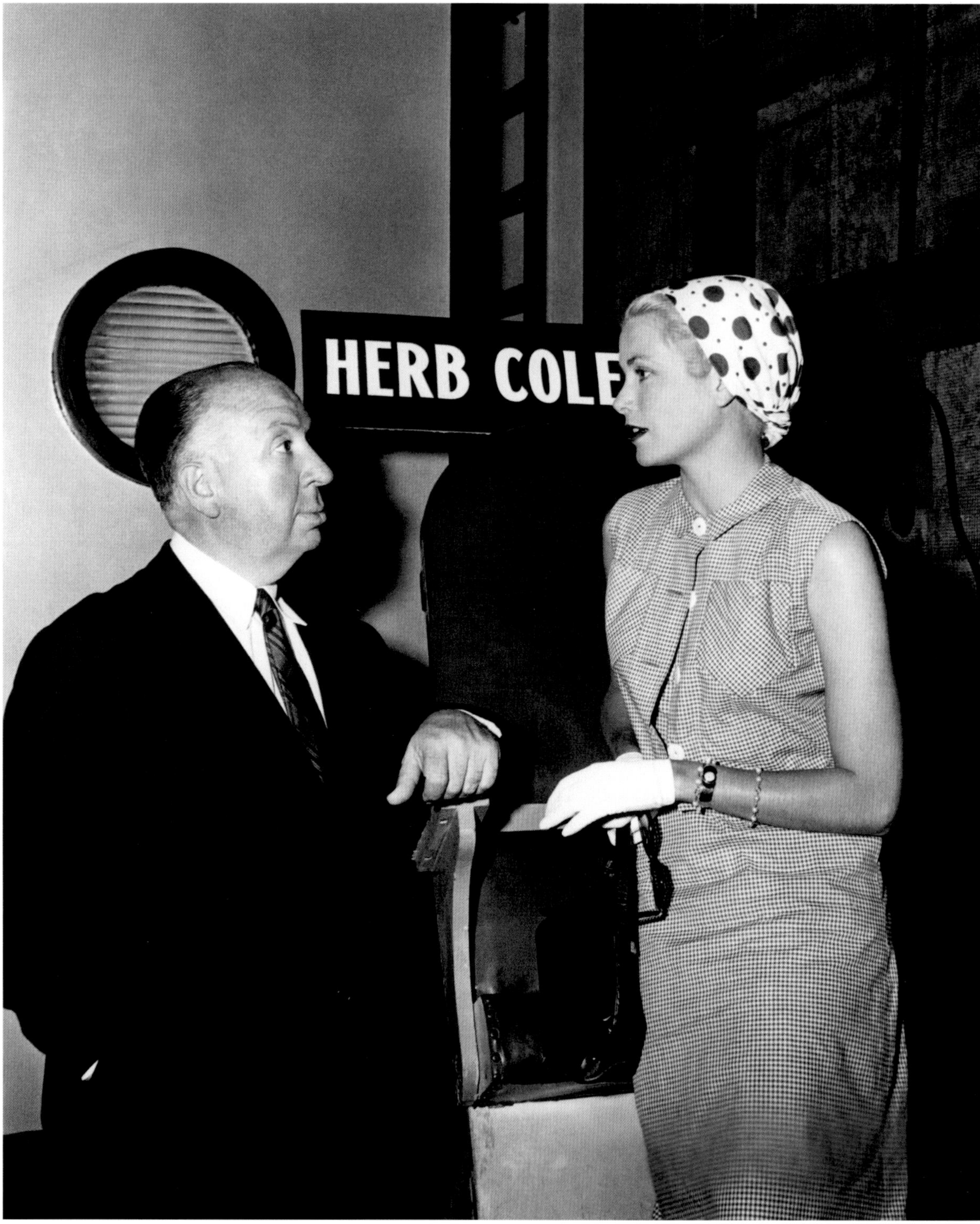

Alfred Hitchcock und Grace Kelly am Set von *To Catch a Thief*, 1954.

Thilo Wydra

Hitchcock's Blondes

Erfindung eines Frauentyps

83 Photographien
aus 19 Filmen

Schirmer/Mosel

Joan Fontaine

Rebecca

Suspicion

Ingrid Bergman

Spellbound

Notorious

Under Capricorn

Grace Kelly

Dial M for Murder

Rear Window

To Catch a Thief

Shirley MacLaine

The Trouble with Harry

Doris Day

The Man Who Knew Too Much

Vera Miles

The Wrong Man

Psycho

Kim Novak

Vertigo

Eva Marie Saint

North by Northwest

Janet Leigh

Psycho

Tippi Hedren

The Birds

Marnie

Julie Andrews

Torn Curtain

Karin Dor

Topaz

Vorspann

»Hitchcock hätte Grace Kelly am liebsten in seinen zehn nächsten Filmen eingesetzt. Ich würde sagen, dass er bei allen Schauspielerinnen, denen er nach Grace eine Hauptrolle gab, immer versucht hat, das Bild und das Gefühl zu übertragen, das er so ehrerbietig von Grace hatte.«

(Drehbuchautor John Michael Hayes[1])

»Warum ist sie eigentlich immer blond?« – »Ich glaube, das ist Tradition. Das geht wohl noch auf Mary Pickford zurück. Die Kinotradition besagt, dass der Held immer ein dunkelhaariger Mann und die Heldin eine Blondine sein muss. Im Grunde ist das eine Art Vereinfachung der Identifikation.«

(Alfred Hitchcock in einem
Fernsehinterview der BBC, 1966)

Eine Hitchcock-Blondine, das ist im allgemeinen Sprachgebrauch inzwischen zum geflügelten Wort geworden. Unter Filmliebhabern und Filmhistorikern, Hitchcock-Fans und Cineasten ist es seit langer Zeit schon ein feststehender Begriff. Ein Synonym für eine Frau, besser: eine Lady, die durch ihren stilvoll distanzierten Habitus eine kühle, scheinbar unnahbare Eleganz ausstrahlt, dabei von aparter, verführerischer Schönheit ist und, ist das Eis erst einmal gebrochen, mit intensiven Gefühlen aufwartet. Hitchcock-Blondinen haben meist etwas Ambivalentes an sich. Nichts an ihnen ist eindeutig. Nichts an ihnen ist eindimensional. Eine Hitchcock-Blondine ist zugleich eine der Haupt-Attraktionen eines Hitchcock-Films.

Grace Kelly in *Rear Window*!
Ingrid Bergman in *Notorious*!
Tippi Hedren in *The Birds*!
Eva Marie Saint in *North by Northwest*!

Was wären all die Hitchcock-Filme – zwischen 1926 und 1976 entstanden und allesamt längst zu zeitlosen Klassikern avanciert – ohne die Hitchcock-Blondinen? Was wäre To *Catch a Thief* ohne die atemraubende Eleganz von Grace Kelly, wie sie sich im stylishen eisblauen Kleid unerwartet umdreht, mit leuchtend roten Lippen und zurückgestecktem blondem Haar, nachdem Cary Grant sie im noblen Carlton Hotel in Cannes bis zur Zimmertür gebracht hat, und ihn *out of the blue* küsst, um danach nicht weniger stilvoll die Tür vor seiner Nase zuzuschlagen? Formvollendet und fordernd. Charmant und elegant. Unwiderstehlich.

Hitchcock-Blondinen haben stets etwas Überirdisches. Der Regisseur überhöht sie, stilisiert sie, formt sie. Hitchcock-Blondinen sind *bigger than life*. Seine Filme – die der französische Philosoph Gilles Deleuze einmal wunderbar treffend »mentale Bilder« nennt – sind Träume. Tag-Träume, Alb-Träume. In diesen Träumen lässt Hitchcock die Frauen auftreten und lässt sie durch die Photographie seiner Kameramänner ikonisch wirken. Der Zuschauer liebt und leidet mit ihnen. Hitchcock-Blondinen sind Frauen zum Anbeten, starke Frauen, eigensinnige Frauen, oftmals von großen Emotionen geleitet und immer auch mal am schwindelerregenden Abgrund des Lebens stehend. Einige von ihnen geben mit ihrem Namen den Filmen ihre Titel – *Marnie*, *Rebecca*. Einzelne Sequenzen mit Hitchcock-Blondinen sind in die Ikonographie der Kulturgeschichte eingegangen und haben neue Sehgewohnheiten und Blicke entfacht und ganze Genres revolutioniert – etwa der Duschmord an Janet Leigh in *Psycho*, die Verwandlung von Kim Novak in *Vertigo*, die Dachbodenattacke auf Tippi Hedren in *The Birds*.

Unvergessen ist auch der erste dreiminütige Leinwand-Kuss der Filmgeschichte – gegen die Richtlinien und Vorgaben der damaligen US-Zensur – zwischen Ingrid Bergman und Cary Grant in *Notorious*. Unvergessen der erste Auftritt Grace Kellys in *Rear Window*, wenn sie James Stewarts New Yorker Hinterhof-Apartment im Dunkel betritt, zunächst nur als Schatten zu sehen ist und dann, in einer Slow-Motion-Sequenz ihren Kopf zu ihm senkt, um den im Rollstuhl sitzenden Stewart wach zu küssen. Ihr Gesicht ist im nahen Close-up gehalten, sie lächelt und strahlt. Ein Bild wie ein Gemälde.

In fast allen Hitchcock-Filmen geht es immer auch um Liebe.

Hitchcock-Blondinen sind immer auch Liebende und Geliebte.

François Truffaut ist es, der einmal schreibt, dass bei Hitchcock alle Mordszenen wie Liebesszenen, und alle Liebesszenen wie Mordszenen gefilmt sind.

»Auch wenn ich mich auf der Leinwand mit Sex befasse, vergesse ich nie, daß der Suspense die Hauptsache ist. Wenn der Sex zu aufgetragen, zu dick ist, gibt es keinen Suspense mehr. Weshalb ich immer wieder auf die mondän reservierten blonden Schauspielerinnen zurückkomme? Ich brauche Damen, wirkliche Damen, die dann im Schlafzimmer zu Nutten werden.«[2]

So der von Queen Elizabeth geadelte Brite Sir Alfred Hitchcock.

Alfred Hitchcock verehrt seine Blondinen. Mit vielen seiner *Leading Ladies* pflegt er jahrelange, teils Jahrzehnte anhaltende Freundschaften. Einige von ihnen hat er für die Leinwand entdeckt, hat sie gecoacht, hat sie unterrichtet und überhaupt erst zu dem gemacht, was sie wurden: zu großen weiblichen Stars.

So gibt etwa Shirley MacLaine in *The Trouble with Harry* ihr Kino-Debüt, ebenso wie später Tippi Hedren in *The Birds*. Mit Grace Kelly und Ingrid Bergman – seinen beiden bevorzugten Schauspielerinnen, mit denen er jeweils drei Filme dreht – ist er bis zu seinem Tod am 29. April 1980 eng befreundet. Beide, Kelly wie Bergman, besuchen ihn über all die Jahre regelmäßig, stehen in anhaltendem Austausch mit »Hitch«, wie ihn alle Freunde nur nennen, und ihre Briefe an ihn sind, all die Jahre hindurch, von tiefem Respekt, von Wärme und Wertschätzung geprägt. So wie die seinen an sie. Grace Kelly und Ingrid Bergman, für die Hitchcock durchaus so etwas wie ein Mentor ist, werden ihn einmal als einen ihrer wichtigsten Regisseure überhaupt bezeichnen.

Die einzig wahre *Leading Lady* seines Lebens allerdings ist Ehefrau und Mitarbeiterin Alma Reville. Nur einen Tag nach Hitchcock geboren – er am 13. August 1899 in London, sie am 14. August desselben Jahres in Nottingham – arbeitet Alma Reville bereits in den 1920er Jahren in England als Cutterin und Drehbuchautorin. In den Londoner Filmstudios lernen sie sich 1921 kennen und heiraten schließlich im Dezember 1926.

Sie wird zeit ihres Lebens bei all seinen Produktionen dabei und die maßgebliche Stimme sein, die darüber entscheidet, ob ein Projekt realisiert wird oder nicht. Sie werden einmal 53 Ehejahre miteinander verbracht und 53 Kinofilme miteinander kreiert haben.

Als Alma Reville Hitchcock zwei Jahre nach ihrem Mann am 6. Juli 1982 stirbt, schreibt die *Los Angeles Times* in einer späten Würdigung: »Der Hitchcock-Touch hatte vier Hände – zwei davon gehörten Alma.«[3]

Nicht alle in *Hitchcock's Blondes* aufgeführten *Leading Ladies* sind blond, das bringt die Natur der Sache mit sich. Shirley MacLaine ist rothaarig. Julie Andrews ist brünett. Wie sagt der ebenso gewichtige wie humorige *Master of Suspense* jedoch einmal etwa über die dunkelhaarige gebürtige Wiesbadenerin Karin Dor, die in *Topaz*, einem seiner letzten Filme, mitspielt? »*She is blonde inside.*«

[1] Lander, Suzanne (Hrsg.): *Grace Kelly. Eine Hommage in Fotografien.* Berlin 2009, S. 120.

[2] François Truffaut: *Mr. Hitchcock, wie haben Sie das gemacht?* München 1973 / Neuausgabe 2003, S. 220.

[3] *Los Angeles Times*: Charles Champlin, »Alma Reville Hitchcock – The Unsung Partner«. 29. Juli 1982.

1

Joan Fontaine

Rebecca (1940)

Suspicion (Verdacht, 1941)

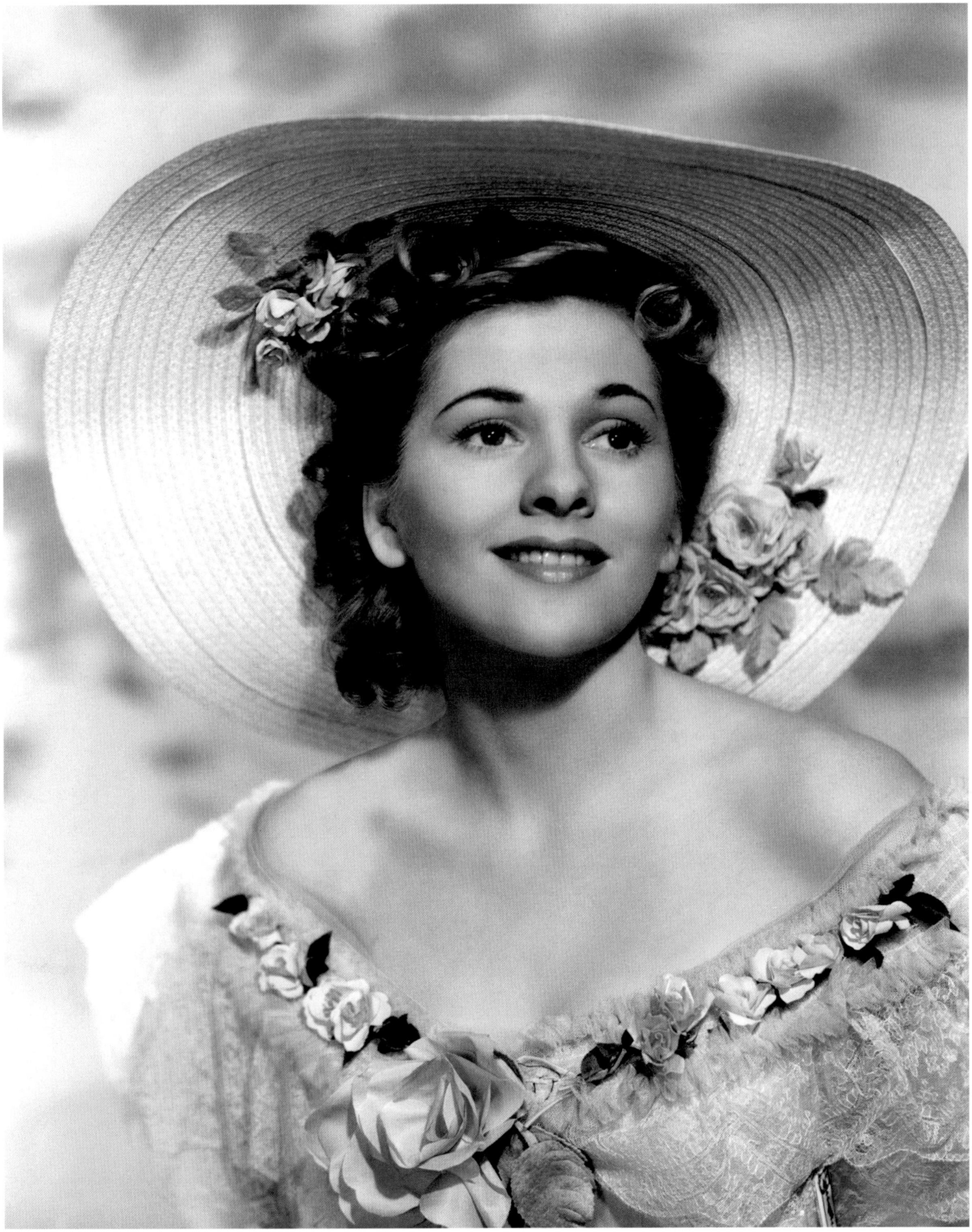

Joan Fontaine in *Rebecca*, 1940

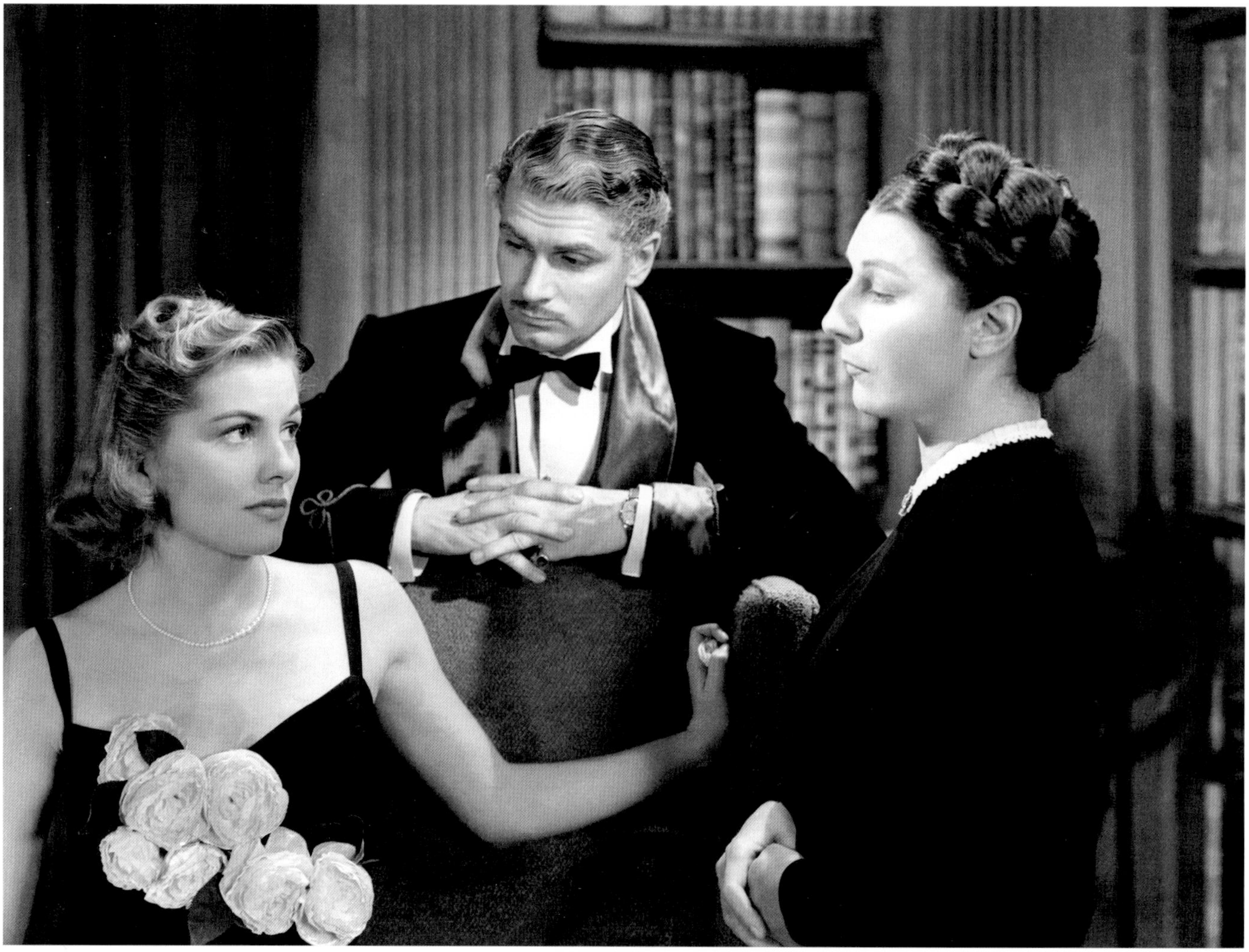

v. l. n. r. Joan Fontaine, Laurence Olivier und Judith Anderson in *Rebecca*, 1940

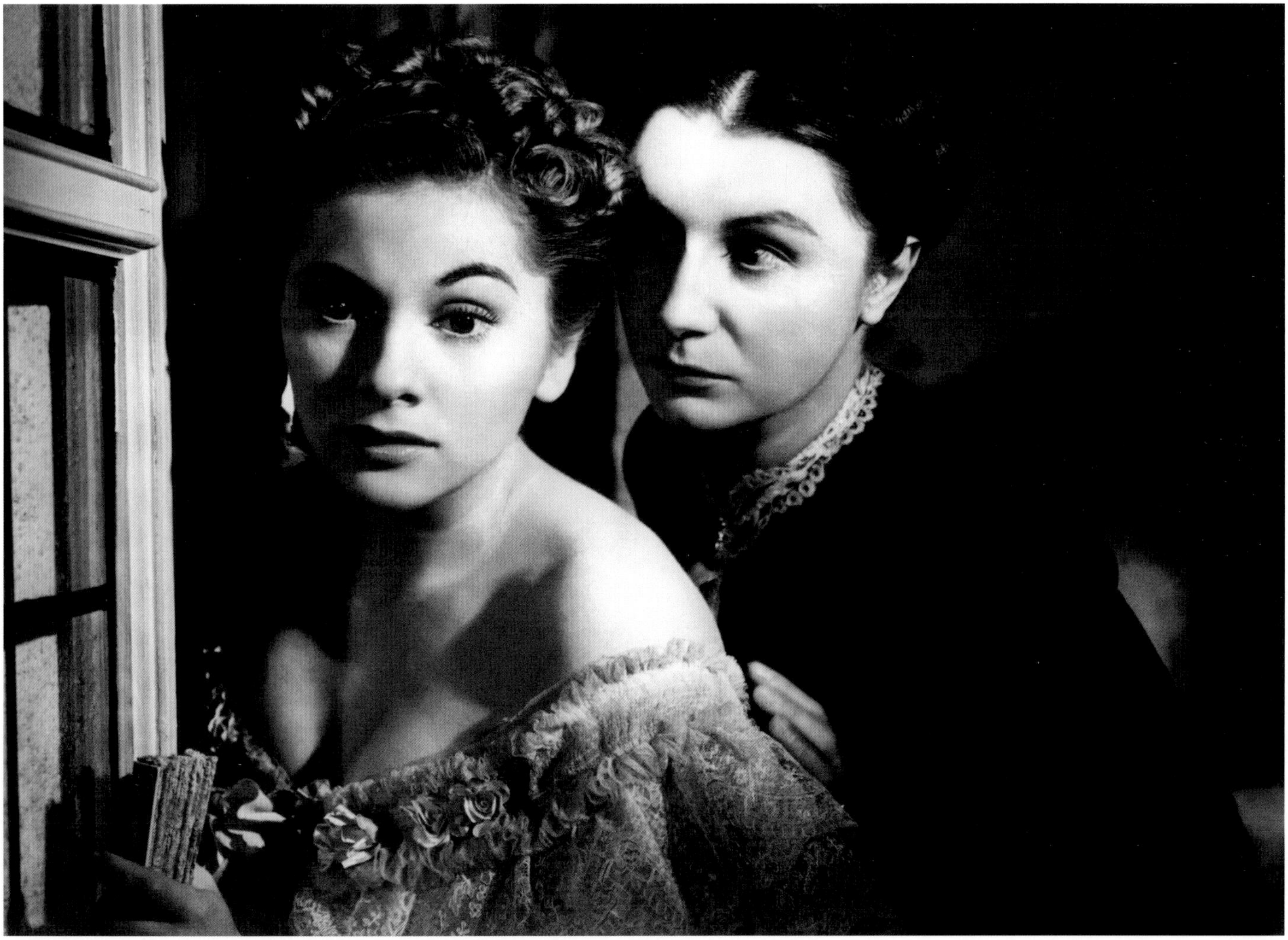

Joan Fontaine und Judith Anderson in *Rebecca,* 1940

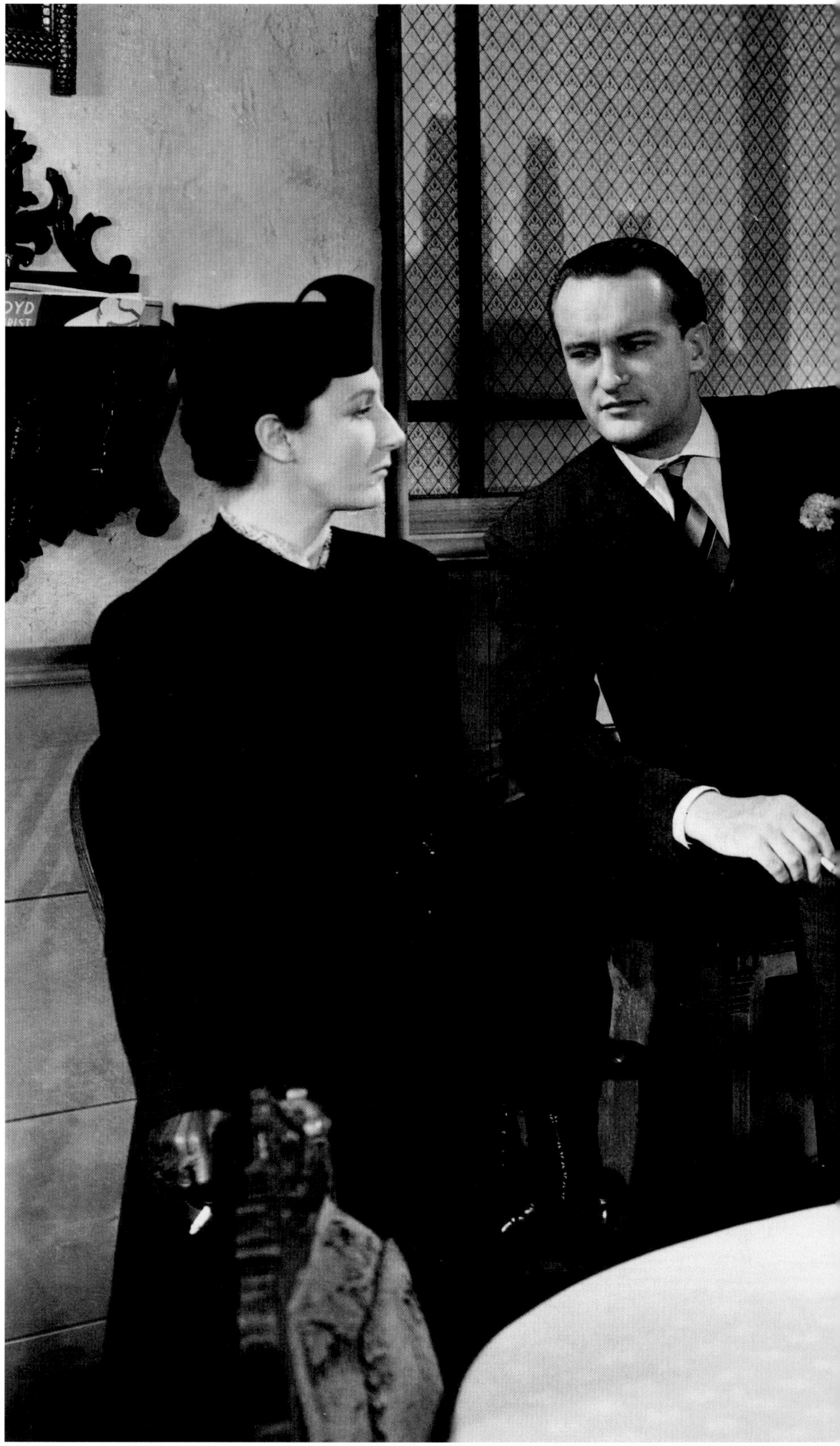

Szenenphoto aus *Rebecca*, v. l. n. r.: Judith Anderson, George Danders, Joan Fontaine, Laurence Olivier und C. Aubrey Smith.

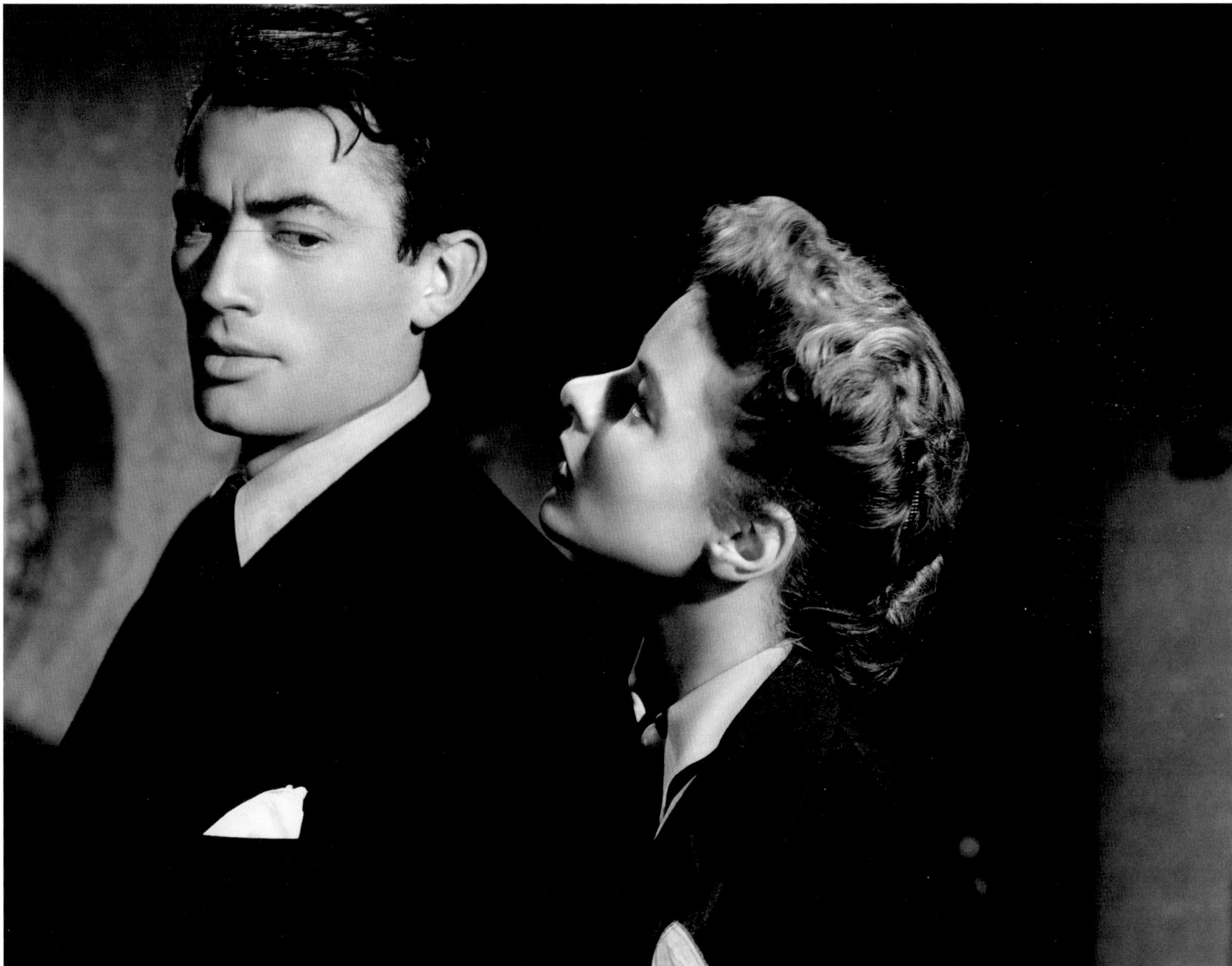

Szenenphoto mit Gregory Peck aus *Spellbound*, 1944

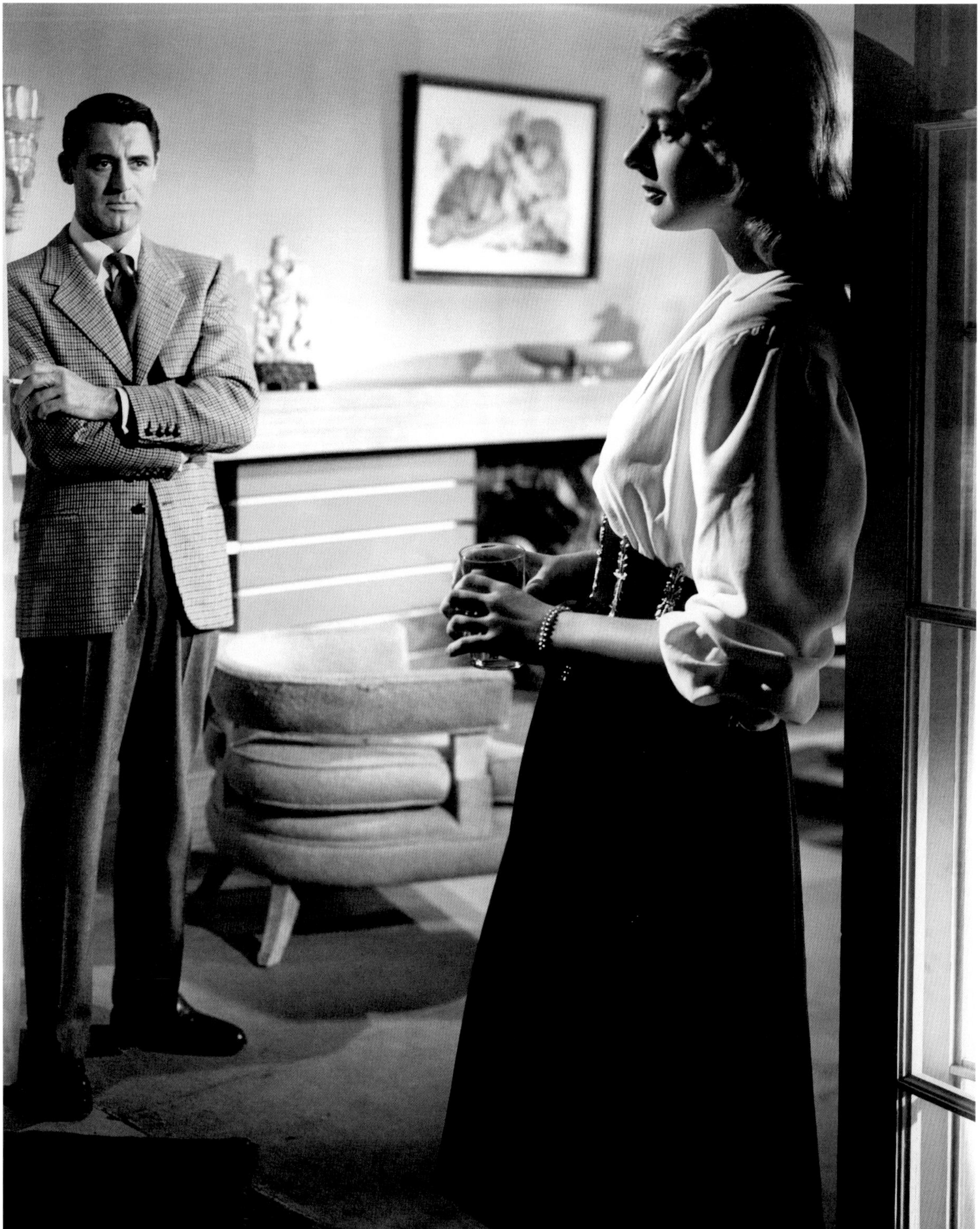

Ingrid Bergman und Cary Grant, Szenenphoto aus *Notorious*, 1945

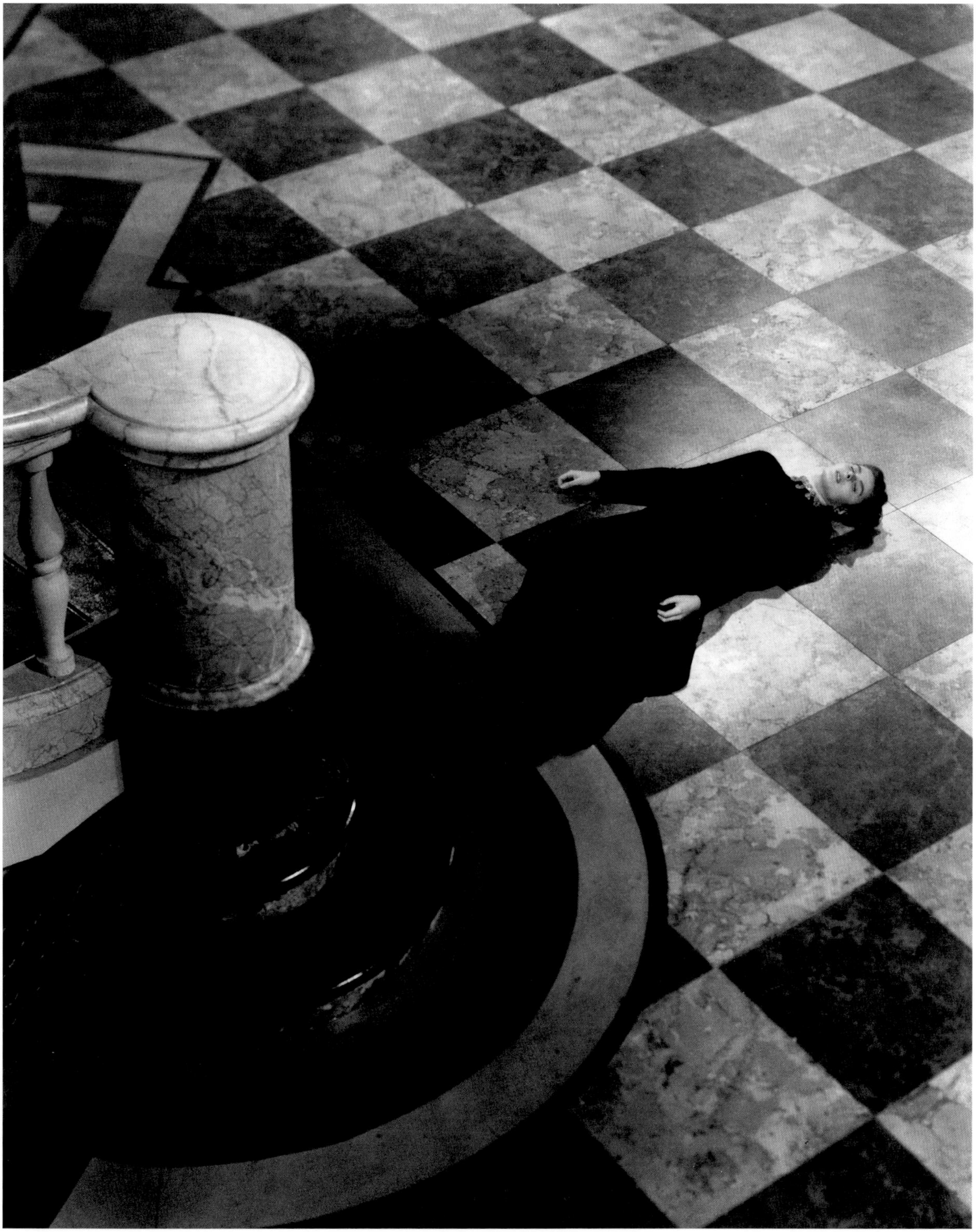

Szenenphoto aus *Notorious*, 1945

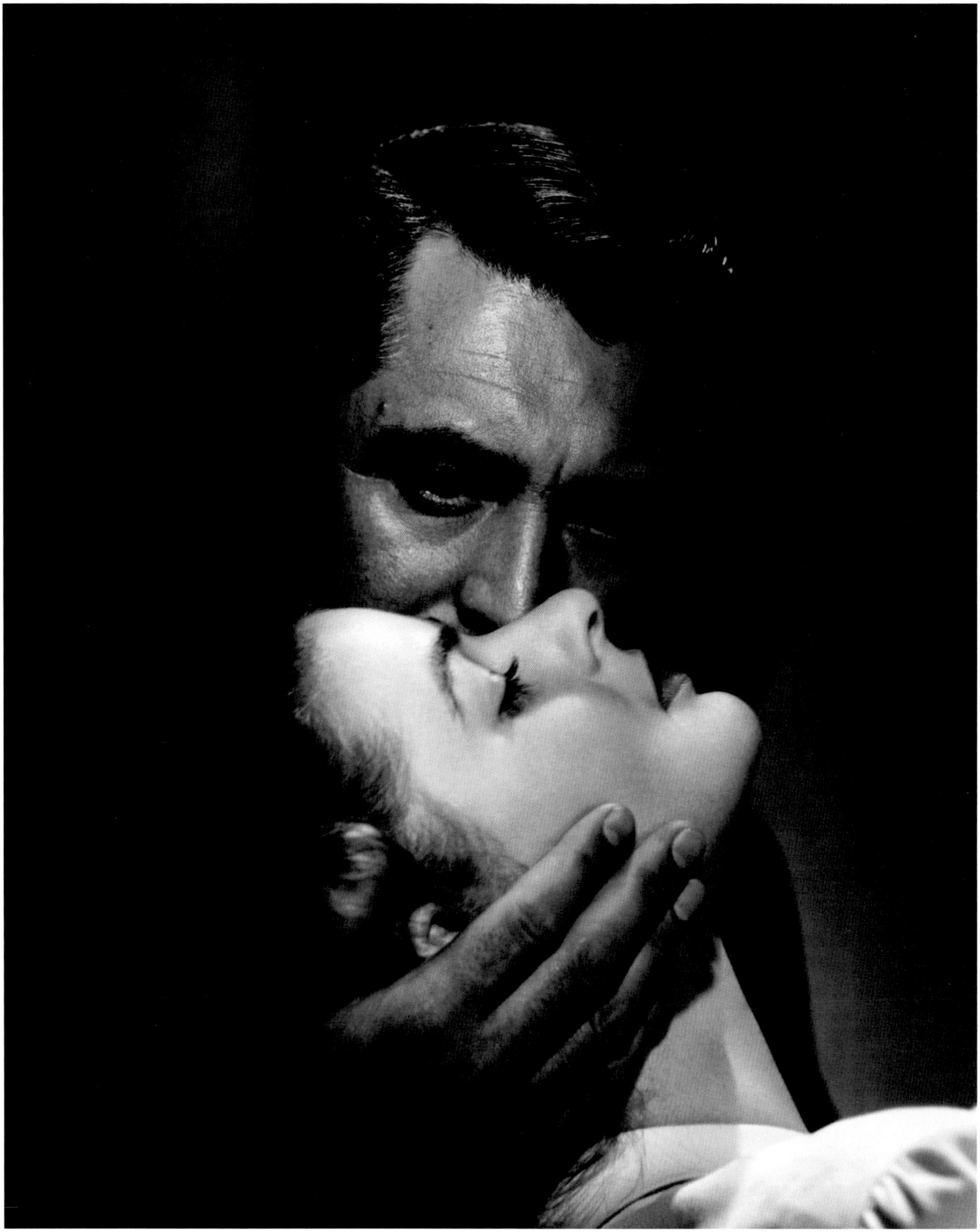

Szenenphoto mit Cary Grant aus *Notorious* von Ernest Bachrach, 1945

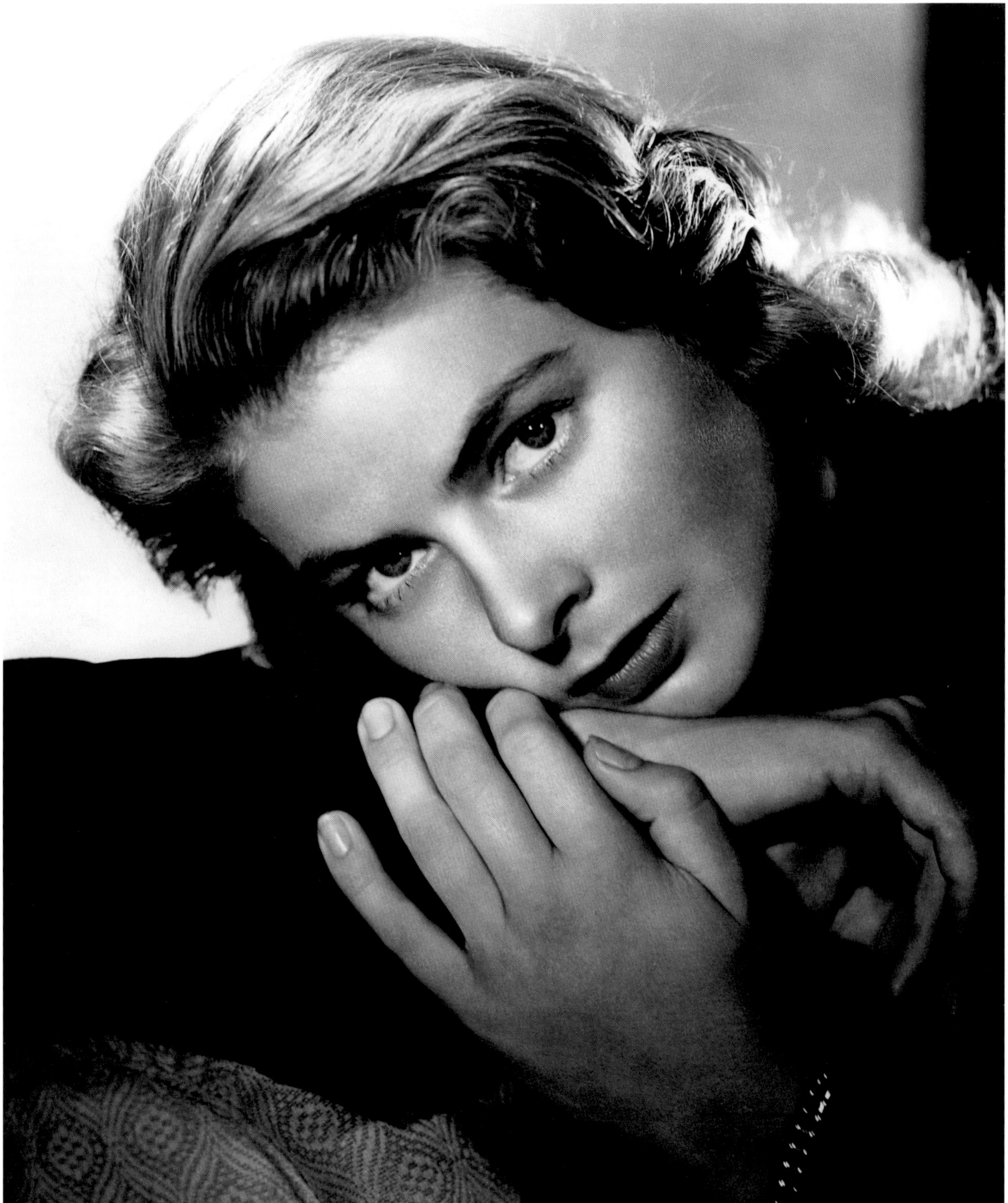

Publicity Shot für *Notorious* von Ernest Bachrach, Hollywood, 1945

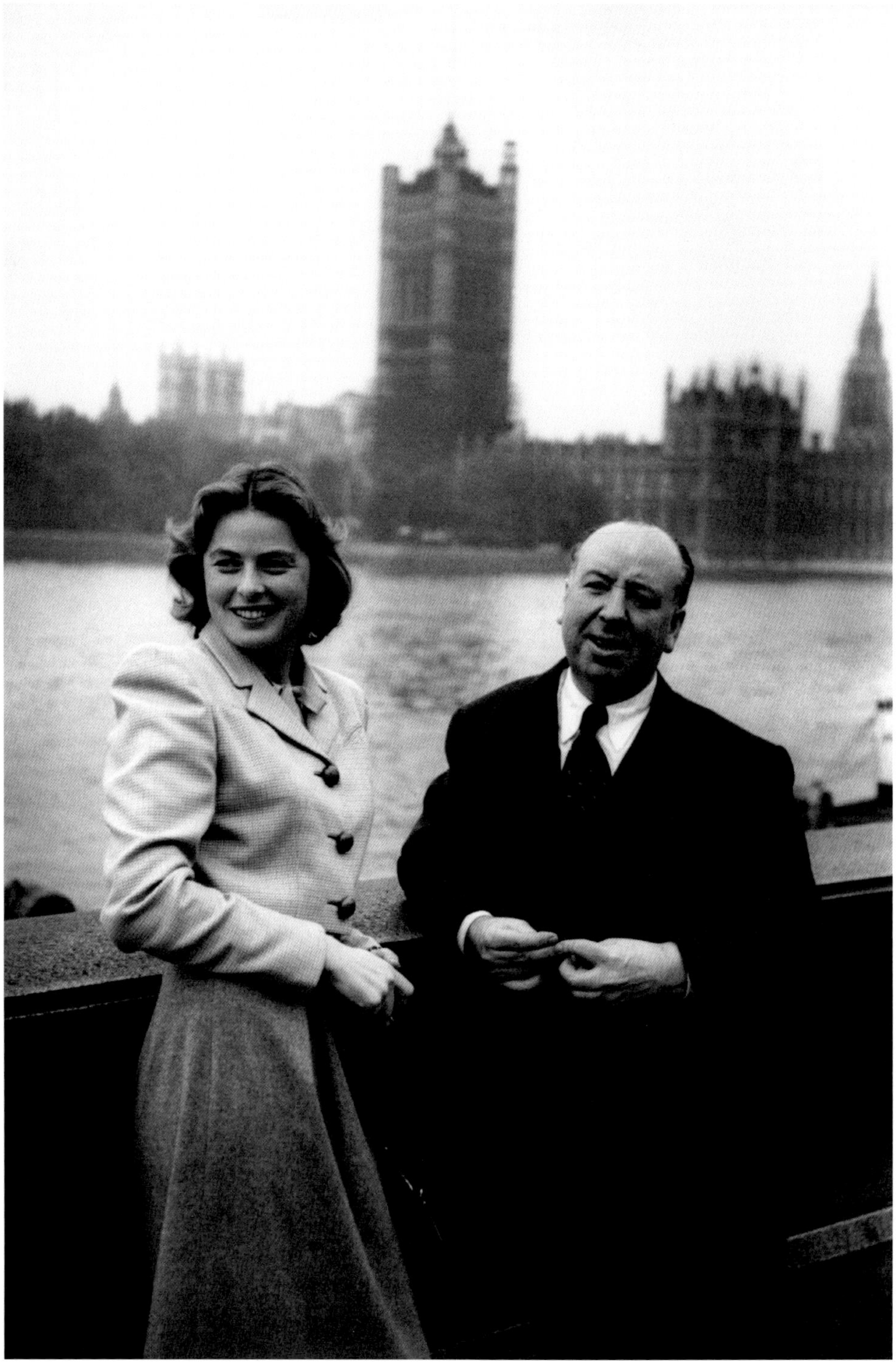

Ingrid Bergman und Alfred Hitchcock, London, 1948, photographiert von Kurt Hutton

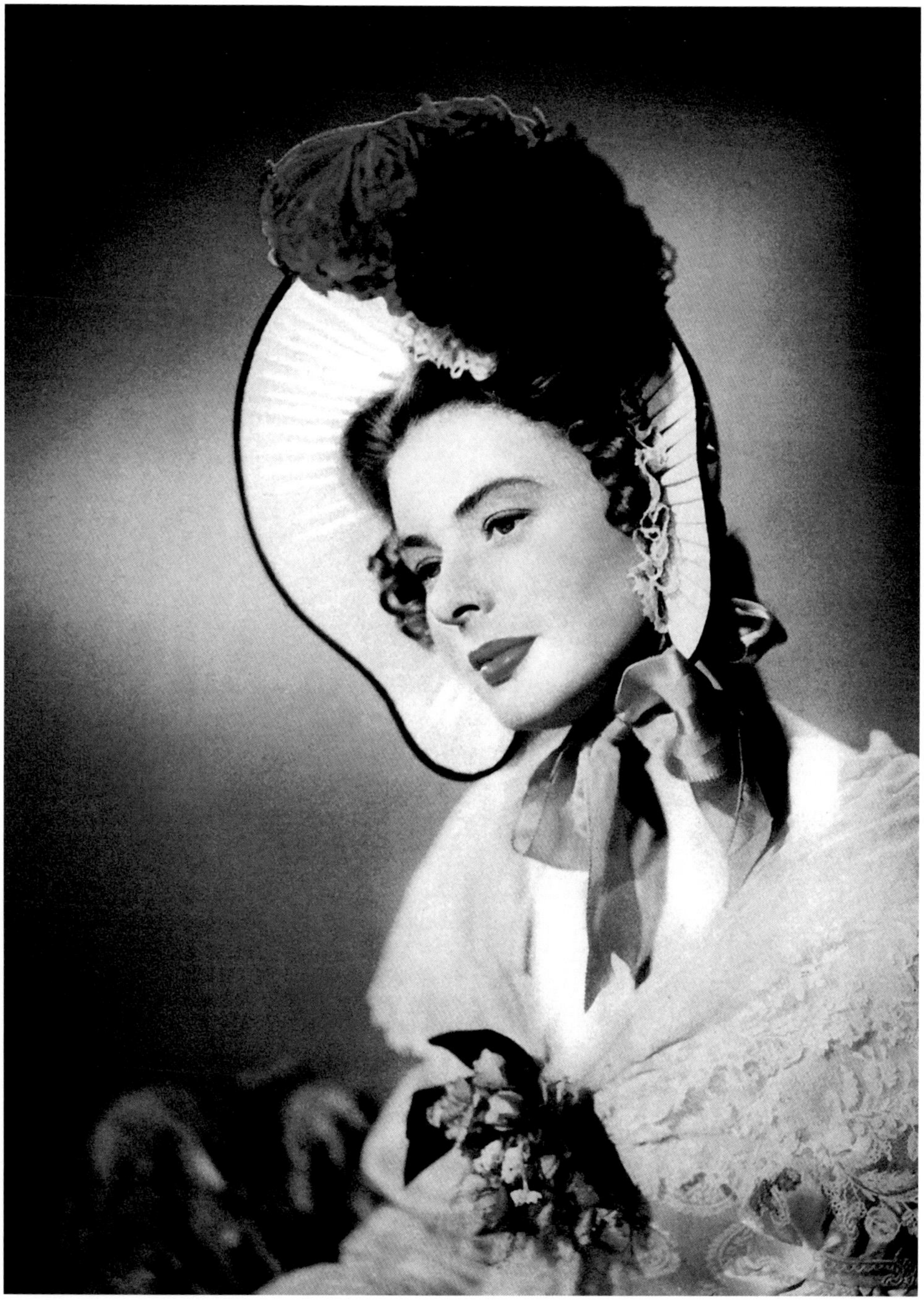

Szenenphoto aus *Under Capricorn*, 1948

Ingrid Bergman

(1915 – 1982)

»Ingrid, it's only a movie.«

Alfred Hitchcock ist Ingrid Bergmans wichtigster Regisseur. Zeitlich liegt die Zusammenarbeit der am 29. August 1915 in Stockholm als Tochter der Deutschen Friedel Adler und des Schweden Justus Bergman geborenen Ingrid Bergman und dem gewichtigen *Master of Suspense* unmittelbar vor der darauffolgenden mit ihrem zweiten Ehemann Roberto Rossellini. Wird sie mit Rossellini vier Kinofilme drehen – *Stromboli* (1949), *Europa '51* (1952), *Viaggio in Italia* (*Reise in Italien*, 1953) und *Angst* (1955) sowie den Gruppenfilm *Siamo donne* (*Wir Frauen*, 1953) und den experimentellen Opernfilm *Giovanna d'Arco al rogo* (*Johanna auf dem Scheiterhaufen*, 1954) –, so entstehen unter Hitchcocks Regie drei Kinofilme: *Spellbound* (*Ich kämpfe um dich*, 1945), *Notorious* (*Berüchtigt*, 1946) und schließlich *Under Capricorn* (*Sklavin des Herzens*, 1949). Alfred Hitchcock wird für Ingrid Bergman in den 1940er Jahren – vergleichbar nur mit Grace Kelly in der darauffolgenden Dekade, den 50ern – nicht nur ihr Regisseur, sondern auch ihr väterlicher Mentor werden, und er ist ihr ein loyaler Freund, bis zu seinem Tod 1980.

Ingrid Bergman und Alfred Hitchcock lernen sich bald nach ihren Übersiedlungen aus Schweden und England in Hollywood kennen. Die gemeinsame Verbindung ist Hollywood-Produzent David O. Selznick, der sie im Frühjahr 1939 nicht nur zum Verlassen Europas und ihrer Heimat bewegt, sondern beide unter Mehrjahresverträge nimmt. Es ist Selznick zu verdanken, dass Ingrid und Hitchcock im Sommer 1944 ihr erstes gemeinsames Projekt angehen: *Spellbound*.

Die über Jahrzehnte kolportierte Geschichte einer Obsession, die Alfred Hitchcock angeblich für Ingrid Bergman gehabt haben soll, ist insofern besonders fraglich, als die Schwedin sich zu keinem Zeitpunkt, auch in späteren Jahren nicht, von ihm als Mensch und Freund distanziert. Im Gegenteil: In Ihren UNICEF-Kalendern, in denen sie bis 1982 genauestens Buch führt über all ihre privaten wie beruflichen Verabredungen, finden sich zahlreiche Eintragungen, wann sie Hitchcock zum Lunch oder zum Dinner in London, Paris oder New York getroffen hat. Wann sie ihn und seine Frau Alma zu Hause in Bel Air, Beverly Hills, besucht. Hätte Hitchcock wirklich versucht, sich ihr unsittlich zu nähern und sie bedrängt, sie hätte ihrerseits kaum den langjährigen privaten Kontakt gesucht. Beide begegnen sich ihr Leben lang mit Respekt und Wertschätzung – und stets mit viel Humor. »Wir waren einfach nur richtig gute Freunde. Wir treffen uns bis heute«, so Ingrid Bergman in den frühen 1970er Jahren über ihre Verbindung zu »Hitch«. »Er ist ein außergewöhnlicher Mensch, und ich habe ihn sehr gern.«[1]

Ingrid Bergman erhält die Nachricht am 14. Juni 1944 in einem Hotel in Pittsburgh während ihrer sommerlichen Tournee für US-Kriegsanleihen: Produzent David

O. Selznick wird ihr ein neues Drehbuch zuschicken. Diesmal muss er sie nicht an ein anderes Studio ausleihen. Auch Hitchcock gehört zu dieser Zeit vertraglich zu den Stars des »Selznick-Stalls«. Diesmal ist Selznick Herr im Haus. Er hat dabei die Rechnung ohne den Eigensinn des Briten gemacht.

Das Drehbuch, das bei Ingrid Bergman im Hotel eingeht, trägt den Arbeitstitel *The House of Dr. Edwardes* und basiert frei auf dem gleichnamigen, bereits 1927 erschienenen Roman von Francis Beeding, dem Pseudonym der beiden britischen Autoren John Leslie Palmer und Hilary A. Saunders. Ben Hecht, ein Meister seines Fachs, hat das Drehbuch schließlich nach der Vorarbeit von Hitchcock und seinem Autor Angus MacPhail verfasst. Es ist nicht Hechts einzige Arbeit für den Regisseur, auch *Notorious*, Ingrid Bergmans darauffolgender Hitchcock-Film, wird aus der Feder von Hecht und »Hitch« stammen.

»›Hitch‹ muss wohl mit dem Buch zu Selznick gegangen sein, dem hat es gefallen, und er hat mich angefragt«, erinnert sich Ingrid Bergman. »Die Geschichte kam von Hitchcock. (…) Ich kannte Hitchcock bereits, weil er ja mit Selznick befreundet war, und hatte ihm erzählt, wie viele grauenhaft schlechte Drehbücher ich bekam, die mich dann so wütend machten, dass ich sie alle an die Wand warf, und dass ich das kaum noch aushielt. Dann gab er (Hitchcock) mir dieses Drehbuch und meinte nur: ›Bringen Sie erst Ihren Mann und Ihr Kind in Sicherheit, bevor Sie es an die Wand werfen!‹ – Das war *Spellbound*.«[2]

Hitchcock erklärt gegenüber seinem französischen Kollegen François Truffaut im Verlauf ihres legendären 50-Stunden-Interviews 1962: »*The House of Dr. Edwardes* (ist) ein melodramatischer und wirklich verrückter Roman über einen Irren, der die Herrschaft über eine Irrenanstalt an sich reißt. In dem Roman waren sogar noch die Krankenpfleger Irre und stellten alle möglichen Dinge an. Meine Absicht war viel vernünftiger, ich wollte nur den ersten Psychoanalyse-Film drehen. Ich habe mit Ben Hecht gearbeitet, der die berühmtesten Psychoanalytiker frequentierte. (…) Es ist wieder einmal die Geschichte einer Jagd auf einen Mann, hier aber eingewickelt in Psychoanalyse.«[3]

Ingrid Bergman hat zunächst große Zweifel an der Glaubwürdigkeit der Geschichte, die Ben Hechts Script erzählt, insbesondere was die Romanze zwischen den beiden Psychoanalytikern anbelangt: »Bei *Spellbound* machte mir vor allem diese völlig unromantische Figur Sorgen, die sich plötzlich so von der Liebe davonreißen lässt, dass sie alles wegwirft, wofür sie so lange studiert und gearbeitet hat. Ich konnte nicht glauben, dass eine intelligente Frau wirklich so handeln würde, ohne vorher gründlich über alles nachzudenken – bis ich es dann selber getan habe.«[4]

Hitchcock, Hecht und Selznick setzen sich mit der zögernden Ingrid Bergman zusammen, um sie von dem psychologisch-romantischen Stoff zu überzeugen. Ohne Ingrid hätten die drei Herren ein weiteres Problem, ein recht großes. Zumal Hitchcocks Wunschbesetzung des männlichen Parts, des vermeintlichen Dr. Edwardes, ursprünglich sein *Leading Man* Cary Grant ist, dieser jedoch absagt, nicht zuletzt, weil er vertraglich nicht bei Selznick verpflichtet ist. Der Produzent greift nun erneut in das Casting ein und präsentiert seinem Regisseur einen ganz anderen, ganz neuen Namen, den er noch nicht lange unter Vertrag hat: Gregory Peck.

Peck, der »Neuling«, hat es bei den Dreharbeiten zu *Spellbound* schwer. Hitchcock ist ganz unglücklich mit dieser ihm auferlegten Wahl. Peck, so wird sich bald herausstellen, ist kein Hitchcock-Schauspieler: Kein Cary Grant. Kein James Stewart. Kein Alter Ego des Regisseurs.

Ein neuer Klinikleiter wird auf »Green Manors« in Vermont erwartet, ein gewisser Dr. Edwardes. Dr. Murchison (Leo G. Carroll), seit nunmehr zwanzig Jahren Chefarzt der Heilanstalt, reicht seinen Posten an einen deutlich jüngeren Nachfolger weiter. Doch keiner kennt Dr. Anthony Edwardes (Gregory Peck) bislang persönlich, als er in der Klinik eintrifft und dem Kollegium von Dr. Murchison vorgestellt wird. Die Ärzteschaft sitzt gerade zu Tisch, und die Einzige, die Dr. Edwardes noch nicht kennengelernt hat, ist Dr. Petersen. Hitchcock lässt beide nah photographieren, erst Pecks Gesicht, dann das von Ingrid. Und die kleine Erzählung, die in diesem Moment unter den Bildern liegt, spricht von Liebe auf den ersten Blick. Zwei Ärzte, Analytiker, eigentlich durch ihre Ratio bestimmte Personen. Im Moment ihrer ersten Begegnung setzt das romantische Element stark und abrupt ein. Nachts, als sie nicht schlafen kann, begibt sich Constance Petersen in die alte Bibliothek und zieht Dr. Edwardes' *Labyrinth of the Guilt Complex* aus dem Regal. Es ist sein Spezialgebiet, auf dem er analytisch und publizistisch tätig ist – der Schuldkomplex. Genau ein solcher ist bei ihm selbst die Ursache einer Amnesie, eines Gedächtnisschwunds, der einhergeht mit Schwächeanfällen, sobald er Muster und Streifen vor weißem Hintergrund sieht. Als sie noch Licht unter seiner Tür sieht, klopft Constance erst, dann öffnet sie die Tür zu seinen Apartment-Räumen. Die nächtliche Begegnung zwischen den beiden ist einer der visuellen und dramatischen Höhepunkte des Films. Constance steht in der Bibliothek von Dr. Edwardes und kann sehen, dass der neue Kollege im Nebenraum im Sessel eingeschlafen ist. Er wacht auf, und sofort liegt ein Lächeln auf Gregory Pecks Gesicht. Hier, im Wohnzimmer, küssen sie sich zum ersten Mal. Sie habe sich nur sein Buch ausleihen wollen, stammelt Ingrid Bergman verlegen. Darin noch ein wenig lesen wollen. Doch nein, eigentlich sei dies nur eine Ausrede, eine Lüge. »Plötzlich merkt man, dass man der gar nicht ist, der man zu sein vermeinte.« Peck bewegt sich langsam auf Ingrid zu. Alternierend wird die (ab-)wartende Constance gezeigt, dann der auf sie zugehende Edwardes. Bis sie direkt voreinander stehen.

»Ich weiß, warum Sie gekommen sind«, sagt er zu ihr. – »Warum?«, fragt sie. – »Weil etwas mit uns geschehen ist.« – »Nein, so etwas geschieht nicht so schnell.« – »Es geschieht, ehe man es sich versieht.«[5]

Die Kamera von Georges Barnes kadriert erst das Gesicht Gregory Pecks, dann das von Ingrid Bergman. Ingrids Gesicht füllt das ganze Leinwandbild aus, so nah lässt Hitchcock sie photographieren, von den Augenbrauen bis zum Mund. Oft noch wird er sie visuell so einfangen, sie auf die Leinwand malen. Sie schließt ihre Augen, erwartungsvoll, und Hitchcock blendet über auf eine große weiße Holztür, die sich langsam öffnet. Als sie vollkommen offen ist, wird ein langer Flur sichtbar, eine Raumflucht, und es öffnet sich eine nächste Tür, die ihrerseits eine weitere erkennen lässt. Alles geschieht langsam, wie im Traum. Nachdem sich die letzte weiße Tür geöffnet hat, ist das Leinwandbild für einen kurzen Moment in strahlendes Weiß getaucht. Die sich öffnenden Türen, im Sinne der Lehre Sigmund Freuds, sind ein Symbol für einsetzendes Vertrauen, für eine Bereitschaft, einem anderen etwas geben zu wollen. Als die beiden sich nach dem Kuss voneinander lösen und ansehen, da geschieht das zögernde Ablösen in Slow Motion, während aus der weißen Sequenz zurück auf ihre Köpfe überblendet wird.

»Ich kenne mich selbst nicht mehr«, ist der erste Satz, den Constance nach dem Kuss zu Edwardes sagt. Constances Verwandlung hat begonnen. Sie wird seine Verwandlung nach sich ziehen. Mit diesem einer doppelten Initiation gleichkommenden Kuss beginnt bei Hitchcock der Weg zweier Menschen zu sich selbst. Wie meist geht es dem Regisseur auch um Identitätsfindung, um Identitätsleugnung. Oft um einen Identitätstausch. Jeder der beiden Ärzte hatte sein Ich bisher kaschiert – Constance bewusst, hinter einer kühlen, rationalen Fassade; Edwardes unbewusst durch die durch einen Schuldkomplex verursachte Amnesie und die Annahme einer anderen Identität.

Auf den ersten Kuss folgt der erste Zusammenbruch des neuen Klinikleiters – blickt er doch auf ihre Schultern, auf das Streifenmuster auf hellem Untergrund, Constances Nachtkleid. Ihm wird schwindelig, Constance bringt ihn ins Bett. Während Edwardes schläft, vergleicht Constance die Unterschrift des Analytikers in der Widmung seines Buchs mit einem von ihm unterzeichneten Schreiben. Sie sind nicht identisch. Constance weiß nun, dass der Mann, den sie eben geküsst hat, in den sie sich Hals über Kopf verliebt hat, nicht Dr. Edwardes ist. Der Verdacht, dass dieser unbekannte Mann den wahren Dr. Edwardes ermordet und sich an seiner Stelle auf »Green Manors« vorgestellt hat, steht im Raum. Dann wacht Edwardes auf, und sie stellt ihn zur Rede: »Wer bist du?« Sie beginnen zu reden. Als er am Vortag im Hotel aufbrach, um nach »Green Manors« zu reisen, so erzählt der vermeintliche Edwardes Constance, fand er in seiner Manteltasche ein silbernes Feuerzeug mit den Initialen »J. B.« – John Ballantine. Sein eigentlicher Name. Seine wahre Identität. Das wird sich aber erst später herausstellen.

»Ich kann mich auf nichts besinnen«, sagt John Ballantine, »es ist, als ob ich in einen Spiegel schaue, aber ich sehe mich nicht. Und doch weiß ich, dass mein Bild da ist.« Ein Satz, der bislang auch auf das Leben von Constance Petersen zutraf, nur in einer anderen Bedeutung. Hitchcock stellt Gregory Peck nun vor einen Spiegel. Peck blickt hinein und stammelt dabei zweimal die in das Feuerzeug eingravierten Initialen, »J. B.«. Hinter ihm ist Ingrid Bergman im gespiegelten Bild zu erkennen. »Man steht vor einer verschlossenen Tür. Ich weiß nicht, wer ich bin, ich weiß es nicht«, sagt Ballantine, als es um den Verlust seiner Erinnerung geht. Constance erwidert: »Wir müssen diese Tür öffnen.«

Darum geht es in *Spellbound* – um das Öffnen von Türen.

Alfred Hitchcock stellt *Spellbound* das Shakespeare-Zitat »Die Schuld liegt nicht in den Sternen, nur in uns selber« im Vorspann voran. Ein Hinweis auf den psychologischen Fall, der sich vor allem in der von Gregory Peck dargestellten Figur spiegelt, aber auch in Ingrid Bergmans Figur der Constance, die von der durch und durch rationalen Ärztin zu einer ihre Emotionen entdeckenden, erstmals Liebenden wird. Für einen Film, der 1944 entsteht, behandelt *Spellbound* ein geradezu ultramodernes Thema, das Hitchcock mit modernen visuellen Stilmitteln versieht. Das Sujet ist ein rein privates, eingerahmt wird es durch das der Psychoanalyse, die durch die Abhandlungen Sigmund Freuds und die ersten künstlerischen Verarbeitungen seit Beginn der 1940er in den USA *en vogue* sind. Ben Hecht geht zum Psychiater; Selznick zur Psychiaterin; Hitchcock fällt in seiner britischen Heimat, dort, wo er gerade die letzten wichtigen Familienmitglieder verloren hat, ausgerechnet der Roman von Francis Beeding in die Hände.

Die legendären Traumsequenzen von John Ballantine lässt Hitchcock von dem Surrealisten Salvador Dalí entwerfen. Dalí arbeitet, teils auch zusammen mit dem Regisseur, an verschiedenen Traumversionen, entwirft über hundert Zeichnungen und fünf Ölbilder, die der Set Designer William Cameron Menzies gemeinsam mit dem Art Director James Basevi in Bauten umsetzt und erste Filmsequenzen davon realisiert. Selznick ist davon nur mäßig, Hitchcock immerhin etwas und Ingrid vollauf begeistert. Visualisierte Träume. In diesen Wochen des Herbstes '44, und noch einmal im Januar 1945 während eines Nachdrehs, entstehen Bilder, die in dieser Form zuvor noch nie gedreht worden sind.

Dieser erste, die Psychoanalyse thematisierende Kinofilm wird – sieht man einmal von den beiden Hauptdarstellern ab – gerade durch seine ungewöhnliche Visualität getragen. Die meisten Sequenzen, die Dalí und Hitchcock entwerfen und inszenieren, fallen jedoch der Schere im Schneideraum zum Opfer. Einige wenige Standphotographien dieser Sequenzen sind erhalten, immerhin.

Seine Uraufführung erlebt *Spellbound* am 31. Oktober 1945 im New Yorker Astor Theatre, der Film wird zum Erfolg beim Publikum und an den Kassen über sechs Millionen US-Dollar einspielen – es ist der bislang erfolgreichste Hitchcock-Film. Doch keiner der Beteiligten ist sonderlich angetan von dem, was sie erarbeitet haben. »Ich fürchte, *Spellbound* war kein besonders guter Film. Aber er hatte Erfolg, und die Zuschauer mögen ihn bis heute. Er hätte allerdings den entscheidenden künstlerischen Touch bekommen können, wenn die Dalí-Sequenz nicht so stark gekürzt worden wäre«, bekundet Ingrid Bergman einmal ein wenig resignativ über ihren ersten Hitchcock-Film.

Die zeitgenössische Presse und das Publikum sind durchaus angetan von Hitchcocks neuer Arbeit, insbesondere von Ingrids Darstellung der Constance sowie dem neuen Thema der Psychoanalyse. »Eine fesselnde Verfolgungsjagd durch den gequälten Geist eines Mannes«, steht in der *New York Herald Tribune* zu lesen. Und die *New York Times* deklariert am Ende ihrer hymnischen Rezension, in der unter anderem von »dem reifsten unter den vielen Melodramen, die Mr. Hitchcock bisher gedreht hat« die Rede ist: »Ingrid Bergman ist beides: die Ärztin und die Medizin.«

Im Spätsommer 1945 – nach der Rückkehr von ihrer Europa-Reise zur Unterhaltung der dort stationierten US-Truppen – fällt die Entscheidung, dass Ingrid Bergman an der Seite von Cary Grant in Alfred Hitchcocks neuem Projekt *Notorious* die weibliche Hauptrolle spielen wird. Im November '45 nimmt die amerikanische Zeitschrift *Life* Ingrid aufs Cover und titelt mit der Schlagzeile: »*Bergman's Year*«. Tatsächlich starten in diesem Jahr gleich drei Filme mit ihr in den Filmtheatern – *Saratoga Trunk*, *Spellbound* und zum Jahresende *The Bells of St. Mary's*. Unter New Yorker Kinobesuchern geht zur Weihnachtszeit der Spruch um, man stelle sich vor, man habe tatsächlich gerade einen Film in der Stadt gesehen, in dem Ingrid Bergman *nicht* mitspiele. Derweil wird sie mit Fanpost geradezu überschüttet – etwa 25.000 Briefe und Karten gehen bei ihr ein, jede Woche. Laut Erhebungen von Branchenmagazinen wird sie an den Kinokassen zur gewinnbringendsten Schauspielerin Amerikas, sie ist Gold für das *Box office*.

Das *New York Times Magazine* titelt am 16. Dezember 1945: »*That Phenomenon Named Bergman*« (»Ein Phänomen namens Bergman«).

Die Dreharbeiten zu *Notorious* beginnen am 10. Oktober 1945 und verlaufen durchweg gut. Die Schauspieler, allen voran Ingrid Bergman und Cary Grant, verstehen sich prächtig untereinander. Ingrid fühlt sich sichtlich wohl am Set, zumal Robert Capa, ihr Geliebter, im Dezember 1945 in Los Angeles eintrifft und mit ihrer Hilfe Standphotograph bei dieser Produktion wird. Es entstehen einige der schönsten und klarsten Schwarzweiß-Photographien von Ingrid Bergman, die hier Eleganz und Klasse ausstrahlt. Die Dreharbeiten – die Innenaufnahmen finden in den Studios der RKO statt, einige der Außenaufnahmen in Rio de Janeiro, Miami und Beverly Hills – reichen bis in das neue Jahr hinein und sind in der letzten Januarwoche 1946 beendet.

Am Set von *Notorious* trifft Ingrid einen alten Bekannten wieder, mit dem sie bereits in *Casablanca* gemeinsam vor der Kamera gestanden hatte: den wunderbaren Claude Rains. In dieser Produktion spielt er den mit den Nazis kollaborierenden, durchaus menschlich gezeichneten Bösewicht Alexander Sebastian, Alicia Hubermans zukünftigen Ehemann, der unter der Dominanz seiner omnipräsenten Mutter und der Kontrolle durch die Nazis leidet. Ingrid Bergman und Claude Rains: »… das war ein gutes Paar, aber in den Nahaufnahmen war der Größenunterschied so groß, daß wir, wenn wir beide in derselben Einstellung haben wollten, Claude Rains Klötze unterschieben mußten. Einmal sieht man die beiden von weitem herankommen, und die Kamera schwenkt mit ihnen mit, da konnten wir Claude Rains nicht plötzlich auf Klötze stellen. Wir mußten also eine Art falschen Fußboden machen, der langsam anstieg«, so Hitchcock über die Größenunterschiede, die es am Set auszutarieren gilt.

Mitunter hat Ingrid noch immer leichte Schwierigkeiten, längere Dialogtexte einwandfrei auf Englisch zu sprechen, dem aufmerksamen Hitchcock fällt dies sofort auf. Mit Geduld und Milde wartet er, wenn Ingrid die Anschlüsse in Dialogen mit Cary Grant nicht richtig memoriert hat, bis die englischen Texte ihr schließlich wieder präsent sind und fließend über die Lippen gehen. Zu keinem Zeitpunkt hört sie einen Tadel oder eine Ermahnung von Hitchcocks Seite.

An eine Situation während der Dreharbeiten erinnert sich Ingrid, eine, in der sie eine Szene partout nicht zu spielen weiß und zu Hitchcock geht, ihn um Rat fragt, was sie besser machen könne. Dabei hat sie seinen Ausspruch »*All actors are cattle*« zweifellos im Hinterkopf. »Diskussionen konnte er nicht leiden: ›Das kann ich so nicht spielen‹, ›Ich bin nicht in der richtigen Stimmung‹, ›Ich weiß nicht, was Sie meinen‹ – solche Dinge. Er sagte dann immer einen bestimmten Satz, und ich bin bis heute dankbar für das, was ich daraus gelernt habe. Er hatte sehr genaue Vorstellungen davon, wie eine Szene gedreht werden sollte, und wenn man sich über irgendwelche Schwierigkeiten beklagte – etwa: ›Die Tür ist viel zu schmal, da passe ich mit diesem breiten Kleid nicht durch, kann ich nicht vielleicht schon im Zimmer sein?‹ –, dann saß er da, hörte sich das ganze Problem aufmerksam an und sagte schließlich: ›Vortäuschen. Täusch einfach vor, dass du durch die Tür gehst. *Fake it!*‹«[6]

»Die Geschichte von *Notorious* ist der alte Konflikt zwischen Liebe und Pflicht. Cary Grants Aufgabe ist es, Ingrid Bergman zu Claude Rains ins Bett zu treiben.«[7]

So fasst Alfred Hitchcock die Handlung prosaisch zusammen.

Eine Frau zwischen zwei Männern. Beide sind in sie verliebt, doch sie liebt nur einen zurück. Eine nahezu klassische Dreieckskonstellation, wäre da nicht jene Note des Politischen, die Verantwortung und Verpflichtung bedeutet und die zur Bürde wird. Das Allgemeine, das Übergeordnete wirkt sich unmittelbar auf das Persönliche, das Private aus. Ein Sujet, das sich in vielen Arbeiten Hitchcocks wiederfindet. Ingrid Bergman wird in *Notorious* mit ihrer Figur der Alicia Huberman zum zentralen Dreh- und Angelpunkt, alles kreist um sie.

»*Miami. Florida. Three-Twenty P.M., April the Twenty-Fourth, Nineteen Hundred and Forty-Six …*«[8] ist in der ersten Einstellung eingeblendet, dahinter ist die Skyline Miamis zu sehen. Es ist ein Beginn mit präziser zeitlicher und örtlicher Einordnung, ähnlich dem von *Psycho* (1960). Im April 1946 ist der Zweite Weltkrieg seit knapp einem Jahr zu Ende – 1946 ist das Entstehungs- wie Kinostartjahr von *Notorious*. Ein Film von hoher Aktualität. Als der Prozess gegen John Huberman endet und er verurteilt wird, verlässt die Tochter wortlos den Saal, umringt von Reportern, die auf sie einreden. In weißem Mantel und schwarzem Hut gleitet sie an ihnen vorbei, wie eine schwebende Statue. In dieser Frau, das zeigen bereits die ersten Einstellungen, ist schon vor langer Zeit etwas zerbrochen. Es ist das Gesicht einer verletzten, verloren wirkenden Frau.

Diese Frau spielt Ingrid in ihrem zweiten Hitchcock-Film. Es ist wahrscheinlich die eindringlichste ihrer fünfzig Rollen. Es ist ihr bester Film.

Die deutschstämmige Amerikanerin Alicia Huberman musste zuvor mit anhören, wie ihr Vater der Spionage für die Nazis und somit gegen die Vereinigten Staaten bezichtigt wurde. Ein Vaterlandsverräter. Einer, dem man nicht trauen konnte. Alicia hatte längst mit ihm gebrochen. Der väterliche Schutz fehlte ihr, der männliche Halt. Sie lebt ein haltloses Leben, trinkt in zunehmendem Maße und hat nicht minder weniger Liebhaber. Alicia ist süchtig nach Liebe und nach Alkohol. Beides wird ihr später beinahe zum Verhängnis, in Rio de Janeiro, dort, wohin sie T. R. Devlin (Cary Grant) mitnehmen wird. Devlin ist ein amerikanischer Geheimagent, und nicht nur Alicia hat sich schnell auf einer ihrer Partys, die sie zu Hause gibt, in ihn verliebt, sondern er sich auch in sie. Nachdem ihn die Kamera eingangs nur in einer Rückansicht als dunkle Gestalt zeigt, sitzen sie sich nun gegenüber, am Beistelltisch mit all den vielen Flaschen und Gläsern, die Alicia nach und nach leert.

»Es ist weg«, sagt er, und sie fragt: »Was ist weg?«, daraufhin er: »Das Eis.« Eine der vielen Hitchcockschen Mehrdeutigkeiten – dass auch das Eis zwischen ihnen gebrochen ist, das zeigt sich schon sehr bald.

Als Alicia anderntags verkatert und benommen in ihrem Kleid im Bett aufwacht, steht auf ihrem Nachttisch ein Glas mit Medizin. Es ist beinahe so leuchtend hell wie jenes, das Cary Grant in *Suspicion* (*Verdacht*, 1941) die dunkle Treppe zu Joan Fontaine hochträgt. Alicia sieht zu ihm auf. Er steht erst im Türrahmen, dann geht er auf das Bett zu, und da sie ihren Kopf wendet, dreht Grant sich beinahe um 360 Grad mit. Nun teilt Devlin Alicia mit, dass seine Auftraggeber ihre Dienste gebrauchen könnten, was die leichtlebige Frau missversteht: »Es gibt nur eine Arbeit, für die ihr Bullen mich haben wollt. Vergessen Sie es lieber wieder, Mister …« Daraufhin wird Devlin konkreter: »Meine Dienststelle hat mich beauftragt, Sie für eine bestimmte Arbeit in Brasilien zu verpflichten. Eine Gruppe von Deutschen, für die auch Ihr Vater gearbeitet hat, befindet sich jetzt in Rio … Ihnen würde man da vertrauen. Und Sie könnten den Schaden, den Ihr Vater angerichtet hat, wiedergutmachen.« Der letzte Satz trifft. Es geht dabei auch um Schuld: Für die Schuld des Vaters tritt die Tochter nun die Sühne an. Gemeinsam begeben sie sich, mit Devlins Vorgesetztem Prescott (Louis Calhern) im Hintergrund, auf den Flug nach Rio. Alicia, sie wird zur Mata Hari.

Als Alicia und Devlin, seit Kurzem erst in Rio, in einem Café sitzen und über die Dinge des Lebens reden, ist im Verlauf dieses längeren Dialogs deutlich erkennbar, dass Alicia sich über Devlins Zuneigung und Vertrauen freuen würde. Aber er habe sie abgestempelt, konstatiert sie missmutig. »Einmal ein Gauner, immer ein Gauner. Einmal ein Tramp, immer ein Tramp. Warum wollen Sie nicht an mich glauben? Nur ein bisschen. Warum? Ängstlich?«, fragt sie. »Vor Frauen habe ich schon immer Angst gehabt«, erwidert Devlin. Das könnte ebenso gut ein Ausspruch des ängstlichen Regisseurs sein, dessen Alter Ego Cary Grant darstellt.

Der Stützpunkt der Deutschen befindet sich in Rio im großbürgerlichen Haus von Alexander Sebastian (Claude Rains), der dort mit seiner dominanten Mutter wohnt. Madame Sebastian wird gespielt von der 1937 vor den Nationalsozialisten geflohenen, in Hollywood lebenden österreichischen Theater- und Stummfilmschauspielerin Leopoldine Konstantin – es ist ihre einzige amerikanische und zugleich letzte Leinwandrolle. Sebastian kannte Alicias Vater, damals schon war er in seine Tochter verliebt. Nun, da Devlin sie dazu bringt, Sebastian erneut zu begegnen, um in dessen Kreise einzudringen, dreht sich die Suspense-Spirale weiter. Als Sebastian Alicia einen Heiratsantrag macht, wird die ganze Pervertiertheit der Situation evident: Schlägt sie das Angebot aus, so wirkt es, als ob sie den Auftrag von Devlins Vorgesetzten nicht ausführen wolle und also keine Reue zeige, was Devlin enttäuschen würde. Willigt sie ein, so erfüllt sie zwar ihre Mission, verletzt aber Devlins Gefühle zu ihr. Beide Varianten können ihn, so oder so, eigentlich nur zurückstoßen. Da Devlin Alicia nicht zurückhält, heiratet sie Sebastian, obwohl sie den Regierungsagenten liebt. Durch sein Pflichtbewusstsein und seine Unentschlossenheit verliert er Alicia beinahe ganz.

Als sich herausstellt, wer Alicia wirklich ist, sucht der verzweifelte Sebastian seine schlafende Mutter auf, weckt sie und beichtet ihr am Fußende des Bettes – wie einst der junge Hitchcock bei seiner Mutter Emma, als er noch in London lebte: »Mutter! Mutter! Ich habe eine amerikanische Agentin geheiratet.« Die Kamera zeigt ihn in diesem Moment in einer Nahaufnahme von oben. Er ist verloren, seine Nazi-Gefährten werden ihn später zur Rechenschaft ziehen. Er wird es sein, der am Ende um sein Leben fürchten muss. Mit versteinerter Miene zündet sich Madame Sebastian eine Zigarette an. Dann beschließen Mutter und Sohn, Alicia langsam zu vergiften, sodass die im Hause ein- und ausgehenden Nazis keinen Verdacht schöpfen. In jedem Tee, in jedem Kaffee, den sie Alicia reichen, befindet sich etwas Arsen. So wie der Alkohol zuvor ihr trauriges Leben vergiftet hat, so wird sie nun wirklich vergiftet. Immerzu zeigt Hitchcock die Gläser und Tassen in Nahaufnahme. Auch die Schlüssel Sebastians, die zum Weinkeller mit den uranhaltigen Weinflaschen führen, sowie die Weinflaschen selbst – es sind Close-ups, denen etwas zutiefst Bedrohliches innewohnt. Gläser, Tassen, Schlüssel. Scheinbar sind es banale Objekte. Objekte des Alltags.

Bei Hitchcock sind es Objekte der Angst.

Als Alicia beim Kaffeetrinken plötzlich erkennt, was wirklich geschieht – Sebastians Gast ist der alte, durchaus sympathische und um Alicia stets besorgte Nazi und Wissenschaftler Dr. Anderson (dargestellt von dem deutschen Schauspieler Reinhold Schünzel), der versehentlich zu Alicias Kaffeetasse greift, woraufhin Mutter und Sohn nahezu aus ihren Sesseln aufspringen –, da durchdringt sie diese Erkenntnis wie ein Schock. Sie sieht erst zu Madame Sebastian, dann zu ihrem Ehemann, und jedes Mal zoomt die Kamera in beinahe schwindelerregender Geschwindigkeit auf beide zu. Ein Moment ungeheuren Schreckens.

Alicia presst sich gegen die Rückenlehne des Fauteuils, in dem sie sitzt. Ingrid Bergman spielt dies, als presse ein ungeheurer psychischer Druck sie geradezu physisch in den übergroßen Sessel, als säße ihr ein Alb auf dem Brustkasten. Dann erhebt sie sich, alles um sie herum dreht sich, der Schweiß steht ihr auf der Stirn. Mutter und Sohn Sebastian werden zu dunklen, fließenden Schatten, und als sie schon an der Tür ist und sich beider Schatten tiefschwarz auf die weiße Tür werfen, wird ein großer daraus. Mutter und Sohn werden eins im Kampf gegen die Unglück bringende Ehefrau und Schwiegertochter. Es hat etwas Albtraumhaftes.

In der großen Eingangshalle bricht Alicia zusammen. In diesem Moment geht die Kamera von einer Nahaufnahme in die Totale, hoch oben auf der Empore der weiten Treppe, oberhalb der Kronleuchter – genau dort, wo die Kamerafahrt der Schlüsselsequenz ihren Anfang hat. Gezeigt wird die auf dem schwarz-weißen Marmorboden liegende Alicia – wie eine umgekippte Schachfigur liegt sie dort unten in ihrem schwarzen Kleid. Es ist eine konzise choreographierte Szene, die jene um die von Karin Dor gespielte sterbende Juanita de Cordobas in *Topaz* (*Topas*, 1969) antizipiert, in der sich das lilafarbene Kleid auf dem schwarzweißen Boden ausbreitet wie eine allmählich immer größer werdende Blutlache.

Devlin wird Alicia aus den Fängen der Sebastians befreien, die Rettung geschieht im letzten Augenblick. Als er sie im ersten Stock, oberhalb der großen Treppe, in ihrem Zimmer im Bett findet, schlaftrunken, vollgepumpt mit Tabletten, nur halb bei Sinnen, kann er nicht länger an sich halten. Er gesteht ihr, dass er sie liebt, schon immer, vom ersten Augenblick an. Hitchcock filmt Ingrid Bergman erneut in sehr nahen Close-ups, wie sie auf dem Kopfkissen liegt und Cary Grant sich zu ihr legt – es sind anrührende Bilder ihres Gesichts, voller Sanftheit und Anmut.

Als Devlin Alicia aufrichtet und sie auf dem Bettrand sitzt, blickt Ingrid fast frontal in die Kamera. Ihre Präsenz in diesen Momenten ist beinahe physisch greifbar. Die beiden Liebenden reden erstmals wirklich miteinander, erstmals realisiert Devlin, dass er viel früher hätte handeln und auch reden müssen, hätte er nur gekonnt. »Du liebst mich«, stammelt sie vollkommen entkräftet. Und es ist alles in ihrem Spiel enthalten: Freude, Tränen, Ungläubigkeit, Hoffnung. »Warum hast du das nicht früher gesagt?« – »Ich weiß. Aber ich war einfach unfähig, vernünftig zu denken. Ich musste meinen Dickkopf aufsetzen. Ich musste mich quälen«, gesteht Devlin.

Es ist eine der eindringlichsten und schmerzlich schönsten Liebesszenen in einem Hitchcock-Film. Ingrid Bergmans Darstellung ist von hoher Intensität, sie ist glücklich über das so unverhoffte Liebesbekenntnis, mit dem sie längst nicht mehr gerechnet hat, und ist doch zu schwach für alles. Schließlich gilt es, ein letztes Mal, die große Marmortreppe hinunter in die Halle zu bewältigen. So gelangen sie in die Freiheit, in ihr neues Leben. Zusammen.

Notorious, klar und präzise strukturiert, enthält mehrere Sequenzen innovativer Glanzstücke – technisch wie stilistisch –, in kontrastreichem Schwarzweiß von Kameramann Ted Tetzlaff meisterlich photographiert. Da ist die berühmte Kussszene auf dem Balkon von Alicia Hubermans Apartment oberhalb der Strandpromenade von Rio de Janeiro: Die Szene führt Ingrid Bergman und Cary Grant vom Balkon in das Wohnzimmer hin zum Telefon. Eine lange Plansequenz, ohne einen einzigen Schnitt. Beide wirken dabei, als würden sie an der Wohnzimmerwand entlanggleiten, alles hat etwas Schwebendes. Zwischen ihnen besteht eine große Zärtlichkeit, die insbesondere dann spürbar ist, wenn Ingrid die Aktive ist und Grant der Passive. Ingrid hat etwas frappierend Mädchenhaftes, auch spricht sie ein wenig wie ein Mädchen, sie ist beinahe niedlich. Eine der Hitchcockschen Spiegelungen wird hier deutlich, die romantisierende Doppelgänger-Motivik: Alicia, die (Devlin) Liebende, das Mädchen, sucht in Devlin den Vater – Sebastian, der (Alicia) Liebende, der Junge, lebt noch im Haus seiner Mutter.

Die Kusssequenz, die wenig zeigt und doch von einer hohen Intimität ist, dauert beinahe drei Minuten und ist damit um ein Vielfaches länger als von der amerikanischen Zensurbehörde seinerzeit erlaubt. Denn gemäß den Richtlinien des »Production Code« darf ein Filmkuss nicht länger als drei Sekunden dauern. Hitchcock, der Schelm, weiß dies geschickt zu umgehen.

»Cary und ich küßten uns, unterhielten uns, küßten uns wieder, dann wurden wir durch das Läuten des Telefons gestört. Es war ein Kuß, der unterbrochen und wieder fortgesetzt wurde. Und die Zensurbehörde konnte nichts unternehmen, denn wir küßten uns nie länger als jeweils drei Sekunden hintereinander. Wir knabberten am Ohrläppchen des anderen, küßten uns auf die Wangen, und dadurch wirkte dieser Kuß endlos und wurde zu einer Sensation auf der Leinwand.«[9]

Hitchcock lässt die Sequenz in mehreren Takes drehen. Ingrid und Grant müssen sich Themen suchen für die kurzen Zwiegespräche zwischen den Küssen. Cary Grant erinnert sich: »Hitchcock sagte, redet, worüber ihr reden wollt. Wir haben dann darüber gesprochen, wer das Geschirr abwäscht. Es sieht richtig verschmust aus. Nasen sind ein Problem bei Kußszenen.«[10]

»Eine Kusssequenz, die dem Publikum in der Radio City Music Hall 1946 den Atem nahm«, wird ein Rezensent im darauffolgenden Jahr nach dem New Yorker Kinostart schreiben.

Auch ist da die nicht minder legendäre Kamerafahrt in der Eingangshalle von Sebastians Haus, die oberhalb der Treppenempore mit einer Raumtotalen beginnt und – wieder ohne Schnitt – auf Claude Rains und Ingrid Bergman zufährt. Die stehen unten in der Halle und begrüßen die eintreffenden Gäste, während die Kamerafahrt direkt vor Ingrids Hand innehält, bis sie diese kurz öffnet und der »Unica«-Schlüssel zum Weinkeller darin zu sehen ist – wo sich die Flaschen mit dem Uran befinden –, als überdimensional großes Objekt. Was Hitchcock hier erneut betreibt, ist visueller Avantgardismus *at its best*.

Ebendieser »Unica«-Kellerschlüssel wird 33 Jahre später, 1979, im Leben von Ingrid Bergman, Cary Grant und Alfred Hitchcock nochmals eine große symbolische Rolle spielen und mehrere Menschen zu Tränen rühren.

Als der Film am 15. August 1946 in der New Yorker Radio City Music Hall Premiere hat und drei Wochen später, am 6. September, in den US-Kinos anläuft, zeigt sich die Kritik begeistert, zumal von Ingrid Bergmans darstellerischer Präsenz.

In *The Nation* schreibt der Kritiker James Agee: »Hitchcocks großes Talent, Frauen zu führen, funktioniert hier wieder ganz wunderbar: Ingrid Bergmans Leistung in diesem Film ist die beste unter allem, was ich bislang von ihr auf der Leinwand gesehen habe.«[11]
Das Jahr 1948 hält gleich mehrere entscheidende Veränderungen für Ingrid Bergman bereit. Dass sie zum dritten und letzten Mal mit Alfred Hitchcock zusammenarbeiten wird, ist Teil davon: *Under Capricorn* ist der Titel des Projekts, ein Kostüm- und Historienfilm, der sich zunächst als unselig erweisen und ihrer beider Wege, zumindest in professioneller Hinsicht, trennen wird. Privat treffen sie sich weiterhin, wann immer und wo immer es geht, ohne Ressentiments, ohne Vorwürfe.

Für Hitchcock persönlich verbinden sich mit *Under Capricorn* ein herber Verlust und ein bereichernder Gewinn: Ingrid Bergman lernt während der Dreharbeiten Regisseur Roberto Rossellini in Paris kennen, beide verlassen im Folgejahr 1949 ihre Ehepartner und Kinder und leben und arbeiten zusammen in Italien. Für Hitchcock ist es ein schwerer Schlag, da Ingrid ihn letztlich für einen anderen Regisseur verlässt: »Hitchcock hat es Ingrid Bergman nie verziehen, daß sie ihn Rossellinis wegen verlassen hat. Gegen Grace Kelly hegte er dagegen keinen Groll. Erstens war Fürst Rainier kein Regisseur, und dann war der einstige kleine Cockney nicht unempfänglich für den Titel einer Fürstin, zu dem die strahlende Debütantin aus Philadelphia es gebracht hatte, als sie Hollywood eintauschte gegen den Felsen von Monaco«[12], so François Truffaut 1983, dem Jahr nach dem Tod beider Hitchcock-Lieblings-Heroinen.

Ohne Hitchcock wären die Filmkarrieren von Ingrid und Grace zweifellos anders verlaufen – ohne die Besetzung mit Ingrid und Grace nähmen sich sechs Filme in seinem Werk vollkommen anders aus.

Hitchcock, wie stets begleitet von seiner Frau Alma, arbeitet nach vielen Jahren 1948 erstmals wieder in seiner englischen Heimat. Zuletzt hatte er hier bei der Literaturverfilmung *Jamaica Inn* (*Riff-Piraten*, 1939) Regie geführt, bevor der Ruf David O. Selznicks ihn nach Amerika lockte und er als erste US-amerikanische Arbeit *Rebecca* inszenierte, ein weiterer, sehr englischer Stoff aus der Feder der britischen Schriftstellerin Daphne du Maurier. Das ist genau zehn Jahre her. Sogar Tochter Patricia, inzwischen in ihrem zwanzigsten Lebensjahr, kommt auf dieser Reise mit. Es ist eine vorübergehende Rückkehr der Hitchcock-Familie in ihre Heimat. Der Aufenthalt wird, mit Unterbrechungen, beinahe anderthalb Jahre dauern.

Dort, in England, in seinem England, führt Alfred Hitchcock Ingrid Bergman im Sommer 1948 durch London, durch sein London. Hier wurde er im August 1899 geboren, hier wuchs er in Leytonstone auf, hier ging er erst vierzig Jahre später, 1939, fort. Ein Reporter und ein Photograph begleiten den Regisseur und die Schauspielerin. Von diesem Gang durch die britische Metropole, deren damals leere Straßen wie ausgestorben wirken, sind wunderbare Schwarzweiß-Photographien erhalten. Es sind zugleich atmosphärische Aufnahmen einer Stadt, drei Jahre nach Ende des Zweiten Weltkriegs. Gemeinsam besichtigen sie den Tower, die Kirche St. Peter oder den George Inn in Southwark, einen Pub, in dem sie Dartpfeile werfen. Müßig zu erwähnen, dass Ingrid sich dabei ungleich geschickter anstellt als »Hitch«.

Der Drehbeginn ist für den 19. Juni 1948 vorgesehen. Doch schon zu diesem Zeitpunkt nehmen sich die Vorbereitungen behäbig aus. Mit dem Drehbuch gibt es von Anfang an Probleme: Zuerst lehnt Arthur Laurents – der zuvor Patrick Hamiltons Stück *Rope's End* für Hitchcocks *Rope* bearbeitet hatte – es ab, das gleichnamige Theaterstück von John Colton und Margaret Linden, das auf der 1937 erschienenen Novelle *Under Capricorn* der australischen Schriftstellerin Helen Simpson basiert, für die Leinwand zu adaptieren. Laurent attestiert Hitchcock, dieses historische, im Australien um das Jahr 1831 herum angesiedelte Stück sei für das Kino schlicht nicht tauglich. Daraufhin engagiert Hitchcock den Autor James Bridie, der zwar für seine brillanten Dialoge bekannt ist, jedoch stets mit dem letzten Akt und dessen dramaturgischer Auflösung Probleme hat. Auch in *Under Capricorn*. Auf dem nicht vollends ausgereiften Script baut der Film auf.

Als wären diese undankbaren Bedingungen nicht genug, kommt zu allem Überfluss hinzu, dass in den unmittelbaren Nachkriegsjahren die *Union strikes*, die Streiks der (Film-)Gewerkschaften, den Betrieb zeitweilig lahmlegen. »Nun warte ich schon sieben Wochen«, schreibt eine recht enervierte Ingrid Bergman am 6. August 1948 ihrer Freundin Ruth Roberts. »Die Dreharbeiten haben zwar am 19. Juni begonnen, aber bei ›Hitch‹ mit seinen Zehn-Minuten-Aufnahmen hinkte man bereits nach dem ersten Drehtag eine Woche dem Zeitplan hinterher. Die Techniker hier haben wenig oder gar keine Erfahrung … ich warte und warte, werde von Tag zu Tag vertröstet … Als die zweite (Szene) an der Reihe war, ging plötzlich das Licht aus. Die Beleuchter kamen die Leitern herunter und verschwanden. Streik! … Ich drehe hier durch, aber die anderen tragen es mit Fassung. Für sie ist das nichts Neues. Seit Kriegsende wird überall mal gestreikt. ›Hitch‹ versucht, ein neues Beleuchter-Team zu bekommen. Vorher wird es wohl keine Ruhe geben.«[13] Ohnedies ist das Genre des opulenten Kostümdramas nicht Hitchcocks Stärke – Arbeiten wie *Waltzes from Vienna* (1933) oder die Du Maurier-Adaption *Jamaica Inn* hat er, selbst vom Sujet gelangweilt, uninspiriert und unhitchcockisch heruntergedreht. Bei *Under Capricorn* mag Ähnliches zu befürchten stehen. Doch warum nimmt er sich überhaupt Helen Simpsons Novelle an?

Die Antwort mag ebenso komplex wie simpel lauten: Ingrid Bergman.

Über die Besetzung der weiblichen Hauptrolle der Lady Henrietta erklärt Hitchcock später: »Ich hatte keine besondere Vorliebe für das Buch, und ich hätte es wahrscheinlich nie genommen, wenn ich nicht den Eindruck gewonnen hätte, daß es für Ingrid Bergman gut geeignet war. Damals war Ingrid der größte amerikanische Star, und ich hatte zwei Filme mit ihr gedreht, *Spellbound* und *Notorious*. Alle amerikanischen Produzenten rissen sich um die Bergman, und ich muß gestehen, daß ich irrtümlicherweise glaubte, Ingrid Bergman zu bekommen, sei für mich das Wichtigste. (...) Wenn es auch kommerziell ein Vorteil war, daß sie mitspielte, machte es den Film doch so teuer, daß das Unternehmen nicht mehr vernünftig war.«[14]

Under Capricorn ist nach *Rope* Hitchcocks zweiter Farbfilm. Über Jahrzehnte wird er zu seinen schwächsten Arbeiten gezählt. Es ist ein atypischer Hitchcock, der bei Publikum und Kritik gleichermaßen als künstlerische wie kommerzielle Enttäuschung durchfällt. Trotz der vielversprechenden Slogans, die alle mit Ingrid Bergman werben: »Ingrid Bergman zeigt, wie hoch eine Frau steigen und wie tief sie fallen kann!« oder »Ingrid Bergman, wie Sie sie noch nie gesehen haben!«

Die anhaltend negative Einschätzung von Hitchcocks 38. Film muss, bei neuer Betrachtung, revidiert werden: Der Film hat trotz der angestaubt wirkenden Ausstattung, trotz der historischen Kostüme und des hermetischen Charakters eines Kammerspiels durchaus etwas Modernes: seine Farbgebung in strahlendem Technicolor, seine Bildkomposition, sein seltsam aus Zeit und Raum fallendes stylishes Setting. *Under Capricorn* hat vor allem etwas Poetisches.

Es geht, wie nicht selten bei Hitchcock, um eine amouröse Dreierkonstellation. Es geht, wie immer bei Hitchcock, um Liebe. Um das Sich-Erkennen, um emotionale Wahrhaftigkeit. Alle Hitchcock-Psychothriller sind in ihrem Kern tief romantisierte Liebesfilme. Romanzen. Melodramen. So auch *Under Capricorn*.

Die Geschichte einer klassisch fatalen Ménage-à-trois-Variation über eine zwischen zwei sie umwerbenden Männern stehende Frau spielt im kolonialen Australien der frühen 1830er Jahre: Charles Adare (Michael Wilding), Cousin des Gouverneurs (Cecil Parker), trifft von seiner Reise aus Irland ein. Er erhält eine Einladung zum Dinner bei Sam Flusky (Joseph Cotten), einem zu Wohlstand gekommenen Ex-Sträfling. Der Gutsherr und Geschäftsmann Flusky ist von irischer Herkunft und mit Lady Henrietta (Ingrid Bergman) verheiratet, Tochter von Fluskys früherem Dienstherrn, dessen Pferdepfleger er war. Die Aristokratin Henrietta leidet unter Depressionen, ist längst dem Alkohol verfallen. Haushälterin Milly (Margaret Leighton) tyrannisiert ihre Herrin auf subtil perfide Manier, da sie, Milly, in den Hausherrn Flusky verliebt ist. Charles versucht Henrietta zu helfen – und verliebt sich in sie. Auf dem irischen Ball kommt es zur ersten öffentlichen Konfrontation. In der Folge schießt Sam Flusky in seinem Haus Charles Adare an. Henrietta gesteht schließlich, dass es nicht ihr Ehemann war, der den Mord beging, für den er sieben Jahre im Gefängnis einsaß, sondern dass sie selbst die Mörderin sei – die Mörderin ihres leiblichen Bruders Dermot, der sie daran habe hindern wollen, gemeinsam mit Flusky nach Sydney auszuwandern. Flusky, mit der Heirat vom Stallknecht zum Aristokraten avanciert, habe für sie eingesessen, habe ihre Schuld auf sich genommen, und sie, Lady Henrietta, habe sieben lange Jahre auf ihn gewartet. Der Tausch von Schuld und die darauffolgende Sühne – einer der zentralen Topoi des Katholiken Hitchcock. Als Milly zu guter Letzt entlarvt wird und das Gut verlässt, Henrietta und Sam wieder zueinander finden, entsagt Charles seiner Liebe zu Henrietta und verlässt diesen Ort, um nach Irland zurückzukehren.

Ein Bild: Lady Henrietta liegt auf dem Boden, an eine Seite des Bettrands gelehnt, die eifersüchtige Milly will sie vergiften. Lady Henrietta beobachtet Milly, und Hitchcock zeigt fortan im Wechsel mal den Blick auf Ingrid Bergman, mal den auf Margaret Leighton. Vom subjektiven zum objektiven Blick. Und umgekehrt. Sobald die Kamera den Blick von Ingrid Bergman einnimmt, stellt sich beim Zuschauer unwillkürlich das empathische Bangen darum ein, sie möge dieser Situation auf welche Weise auch immer entkommen. Es ist die Hitchcocksche Manipulation des Zuschauers, die in dem subjektiven Blick Ingrid Bergmans vollends kulminiert und am stärksten ist. Der Zuschauer selbst sieht in diesen Momenten mit ihren Augen.

Es ist die Sequenz, die am deutlichsten Motive aus *Notorious* assoziiert. Über der Szenerie liegt etwas Nebulös-Mystisches. Hier ist Hitchcocks Suspense in *Under Capricorn* zu spüren.

Ausgerechnet dieser vernachlässigte Hitchcock-Film wird Ingrid Bergman die Gelegenheit geben, ihre Schauspielfähigkeiten vollkommen zu entfalten. Hitchcock erfasst und versteht die Komplexität und das Potenzial Bergmans wie kein anderer Regisseur. Die Nahaufnahmen am Bett, die mit den Raum-Totalen mit Blick auf die Haushälterin alternieren, zeigen ihre ganze Kunst der minimalistischen Reduktion einerseits, andererseits der Vielfalt an Regungen und Emotionen. Beides geschieht zugleich in ihrem Gesicht.

Under Capricorn ist auch ein Film über ein Gesicht. Ingrids Gesicht.

Der erste Auftritt von Ingrid Bergmans Figur der Lady Henrietta geschieht erst in der 24. Minute des Zwei-Stunden-Films, vorher werden die beiden männlichen Charaktere etabliert, die sich im weiteren Handlungsverlauf zu Rivalen entwickeln. Bereits dieser erste Auftritt definiert Haltung und Charakteristika Lady Henriettas: Ingrid kommt vom ersten Stockwerk des weißen Kolonialbaus die Treppe herunter – Treppen ziehen sich durch Hitchcocks gesamtes Werk und symbolisieren eine Veränderung des Bewusstseinszustands, stehen für die im Freudschen Strukturmodell etablierten Übergange zwischen Über-Ich, Ich und Es – und nähert sich ihrem am Kopfende der Tischgesellschaft sitzenden Ehemann langsam von hinten. Alles geschieht, als vollziehe es sich in Zeitlupe, alles scheint in einen Wattebausch gehüllt. Ein Kokon des Schmerzes. Ihre nackten Füße im Türrahmen sind als Erstes zu sehen: Lady Henrietta ist barfuß, ein auf ihren desolaten Zustand hinweisendes Indiz. Das Sinnbild der Versklavung geht hiermit einher – der deutsche Verleihtitel *Sklavin des Herzens*, sonst wenig passend, mag hierauf anspielen.

Ingrid Bergman legt von hinten ihre Hände auf Joseph Cottens Schultern – noch immer hat der Zuschauer ihr Gesicht nicht gesehen. Dann spricht sie die Männer der Tischgesellschaft an, sagt, sie wolle nur ein Glas Wein mit ihnen trinken. Ihr Mann stellt sie schließlich vor, und die Kamera fährt vertikal an Ingrids Körper entlang nach oben und hält, wie noch oft in diesem so eigenwilligen Film, auf ihrem Gesicht inne: Somnambul-entrückt, verklärt-verstört wirkt es. Lady Henrietta ist nicht von dieser Welt. Sie ist ihr abhanden gekommen. Ihr gesamter Habitus hat etwas Antikisiertes. Dennoch wirkt sie heruntergekommen. Ein menschliches Wrack.

»Es lastet ein Albdruck auf mir.«

Das sagt Henrietta einmal zu Charles, der ihr Vertrauter wird. Es klingt wie ein Geständnis, und zugleich wie ein Hilferuf. Sie hat lange schon sämtliche Spiegel aus dem Haus entfernen lassen, sie kann sich selbst nicht mehr sehen. So improvisiert Charles einen Spiegel, indem er hinter ein offenstehendes Verandafenster sein dunkles Jackett hält, Henrietta sich nur nach links wenden muss – und sich im dunklen Fenster spiegelt. Diese sinnbildliche wie buchstäbliche Bespiegelung ist der Wendepunkt: Es ist der Beginn ihrer kathartischen Entwicklung, hin zu ihrem verschütteten Selbst, hin zur Sühne und Erlösung aus der Schuld. Hitchcock, oftmals als Misogynist fehlinterpretiert, erzählt hier von einer weiblichen Bewusstwerdung. Von einer Frau-Werdung. Ingrid Bergman interpretiert sie kongenial.

Später, Ingrid hat inzwischen einen ersten Rohschnitt gesehen, muss sie reumütig konzedieren, dass sie mit ihrer Einschätzung von Hitchcocks Drehprozess doch nicht richtig lag: »Der Film ist fast fertig. Einige dieser verdammt langen Szenen sind ganz gut geworden. In einer Neuneinhalb-Minuten-Einstellung rede ich ohne Pause; die Kamera läßt mich nie aus dem Auge – und es ist tatsächlich gut. (…).«[15]

Hitchcock resümiert seinerseits: »Sie mochte diese Art zu arbeiten nicht, und weil ich Diskussionen hasse, sagte ich zu ihr: ›Ingrid, das ist doch bloß ein Film‹.«

Über das diffizile Unternehmen *Under Capricorn* zieht Hitchcock in der ihm eigenen Art Bilanz: »Ich hatte eine Geschichte für Ingrid Bergman gesucht, und ich glaubte, sie gefunden zu haben. Ich hatte genau überlegt, nie hätte ich mich sonst für einen Kostümfilm entschieden. (…) Wenn ich heute einen Film drehen würde, der in Australien spielt, würde ich einen Polizisten zeigen, der in den Beutel eines Kängurus springt und ihm zuruft: ›Folgen Sie dem Wagen dort!‹«[16]

Für Ingrid Bergman ist ihr letzter Hitchcock-Film zugleich der vorläufige Schlussstein unter ihrer amerikanischen Arbeit, die genau zehn Jahre währte. Es ist das auf künstlerischer Ebene für sie wichtigste und prägendste Jahrzehnt, in dem sie ihre herausragendsten Rollen gespielt hat. Sie ist, so Alfred Hitchcock selbst, zu dieser Zeit »der größte *amerikanische* Star«. Diese 1940er Jahre, eingeleitet von dem noch 1939 entstandenen US-Remake von *Intermezzo*, sind ihre besten Jahre:

Hollywoods *Golden Age* ist auch Ingrid Bergmans *Golden Age*.

Mit *Under Capricorn* endet diese Periode für sie unwiederbringlich.

Über Ingrid Bergmans Fortgang nach Italien zu Roberto Rossellini resümiert Alfred Hitchcock Jahre später: »Ich trauere immer noch um die Filme, die ich mit Ingrid Bergman hätte machen können, die Filme, die es nie gegeben hat. Als sie nach Italien ging und dort blieb, war das ein Verlust für mich, für die Welt und für sie.«[17]

[1] Kobal, John: *People Will Talk.* New York 1986, S. 477.
[2] Kobal, John: *People Will Talk.* New York 1986, S. 477.
[3] Truffaut, François: *Mr. Hitchcock, wie haben Sie das gemacht?* München 1973 / Neuausgabe 2003, S. 154 f.
[4] Chandler, Charlotte: *Ingrid. A Personal Biography.* London 2007, S. 108.
[5] Deutsche Synchron- und/oder Originalfassung von *Spellbound.* Great Movies, Blu-ray 2014.
[6] Kobal, John: *People Will Talk.* New York 1986, S. 477.
[7] Truffaut, François: *Mr. Hitchcock, wie haben Sie das gemacht?* München 1973 / Neuausgabe 2003, S. 165.
[8] Deutsche Synchron- und/oder Originalfassung von *Notorious.* Great Movies, Blu-ray, 2015.
[9] Bergman, Ingrid / Burgess, Alan: *Mein Leben.* Berlin/ Frankfurt am Main/Wien 1980, S. 165.
[10] Leamer, Laurence: *Ingrid Bergman. Die Biografie.* Hamburg 1987, S. 146.
[11] Quirk, Lawrence J.: *Ingrid Bergman und ihre Filme.* München 1982, S. 95.
[12] Truffaut, François: *Mr. Hitchcock, wie haben Sie das gemacht?* München 1973 / Neuausgabe 2003, S. 313.
[13] Bergman, Ingrid / Burgess, Alan: *Mein Leben.* Berlin/ Frankfurt am Main/Wien 1980, S. 191.
[14] Truffaut, François: *Mr. Hitchcock, wie haben Sie das gemacht?* München 1973 / Neuausgabe 2003, S. 179.
[15] Bergman, Ingrid / Burgess, Alan: *Mein Leben.* Berlin/ Frankfurt am Main/Wien 1980, S. 198.
[16] Truffaut, François: *Mr. Hitchcock, wie haben Sie das gemacht?* München 1973 / Neuausgabe 2003, S. 184.
[17] Chandler, Charlotte: *Ingrid. A Personal Biography.* London 2007, S. 289.

3

Grace Kelly

Dial M for Murder (Bei Anruf Mord, 1954)

Rear Window (Fenster zum Hof, 1954)

To Catch a Thief (Über den Dächern von Nizza, 1955)

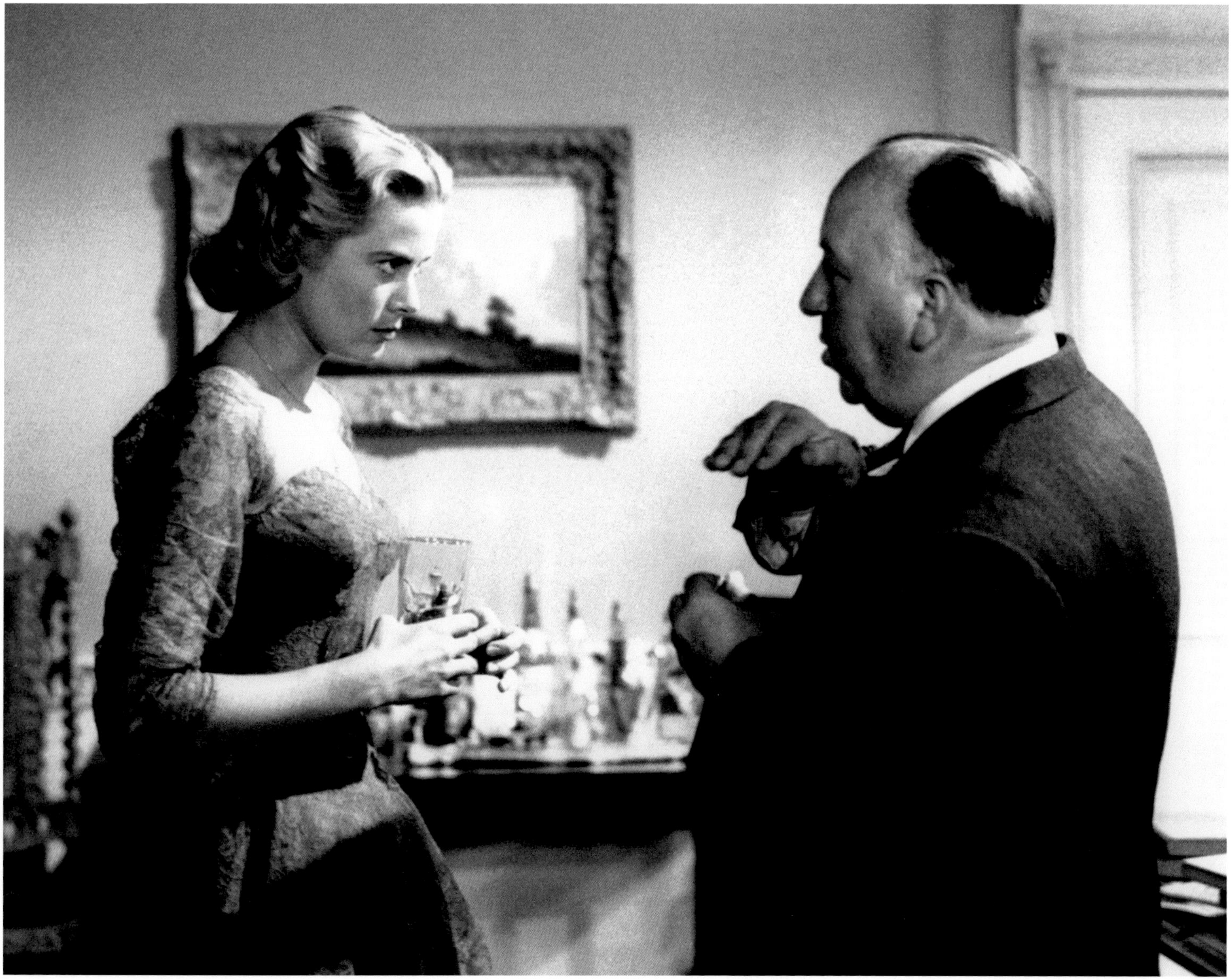

Grace Kelly und Alfred Hitchcock am Set von *Dial M for Murder*, 1954

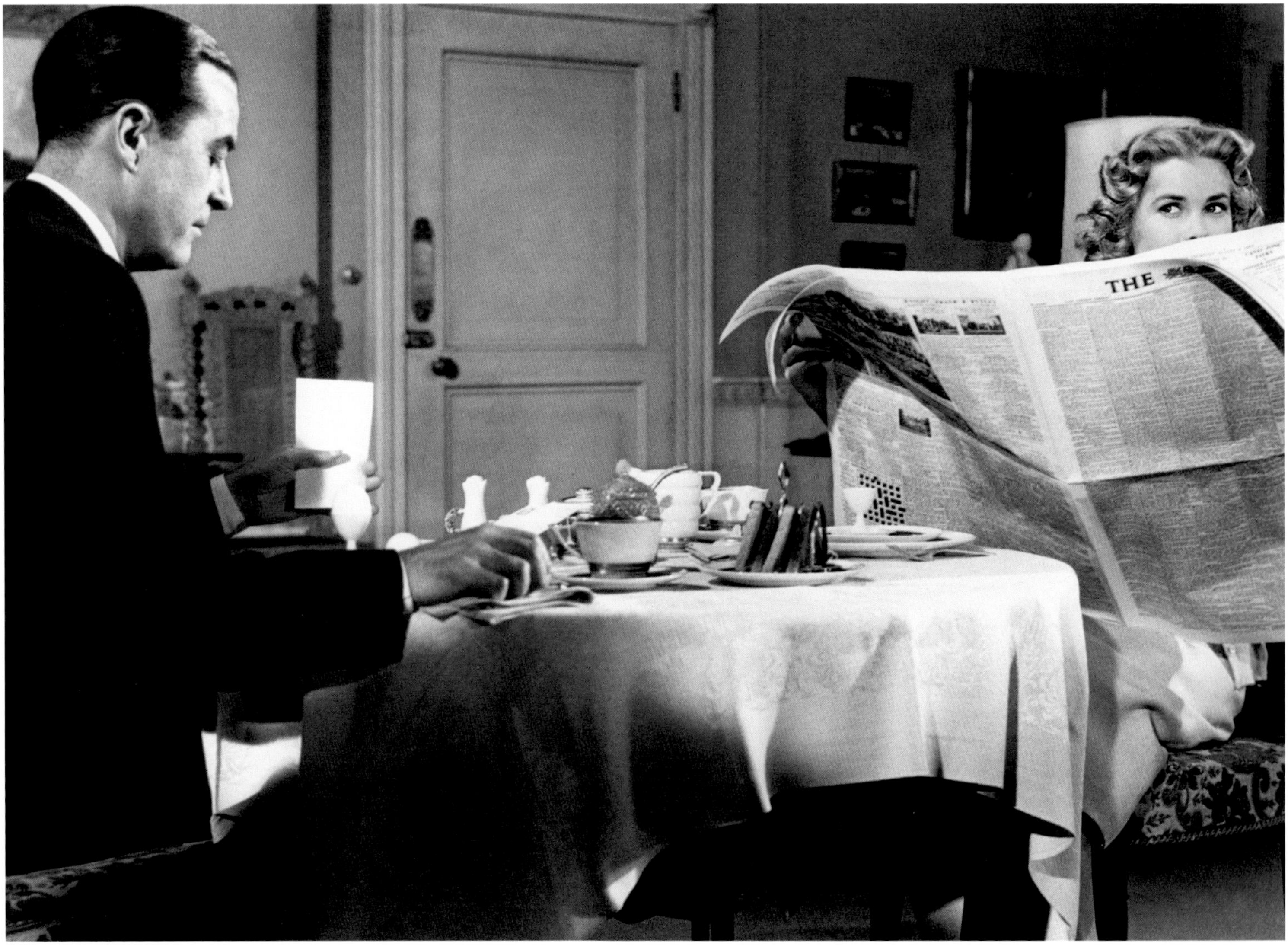

Szenenphoto mit Ray Milland aus *Dial M for Murder*, 1954

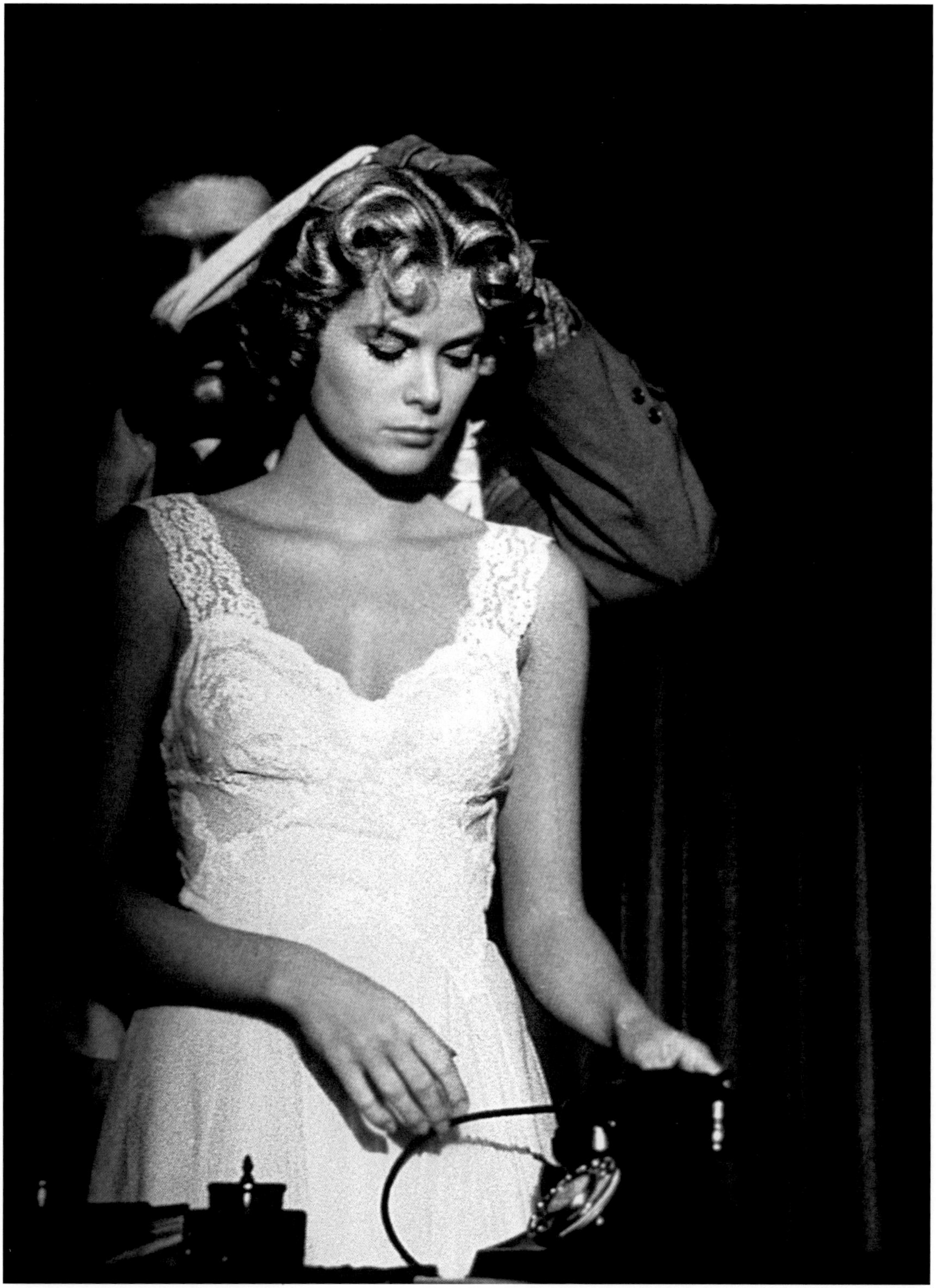

Szenenphoto mit Anthony Dawson aus *Dial M for Murder*, 1954

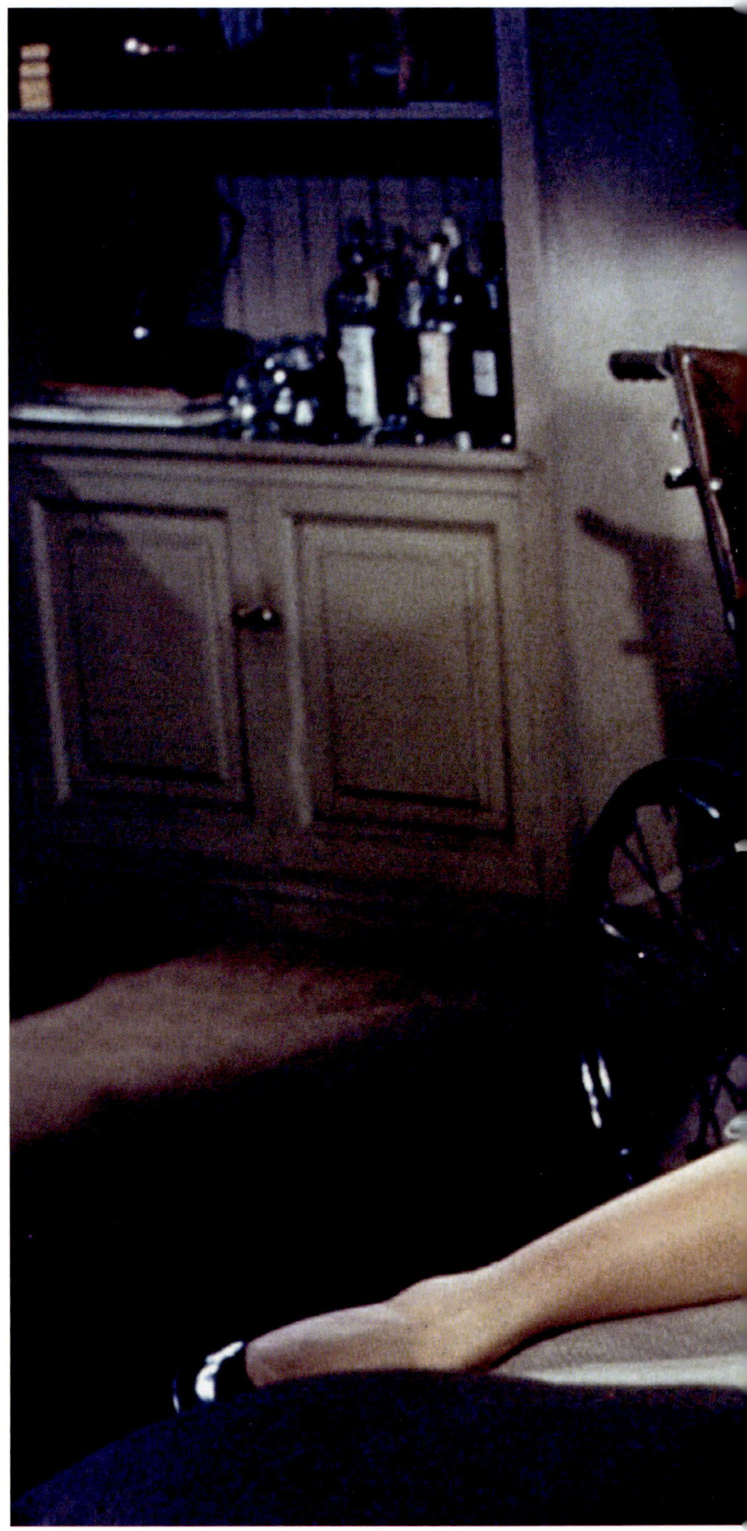

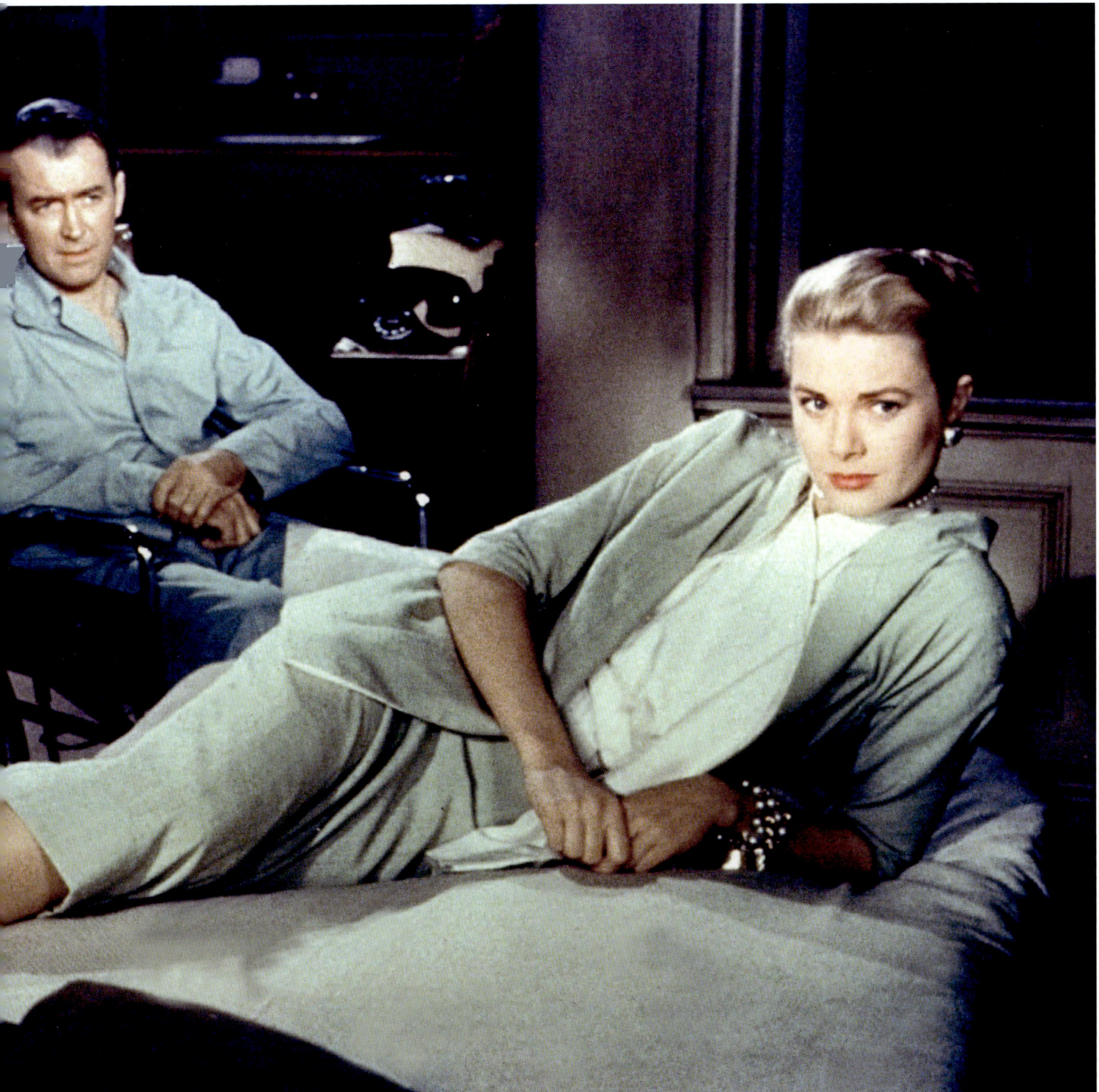

Szenenphoto mit James Stewart aus *Rear Window*, 1954

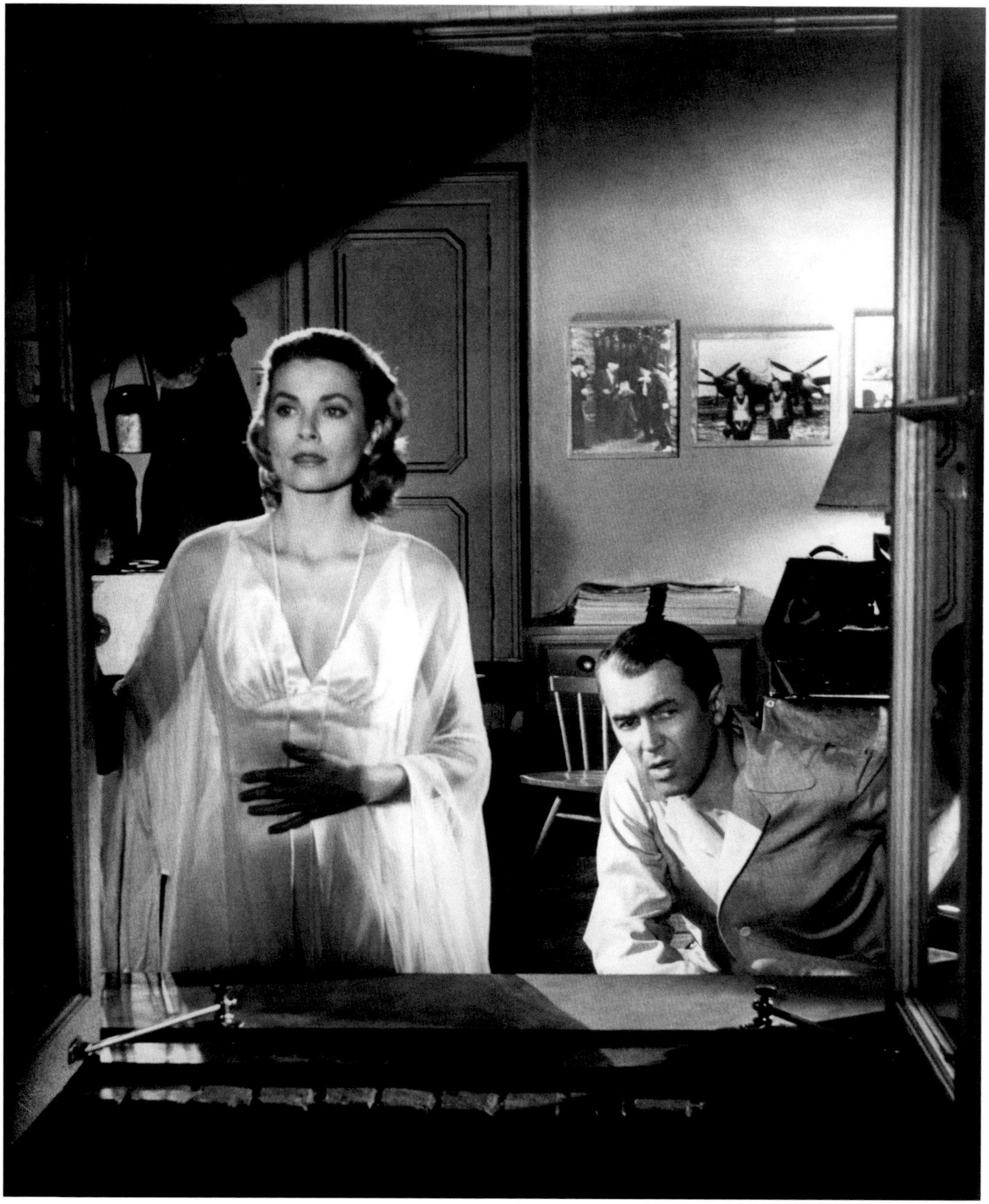

Szenenphoto aus *Rear Window*, 1954

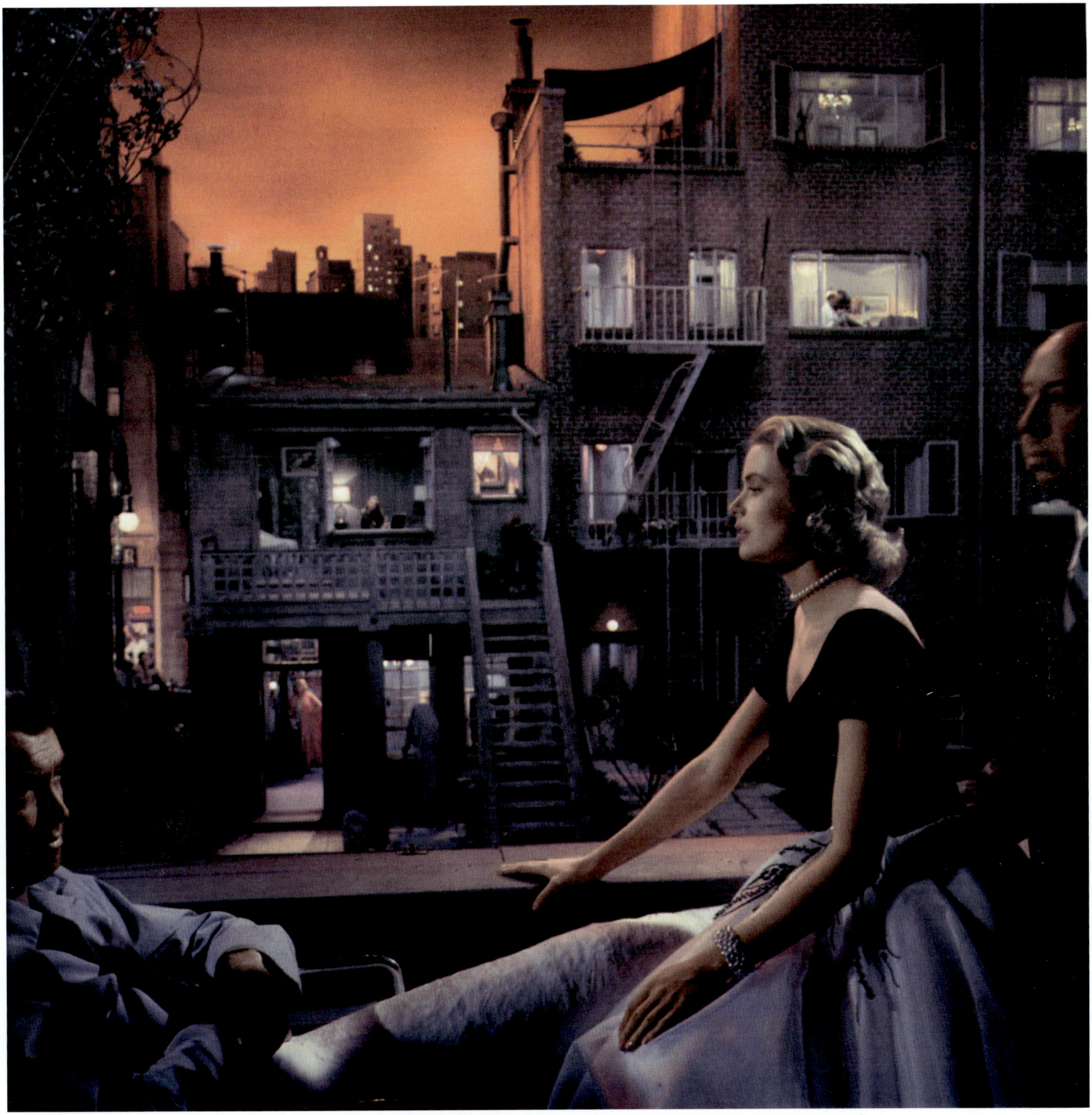

James Stewart, Grace Kelly und Alfred Hitchcock am Set von *Rear Window*, 1953

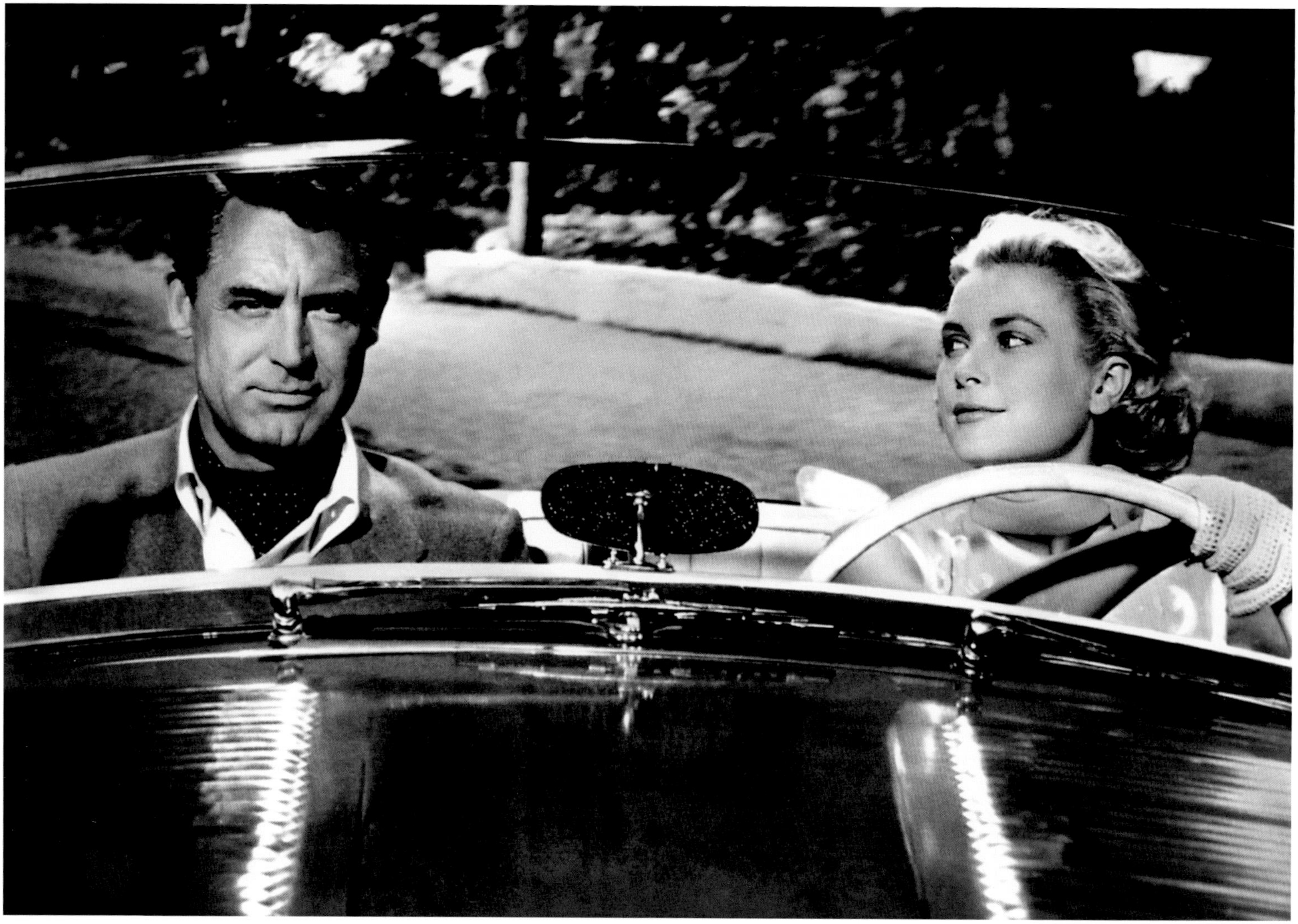

Filmstill mit Cary Grant aus *To Catch a Thief*, 1955

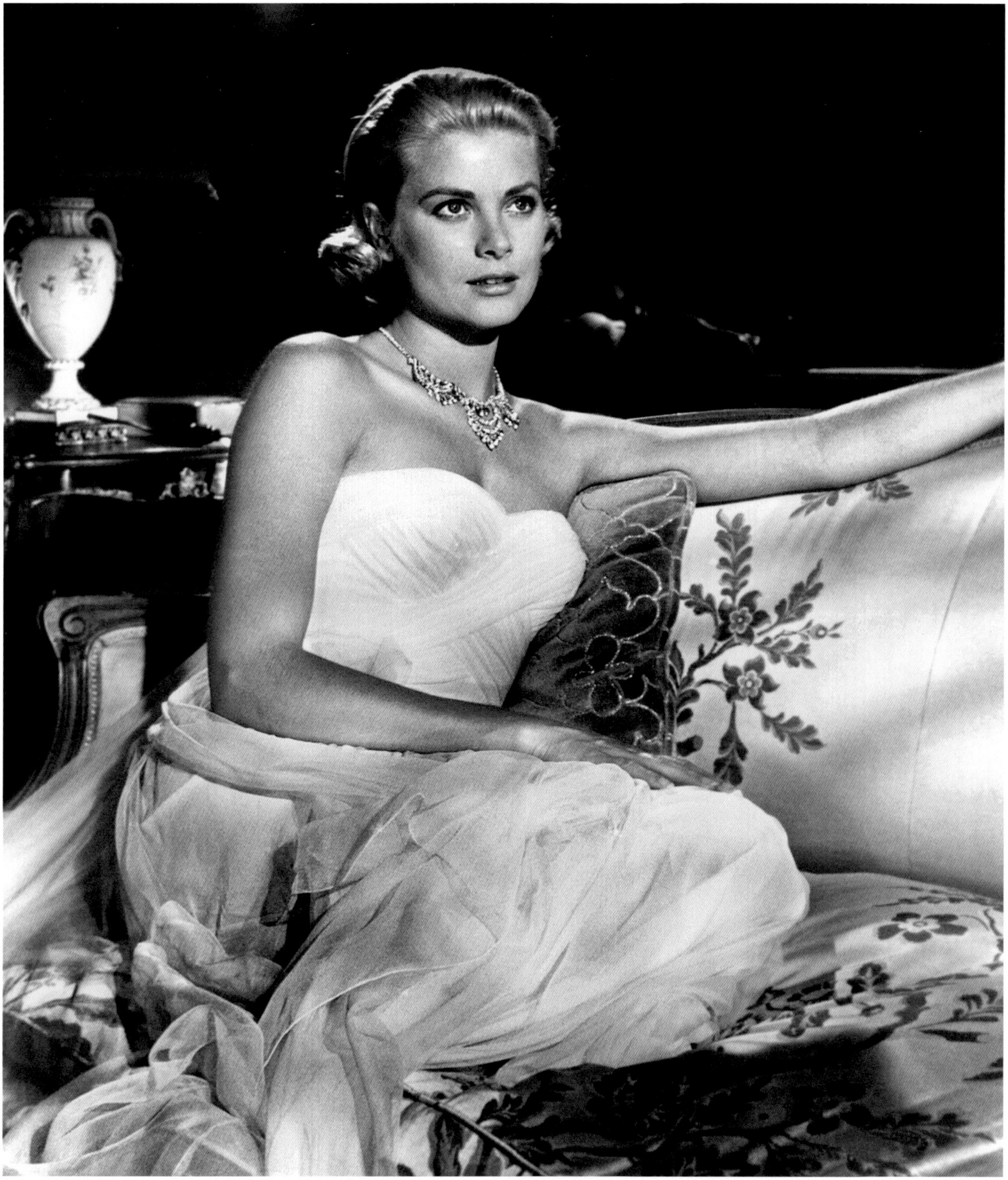

Filmstill aus *To Catch a Thief*, 1955

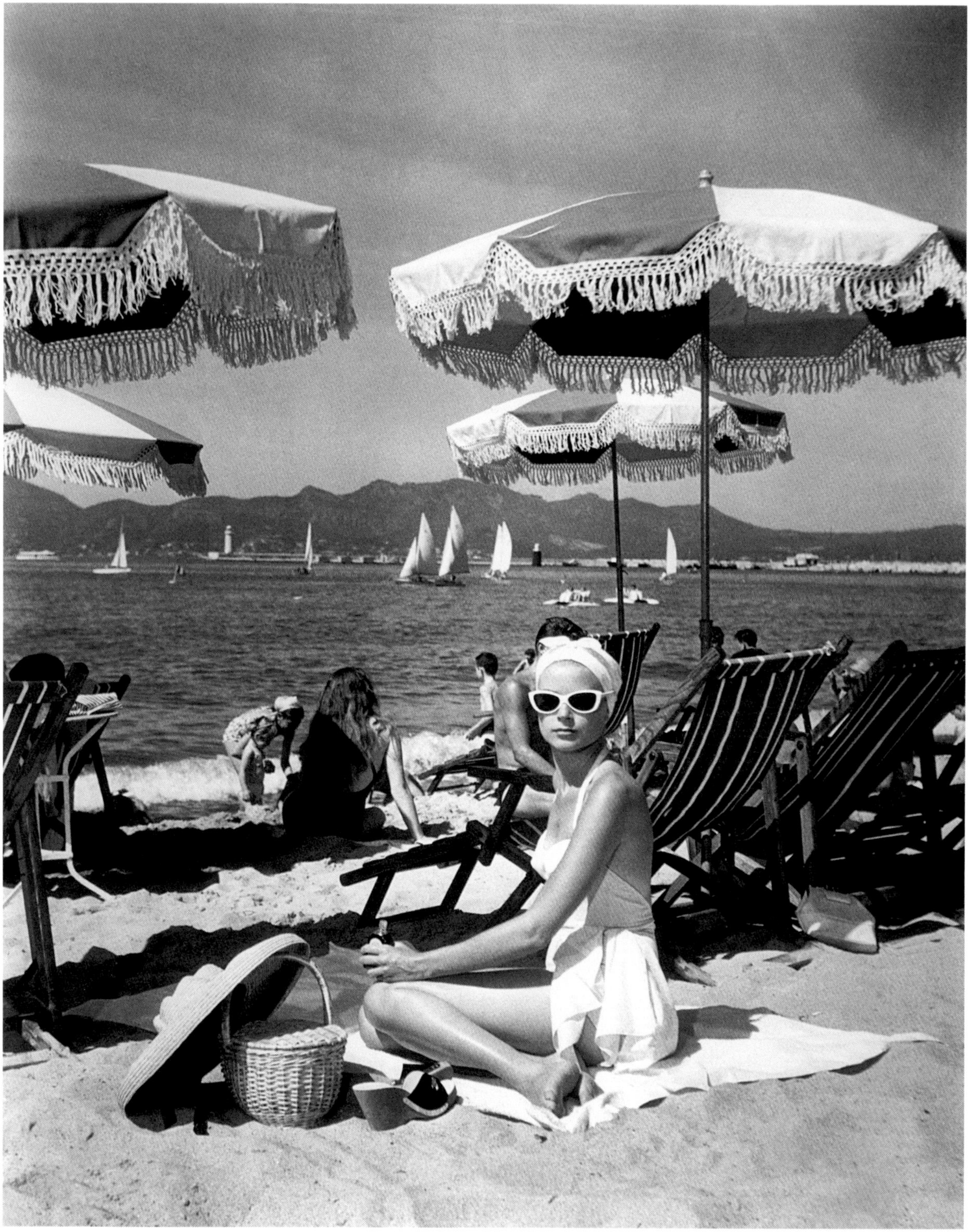

Filmstill aus *To Catch a Thief*, 1955

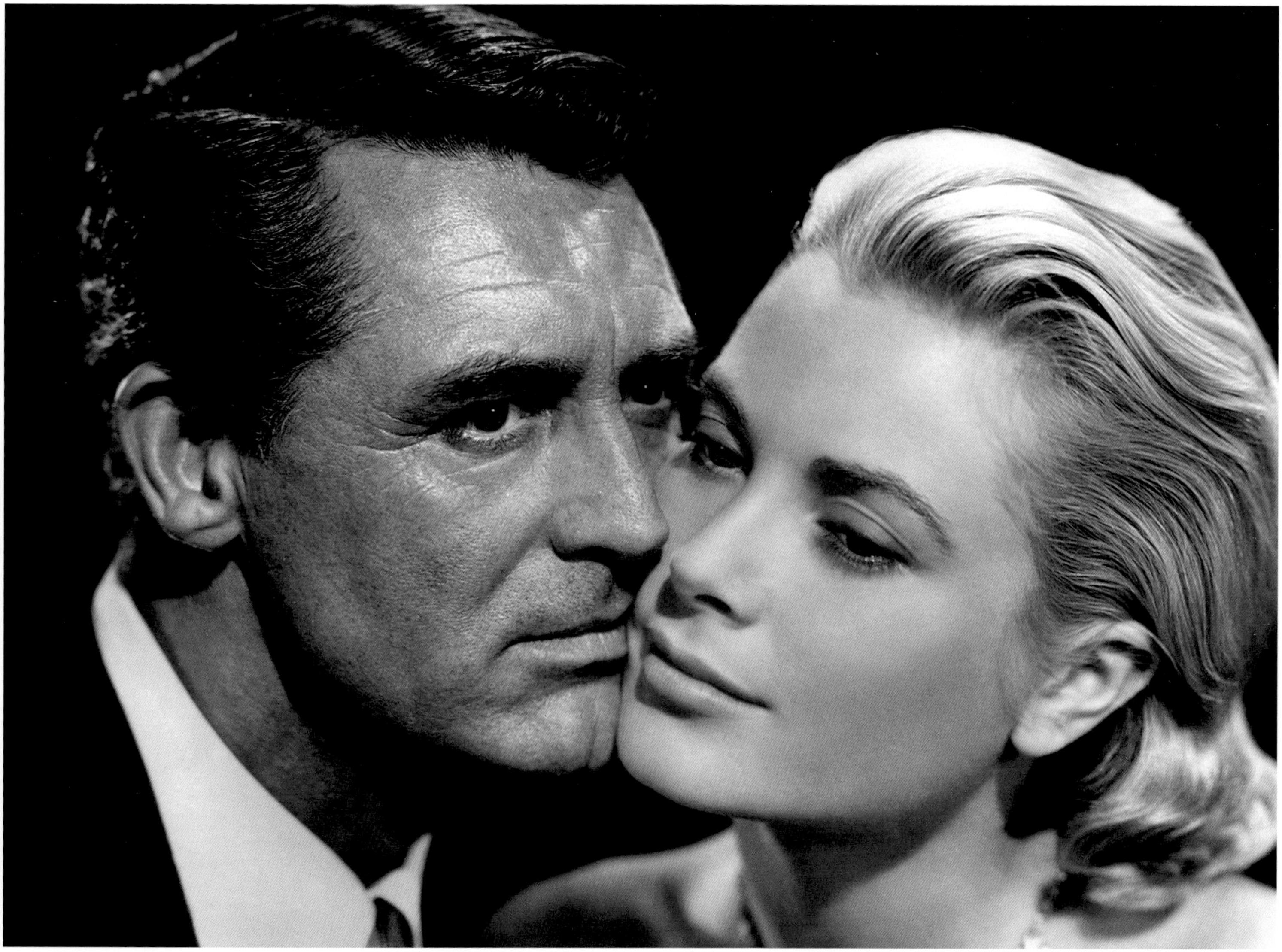

Cary Grant und Grace Kelly, Publicity-Portrait für *To Catch a Thief*, 1955

Grace Kelly

(1929–1982)

»Grace is like a mountain covered with snow,
but that mountain is a volcano.«

Es muss ein magischer Moment gewesen sein, als Grace Kelly und Alfred Hitchcock sich zum ersten Mal begegnet sind. Zweite Juniwoche 1953. Burbank, Hollywood. An einem Vormittag.

Den Termin hat MCA-Agent Jay Kanter arrangiert. Hitchcock sucht seine nächste Heroine, Nachfolgerin von Joan Fontaine und Ingrid Bergman. Blond und filigran soll sie sein, nach außen hin kühl, dabei innerlich leuchtend. Grace Kelly ist zum Vorstellungsgespräch geladen. »Sehr nervös und gehemmt« sei sie gewesen, wird sie später einmal sagen. »Ich wusste nicht, was ich zu ihm sagen konnte. Auf schreckliche Weise erschien es zugleich lustig, wie mein Gehirn zu Stein wurde.«[1] Dreiundzwanzig Jahre alt ist die am 12. November 1929 in Philadelphia geborene Tochter irisch-deutscher Einwanderer, als sie dem dreißig Jahre älteren Regisseur von Weltrang in jenem Sommer vorgestellt wird.

Diese Begegnung wird ihr Leben verändern.

Dial M for Murder (*Bei Anruf Mord*, 1954), die Adaption des gleichnamigen Broadway-Theaterstücks von Bühnenautor Frederick Knott (*Wait Until Dark*, 1966), entsteht schließlich in den Monaten August und September '53. Grace Kellys erster Drehtag unter der Regie Alfred Hitchcocks ist der 5. August 1953.

Eine Dreiecksgeschichte als hermetisches Kammerspiel. Ein unfilmischer Theaterfilm beinahe. Eine Frau zwischen zwei Männern. Grace Kelly spielt die vermögende Margot Wendice, die in London mit Ehemann Tony (Ray Milland), einem mittellosen ehemaligen Tennisspieler, lebt. Der US-Kriminalschriftsteller Mark Halliday (Robert Cummings) ist ihr Liebhaber. Tony weiß dies. Er will sie vom schmierigen Captain Swan Lesgate (Anthony Dawson) umbringen lassen, fürchtet er doch, dass Margot sich scheiden lassen könnte, um Mark zu heiraten.

Legendär ist die dramaturgisch zentrale Scherenmordsequenz aus *Dial M for Murder*, die der *turning point* des Plots ist und vom Zuschauer ob Hitchcocks subtiler Manipulation geradezu herbeigesehnt wird: Der von Ray Milland beauftragte Anthony Dawson begibt sich des Nachts in die Erdgeschoss-Wohnung, in der Grace Kelly bereits schläft. Dort wartet er hinter dem schweren Vorhang auf den Anruf des im *Men's Club* spielenden Ray Milland, der Grace ans Telefon locken soll. Hitchcock hält den angespannten Zuschauer hin, gehen doch die Uhren der beiden Gentlemen nicht synchron. Als es schließlich klingelt, ist im völligen Dunkel des Wohnzimmers durch den Türrahmen Licht im Schlafzimmer zu sehen. Grace Kelly öffnet die Schlafzimmertür im hellen, leicht bläulich schimmernden Nachthemd, das die Konturen ihres Körpers gut erahnen lässt. Die Kamera ruht auf ihr. Die Kamera liebt sie. Oftmals ist es in Hitchcocks Kino die Kamera, die seine Hauptdarstellerinnen liebkost. Schließlich liegt nicht die mit einem Damenstrumpf strangulierte Grace Kelly leblos am Boden, wie es von Ray Milland eigentlich geplant war, sondern Anthony Dawson, dem Grace im Todeskampf, der in seiner Inszenierung beinahe eine Vergewaltigung assoziieren lässt, eine Schere in den Rücken rammt. Es ist eine Szenerie von ganz unmittelbarer, direkter, brachialer Gewalt. Mit einer blonden, fragilen, sensiblen Frau in der Hauptrolle.

»In Hitchcocks Kino« – so sagt es einmal treffend der französische Nouvelle Vague-Regisseur und passionierte Hitchcock-Jünger François Truffaut – »sind der Liebesakt und der Tod eins. Alle Liebesszenen sind wie Mordszenen gefilmt und alle Mordszenen wie Liebesszenen.«[2]

Hitchcock sieht Grace anders als ihre bisherigen Regisseure Henry Hathaway (*Fourteen Hours*, 1951), Fred Zinnemann (*High Noon*, 1952) und John Ford (*Mogambo*, 1953). Und er zeigt sie auch anders: Er bezieht sie konkret in die Farbgestaltung des Films mit ein, indem er sie von Sequenz-Abschnitt zu Sequenz-Abschnitt unterschiedlichste Kostüme tragen lässt. Es sind Metamorphosen. Die Garderobe als Spiegel der Seele: von Rosa über Rot bis hin zu Hellblau, Grau und Braun. Jedes einzelne von Graces Kostümen zeigt ihre innere Verfassung. Als Grace »Hitch« bei der Wahl des Nachthemds für die nächtliche Telefon-Sequenz vorschlägt, anstelle des von ihm geplanten schweren Samt-Morgenrocks, auf dem sich das Licht so schön spiegeln könnte, eben jenes dünne helle Nachthemd zu nehmen, da hält man am Set die Luft an.

Das gab es bislang noch nicht: Korrekturvorschläge einer jungen neuen Schauspielerin, die hier nach nur drei Nebenrollen in ihrer ersten ausgereiften Hauptrolle zu sehen ist. Doch Hitchcock nimmt an, willigt ein. Ein für beider lebenslange Beziehung paradigmatischer Vorgang.

Auch in Anwesenheit Grace Kellys wird Hitchcock bei den ersten gemeinsamen Dreharbeiten am Set von *Dial M for Murder* in den Warner-Studios in Burbank die ein oder andere seiner kleinen *naughty stories* zum Besten geben, kleine, leicht anzügliche Geschichten. Einmal steht er mit Hauptdarsteller Ray Milland zusammen und dreht sich zu Grace um, nachdem er Milland gerade einen mehrdeutigen Witz erzählt hat, und fragt sie freudig erwartungsvoll: »Sind Sie schockiert, Miss Kelly?« Und sie erwidert: »Oh nein, Mr. Hitchcock, ich ging auf eine Klosterschule für Mädchen – ich habe all diese Dinge schon gehört, als ich 13 war.«[3]

Das gefällt dem humorigen Meister, das gefällt ihm sogar sehr.

»›Hitch‹ war wunderbar. Er war sehr verschlossen und geheimnisvoll. Er war von Natur aus schüchtern und so spielte er mit jedermann Verstecken«[4], erinnert sich Grace Kelly später.

Die Bande zwischen ihnen werden schnell vertrauter, ohne dabei jemals Grenzen zu überschreiten. Es würde so gut in das tradierte eindimensionale Hitchcock-Bild passen, das zunächst einmal nichts als ein Klischee ist: das Bild des obsessiven Misogynisten, der sich angeblich ebenso verzweifelt wie vergeblich an seinen Blondinen zu vergreifen versucht. Es würde das Klischee so gut bedienen, wenn sich der korpulente, nicht eben attraktive Regisseur seiner dreißig Jahre jüngeren, aparten, hochattraktiven Hauptdarstellerin unsittlich genähert hätte. Das Gegenteil ist der Fall: Grace Kelly ist für ihn ein Protegé, und er wird ihr – nachdem sich Fred Zinnemann und John Ford an den Sets herzlich wenig um sie gekümmert haben – vieles beibringen, was sie in den vor ihr liegenden Jahren bis zu ihrem letzten Film *High Society* (*Die oberen Zehntausend*, 1956) als Filmschauspielerin anwenden wird. »Mit ›Hitch‹ war alles anderes. Er hatte endlose Geduld mit mir«.[5]

Schauspielerin Brigitte Auber – die die Rolle der »Katze« Danielle Foussard in *To Catch a Thief* (*Über den Dächern von Nizza*, 1955) spielt – erzählt über die Verbindung zwischen Hitchcock und Grace Kelly, die sie in den Wochen der Dreharbeiten erlebt: »Da war etwas von einem Einverständnis, von einem großen Einverständnis zwischen ihnen, von einer großen Eleganz auch – es war der Esprit, der sie verband. Es gab sonst nichts Anderes zwischen ihnen, nichts das irgendwie … Es war eine sehr starke Freundschaft. Sie kannte ihn in- und auswendig. Und ›Hitch‹ machte immer seine Späßchen mit ihr. (…) ›Hitch‹ hat sich sehr um Grace gekümmert, während man drehte, er erklärte ihr alles, manchmal eine Dreiviertelstunde lang.«[6]

Die Muse und ihr Mentor bleiben die kommenden drei Jahrzehnte bis zu Hitchcocks Tod im April 1980 einander freundschaftlich verbunden, besuchen sich wechselseitig und halten in unzähligen Briefen Kontakt. Es sind Briefe, die voller Respekt, Zuneigung und Wertschätzung füreinander sind.

Grace Kelly, so will es das Schicksal, soll ihren Freund lediglich um zwei Jahre überleben: an einem strahlend sonnigen Wochenauftakt, es ist Montagmorgen, der 13. September 1982, um 9.30 Uhr herum, als sie zusammen mit ihrer jüngsten Tochter Stéphanie vom hoch oben in den Bergen gelegenen Familienlandsitz Roc Agel zurück hinunter nach Monaco fährt, da wird ihr Wagen aus einer Haarnadelkurve geschleudert und stürzt vierzig Meter in die Tiefe. Wie ein Wunder überlebt Tochter Stéphanie den Unfall mit wenigen Blessuren, ihre Mutter jedoch ist klinisch tot. Es ist an ihrem Mann, Fürst Rainier von Monaco, die schwere Entscheidung zu fällen, alle Apparate, mit denen die Fürstin künstlich am Leben gehalten wird, abzustellen. Am Dienstag, den 14. September 1982 stirbt Grace Kelly. Sie ist 52 Jahre jung.

Auf *Dial M for Murder* soll *Rear Window* (*Das Fenster zum Hof*, 1954) folgen: Es ist der künstlerische Höhepunkt in der Zusammenarbeit zwischen Alfred Hitchcock und Grace Kelly. Ihr gemeinsames Meisterwerk. Die Leinwand-Adaption von Cornell Woolrichs 1942 publizierter Kurzgeschichte durch Drehbuchautor John Michael Hayes geht weit über die literarische Vorlage hinaus. Hitchcock lässt zudem die beiden historischen britischen Kriminalfälle um Patrick Mahon und insbesondere um Dr. Crippen motivisch mit einfließen.

Am 29. November 1953 fällt in den Paramount-Studios in Hollywood die erste Klappe am gigantesken Set von *Rear Window*: ein New York-Set mit 31 Wohnungen, die Hitchcock hat bauen lassen, zwölf darunter sind vollständig eingerichtet und möbliert. Die Sentenz der französischen Regisseure Claude Chabrol und Eric Rohmer, die, wie auch François Truffaut, in den 50er Jahren als Filmkritiker bei den renommierten *Cahiers du Cinéma* in Paris tätig sind, ist berühmt: sie nennen diese Hofmauer, auf die Hitchcocks Protagonist, der Photoreporter L. B. Jeffries (James Stewart), den gesamten Film hindurch blickt, in ihrem 1957 erschienenen Hitchcock-Buch, dem ersten überhaupt, passend »l'ensemble de ces cages à lapin bien cloisonnées«[7], ein Ensemble abgeteilter zellengleicher Kaninchenställe. Hitchcock selbst, für den die 1950er seine produktivste, strahlendste Schaffensperiode bedeuten – »Ich fühlte mich damals sehr in Form, meine Batterien waren voll aufgeladen«[8] –, ergänzt später einmal, im 1962 geführten 50-Stunden-Gespräch mit François Truffaut: »Auf der anderen Seite des Hofes haben Sie alle Arten menschlichen Verhaltens, einen kleinen Verhaltenskatalog. (…) Was man auf der anderen Hofmauer sieht, ist eine Fülle kleiner Geschichten, es ist der Spiegel einer kleinen Welt.«[9]

Dieser Spiegel einer kleinen Welt, ein Mikrokosmos in sich, findet in dem nachgebauten Innenhof von Greenwich Village seine Entsprechung. Zu ihm geht das *Rear Window* hinaus – der Fensterrahmen, er ist zugleich der Bildrahmen. Jeffries, sonst immer in der Welt unterwegs, ist in seinem kleinen Junggesellen-Apartment mit eingegipstem Bein – »Here lie the broken bones of L. B. Jeffries« – an den Rollstuhl gefesselt. Die Hitchcocksche Manipulation des Zuschauers ist bereits nach der Exposition vollzogen: Der Zuschauer sieht den Hof teils mit Jeffries' Augen, seiner subjektiven Wahrnehmung. Nur in wenigen Szenen steht er außerhalb. Der Blick des Zuschauers ist der Blick der Kamera ist der Blick Jeffries'. Durch diese Verschmelzung begeht das Publikum von Beginn an eine Indiskretion. Es wird zum Voyeur. *Rear Window* ist denn auch *der* Film über Voyeurismus. Die pragmatisch-patente Krankenschwester Stella (Thelma Ritter), die Jeffries regelmäßig den Rücken massiert und der Drehbuchautor John Michael Hayes die trockensten Dialoge gibt, sagt einen der Schlüsselsätze des Films: »We've become a race of Peeping Toms.« (»Wir sind doch ein Volk von Spannern geworden.«)[10]

»Jeff, wenn du dich doch bloß sehen könntest. (…) Es ist krankhaft«, meint seine Verlobte, das äußerst attraktive, aparte, blonde Modemodel Lisa Carol Fremont (Grace Kelly) einmal über sein Tun, bevor auch sie später von seiner Annahme überzeugt ist: der Annahme, dass gegenüber im ersten Stock ein gewisser Lars Thorwald (Raymond Burr) seine – blonde – Ehefrau umgebracht, zerteilt und in seinen großen Vertreterkoffern nachts bei strömendem Regen aus der Wohnung geschafft hat. Jeffries beobachtete mit dem Teleobjektiv, dem »tragbaren Schlüsselloch« (Stella), wie Thorwald eine Säge und ein Küchenmesser in Zeitungspapier wickelte. Mehrmals fragen sich Jeffries und seine Lisa, ob sie das, was sie da tun, denn überhaupt dürften: »Ich frage mich, ob es moralisch vertretbar ist, einen Mann mit Fernglas und Teleobjektiv zu beobachten«, meint Jeff zu Lisa. Als Lisa von außen in Thorwalds Wohnung einsteigt – Grace macht das formvollendet in einem von Edith Heads eleganten Kostümen – und den Ehering der Frau in der Handtasche findet, streift sie ihn sich über und zeigt hinter ihrem Rücken darauf, während Jeffries dies auf der anderen Seite beobachtet – ein doppelter Wink ihrerseits: die Ehefrau scheint wirklich umgebracht worden zu sein, und sie, Lisa, will ihn, Jeffries, unbedingt heiraten. Die Legitimation für beider zweifelhaftes Handeln, das auch Jeffries' alter Kriegskompagnon, Detective Tom Doyle (Wendell Corey) kritisch betrachtet, ist die Aufklärung des begangenen Mordes an Thorwalds Ehefrau. Es ist der die Handlung antreibende »MacGuffin« in *Rear Window*.

Das eigentliche Thema aber ist die Beziehung zwischen Jeffries und Lisa – ihre Liebe.

Vor Drehbeginn muss Grace Kelly Kleider anprobieren, die Hitchcock bei Paramounts legendärer Chef-Kostüm-Designerin Edith Head in Auftrag gab: Für *Rear Window* sind auch diesmal wieder fünf Kostüme für Grace vorgesehen – Hitchcock hat bereits alles skizziert und entsprechend veranlasst, von der Form über den Stil und die Farben bis hin ins letzte kleinste Detail. »›Hitch‹ wollte, dass sie aussieht wie ein Stück Meißner Porzellan, etwas leicht Unberührbares«, erinnert sich Edith Head. »Hitchcock sagte mir, es sei wichtig, dass Graces Kleider dabei helfen, Teile des Konflikts der Story mitzuetablieren. Da die gesamte Handlung in einem Raum stattfand, musste alles, was dort geschah, eine Auswirkung haben. Graces Kleider haben diese Wirkung oft erreicht. Die Kleider haben somit auch die Entwicklung der Handlung unterstützt.«[11]

In keinem anderen Film – außer, gewiss, in dem durch seine visuelle Textualität und die Materialität seiner Farben und Formen bestechenden *To Catch a Thief* – ist Grace Kelly von solch atemraubender Schönheit wie in *Rear Window*. In Hitchcocks Inszenierung, das ist in Ansätzen im vorausgehenden *Dial M for Murder* bereits erkennbar, blüht sie auf, entfaltet sich. Innerlich wie äußerlich. In *Rear Window* ist nun am explizitesten nachzuvollziehen, was Grace unter

Hitchcocks protegierender Regie aus sich hervorzubringen vermag: Es ist, als kehre sie ihr Innerstes nach außen. Ihre hohe Fragilität ist ebenso sichtbar wie ihr eiserner Wille. Ihre Haltung. Auch wenn sie für eine spätere Arbeit – ihre alle überraschende Darstellung in George Seatons bezwingendem Schwarz-Weiß-Drama *The Country Girl* (*Ein Mädchen vom Lande*, 1954) – schließlich am 30. März 1955 den Oscar bekommen wird, so bleibt unstrittig, dass dieser Hitchcock-Film der wichtigste ihrer Karriere ist.

Grace Kelly *at her best.*

Das erste Mal, dass Grace Kelly in Alfred Hitchcocks *Rear Window* zu sehen ist, geschieht in Form eines Schattens: James Stewart sitzt mit ausgestrecktem Gipsbein im Rollstuhl in seinem New Yorker Apartment und ist eingenickt. Der Abend bricht an, Dämmerung, *blue hour*. Aus dem Hinterhof sind Geräusche und Stimmen zu hören, ein Klavier spielt, Gesangsübungen einer Frau, Kindergeschrei kommt von der Passage, die vom Hof hinaus zur Straße führt. Während sich plötzlich, wie aus dem Nichts heraus, lautlos und ganz langsam, in Zeitlupe Grace Kellys Schatten über ihn legt und Stewart, als spürte er physisch ihr Sich-Annähern, die Augen öffnet und, vom Schlaf noch ganz benommen, sich ein Lächeln auf seine Lippen legt. Es sind Bilder wie aus einem Traum: Traum-Bilder. Dabei zieht Hitchcock die Tonspur runter – etwas, was er später in seinem famosen englischen Alterswerk *Frenzy* (1972) auf die avantgardistische Spitze treiben wird – und es ist, bis auf ein ganz leises, diffuses Großstadtsummen, nahezu nichts mehr aus dem Hof zu hören. Es ist, als habe sich ein Wattebausch um das Liebespaar gelegt, sodass einen Moment lang kein Laut mehr zu stören vermag. Dadurch entwickelt diese Bildabfolge einen umso stärkeren Sog. Die Welt bleibt draußen.

Hitchcock zeigt das in einer äußerst farbintensiven Slow-Motion-Sequenz. Grace Kelly und James Stewart sind mit ihren Gesichtern jeweils einzeln im Close-up zu sehen. Grace wird dabei erst aus der Perspektive James Stewarts gezeigt, frontal, sich zu ihm hinunterbeugend, und somit zu uns, den beglückten Zuschauern. Dabei sieht sie beinahe direkt in die Kamera. Als sich ihre Lippen langsam berühren, und sie ihn dreimal küsst, ist sie von der Seite im Profil zu sehen. Es sind Kamera-Einstellungen von Robert Burks, die pastosen Portraits ihres elfenbeinfarbenen Gesichts gleichkommen.

So *malt* Alfred Hitchcock Grace Kelly.

Kein anderer Regisseur hat sie so gesehen. So erkannt.

Hitchcocks *Rear Window*-Kuss-Sequenz zeigt mit Grace Kelly einen der unschuldig poetischsten und aufregend erotischsten Leinwand-Küsse: Pure Poesie. Vollendet visualisiert.

In ihrem von Edith Head entworfenen schwarzweißen Abendkleid, mit weißer Perlenkette um den Hals und streng zurückgestecktem Haar, strahlt die Schauspielerin eine klassische Anmut und stilvolle Eleganz von vollkommener Zeitlosigkeit aus. Das hat ikonographischen Charakter. Es ist, als ob dieser sehr intime nahe Moment aus aller Zeit, aus allem Raum gefallen sei. Vierundzwanzig Jahre jung ist sie. Sie wirkt erwachsen, in sich ruhend und ganz bei sich. Alle Unreife hat sie abgelegt, strahlt Gelassenheit aus. In den Arbeiten Alfred Hitchcocks ist Grace Kelly bei sich angekommen.

To Catch a Thief (*Über den Dächern von Nizza,* 1954) mag filmhistorisch einer der meist unterschätzten Hitchcock-Filme sein. Zu Unrecht. Denn die nur vordergründig leichthändig wirkende Mixtur aus Thriller, Komödie und Romanze, die von prickelnder Champagner-Laune und ganz eigener Melancholie durchdrungen ist, zudem bis in die Nebenrollen namhaft besetzt, birgt genügend Topoi, die derart leichtgewichtig nicht sind. Nichts ist in *To Catch a Thief* so, wie es auf Anhieb scheint. Vieles scheint eine Täuschung. Eine Doublette. Ein Vexierspiel. Es geht, wie so oft in Hitchcocks Werk, auch hier um Identitäten. Um Original oder Fälschung, um Vertrauen oder Misstrauen, um Miteinander oder Gegeneinander.

Eine Serie von Juwelendiebstählen in den Luxushotels der mondänen Côte d'Azur lässt die französische Polizei zu der Schlussfolgerung kommen, dass John Robie (Cary Grant), bekannt als »die Katze«, wieder aktiv ist. Robie, vor dem Zweiten Weltkrieg, in dem er in der Résistance war, ein bekannter Juwelendieb, lebt allein und zurückgezogen in seinem Landhaus unweit von Saint-Paul-de-Vence. Von seinem Metier hat er sich vor 15 Jahren verabschiedet. Doch nicht nur die französische Sûreté unter Leitung des Kommissars Lepic (René Blancard) ist der Ansicht, dass Robie wieder als »die Katze« umherstreunt, auch seine alten Kumpanen aus Résistance-Zeiten, die unter Leitung von Bertani (Charles Vanel) am Hafen von Monaco ein Restaurant betreiben, argwöhnen, dass er sich abermals oben bereichere, während sie unten schuften. Unter der Bedienung ist auch der alte Kämpfer Foussard (Jean Martinelli), der sich mit seinem Holzbein dahinschleppt, und seine junge kecke Tochter Danielle (Brigitte Auber). Um seine Unschuld zu beweisen, macht sich Robie, der Ex-Dieb, auf die Suche nach dem wahren Dieb. Mit Hilfe des britischen Versicherungsagenten H. H. Hughson (John Williams, zuvor in *Dial M for Murder* als nicht minder britischer Chief Inspector Hubbard), der ihm eine Liste von potenziell bedrohten Versicherten zusammenstellt, und unter falscher Identität als Mr. Burns aus Oregon, lernt Robie bald die Stevens-Familie kennen: Mrs. Stevens (Jessie Royce Landis), »the American woman with the diamonds and the daughter«[12], wie Robie sie einmal gegenüber Hughson nennt, und besagte Tochter, Frances Stevens, Francie gerufen (Grace Kelly). Eine junge kühle Blonde, statuarisch und unantastbar, in einem eisblauen Kleid – »Schön wie ein Bild, und ebenso stumm«, wie Robie auf Mrs. Stevens' Frage anmerkt, »Mr. Burns, Sie handeln mit Holz? Und da haben Sie sich noch nicht an meine Tochter rangemacht?«

To Catch a Thief wird im Breitwandverfahren Vista-Vision gedreht, dem Pendant der Paramount Studios zum CinemaScope von Warner und Fox. Der überwiegend an der Côte d'Azur gedrehte Film ist in einem wunderschönen intensiven Farbspektrum gehalten, farbgesättigt und bunt, ist von einem gleißenden Licht, einer nahezu haptisch greifbaren Materialität. Magische Bilder. Die grünlich-bläulich schimmernden Nächte hat Hitchcock bewusst mit Grünfilter photographieren lassen. Die atmosphärische Dichte der Nachtaufnahmen, jener finalen Verfolgungssequenz auf den Dächern zwischen Cary Grant und der wahren »Katze« Brigitte Auber, zeugt hiervon. Der Film erstrahlt geradezu und ist auch viele Jahrzehnte nach seiner Entstehung ein wahres Fest fürs Auge. Für seine photographische Leistung erhält Hitchcocks langjähriger Kameramann Robert Burks denn auch einen Oscar. Burks ist es, einer der wichtigsten Mitarbeiter Hitchcocks überhaupt, der neben anderen Arbeiten als Director of Photography in der Periode zwischen 1951 und 1964, mit Ausnahme von *Psycho*, für die Bildgestaltung von zwölf Hitchcock-Filmen verantwortlich zeichnet (u. a. *Strangers on a Train, Dial M for Murder, Rear Window, Vertigo, The Birds, Marnie*). *To Catch a Thief* erhält zudem zwei weitere Academy-Nominierungen, für das Beste Set-Design und für das Beste Kostüm, Edith Head. Kein Wunder, dass die Designerin schwärmt: »Als ich Grace zum ersten Mal in *High Noon* sah, war ich von ihrem schönen Gesicht und ihrer perfekten Haltung sehr angetan. Wenn die Leute mich fragen, wer meine Lieblings-Schauspielerin, wer mein Lieblings-Schauspieler, wer mein Lieblings-Regisseur und welches mein Lieblings-Film ist, dann sage ich ihnen, sie sollen sich *To Catch A Thief* ansehen und sie bekommen alle Antworten darauf. Der Film war ein Traum für einen Kostüm-Designer.«[13]

Die visuelle Umsetzung des wie stets mehrdeutigen Hitchcockschen Bonmots über die einem glühenden Vulkan gleichende Grace Kelly, die auf den ersten Blick zunächst wie ein von Schnee bedeckter Berg anmuten mag, ist jene Szene in *To Catch a Thief*, in der Cary Grant Grace Kelly nach dem abendlichen Beisammensein bei Tisch mit Mutter Stevens und Versicherungsagent H. H. Hughson im Hotel Carlton in Cannes durch die Gänge bis zu ihrem Zimmer begleitet: Er bringt sie bis zur Tür, die sie aufschließt, einen Schritt hineingeht, sich auf dem Absatz umdreht, ihn einen Moment lang sehr fordernd ansieht, dann auf ihn zugeht und ihn direkt auf den Mund küsst, dabei ihren linken Arm lässig auf seine Schulter legt. Diese Geste – sie sind sich an diesem Abend zum ersten Mal begegnet – kommt derart überraschend, aus dem Nichts, dass sowohl Grant als auch Hitchcocks Zuschauer vollkommen verblüfft sind. Wortlos tritt Grace daraufhin wieder elegant einen Schritt zurück, hält dabei den Blick zu Grant, der durchdringend ist, um sodann die weiße Tür direkt vor seiner Nase zu schließen, weiterhin vollkommen wortlos. »Es war, als hätte sie Carys Hosenschlitz geöffnet«[14], beschreibt Hitchcock diese Sequenz trocken. Es ist eine Sequenz, der etwas nahezu Überirdisches innewohnt. Grant steht einen Moment mit dem Gesicht vor der Tür, für den Zuschauer nur in der Rückansicht zu sehen, bis er sich schließlich umdreht, seine Verblüffung steht ihm sichtlich ins Gesicht geschrieben, aber auch ein stilles Lächeln, und er schließlich bedächtig mit einem weißen Taschentuch Graces Lippenstift von seinem Mund abtupft, während er den Hotelgang wieder zurückschreitet. Er ist vollkommen verzaubert. Und das Publikum ist es auch.

Auf Schwarzweiß-Photographien, die am Set von *To Catch a Thief* an der französischen Riviera entstehen, ist zu sehen, wie Hitchcock seiner im Crew-Stuhl sitzenden Hauptdarstellerin eine Teetasse reicht und dabei in die Hocke geht. Das hat etwas Hingebungsvolles. Oder wie er Kerzen auf seiner Geburtstagstorte ausbläst, während er Grace, die direkt zu seiner Linken neben ihm steht und dem Geschehen zusieht, mit seiner linken Hand hält. Es sind besondere Momente. Momente, die trotz des öffentlichen Charakters am Set etwas Vertrautes in sich tragen, etwas Verständiges.

Es ist dieses gute einvernehmliche Verhältnis zwischen Lieblings-Regisseur und Lieblings-Schauspielerin: »Ich empfinde eine solche Zuneigung zu ihm und seiner Frau, dass er nichts falsch machen kann«[15], sagt Grace Kelly einmal über Alfred Hitchcock und seine Frau Alma Reville. Was kann eine *Leading Lady* Schöneres über ihren wichtigsten Regisseur und Mentor sagen?!

[1] Leigh, Wendy: *True Grace. The Life and Times of an American Princess.* New York 2007, S. 71.
[2] Truffaut, François: *Mr. Hitchcock, wie haben Sie das gemacht?* München 1973 / Neuausgabe 2003, S. 337.
[3] Spoto, Donald: *High Society. The Life of Grace Kelly.* New York 2009, S. 118.
[4] Robinson, Jeffrey: *Rainer and Grace.* London 1989, S. 299.
[5] Spoto, Donald: *High Society. The Life of Grace Kelly.* New York 2009, S. 118.
[6] Gespräch des Autors mit Schauspielerin Brigitte Auber. Paris, am 20. Mai 2010.
[7] Chabrol, Claude / Rohmer, Eric: *Hitchcock.* Paris 1957/1986, S. 126.
[8] Truffaut, François: *Mr. Hitchcock, wie haben Sie das gemacht?* München 1973 / Neuausgabe 2003, S. 217.
[9] Truffaut, François: *Mr. Hitchcock, wie haben Sie das gemacht?* München 1973 / Neuausgabe 2003, S. 212.
[10] Deutsche Synchron-/Originalfassung *Rear Window / Das Fenster zum Hof.* DVD Universal 2001.
[11] Head, Edith / Calistro, Paddy: *Edith Head's Hollywood.* Santa Monica 2008, S. 138.
[12] Deutsche Synchron-/Originalfassung *To Catch a Thief / Über den Dächern von Nizza.* DVD Paramount 2003.
[13] Head, Edith / Calistro, Paddy: *Edith Head's Hollywood.* Santa Monica 2008, S. 138.
[14] Lacey, Robert: *Grace.* London 1994, S. 177.
[15] Duncan, Paul: *Kelly.* Köln 2007, S. 64.

4

Shirley MacLaine

The Trouble with Harry

(Immer Ärger mit Harry, 1955)

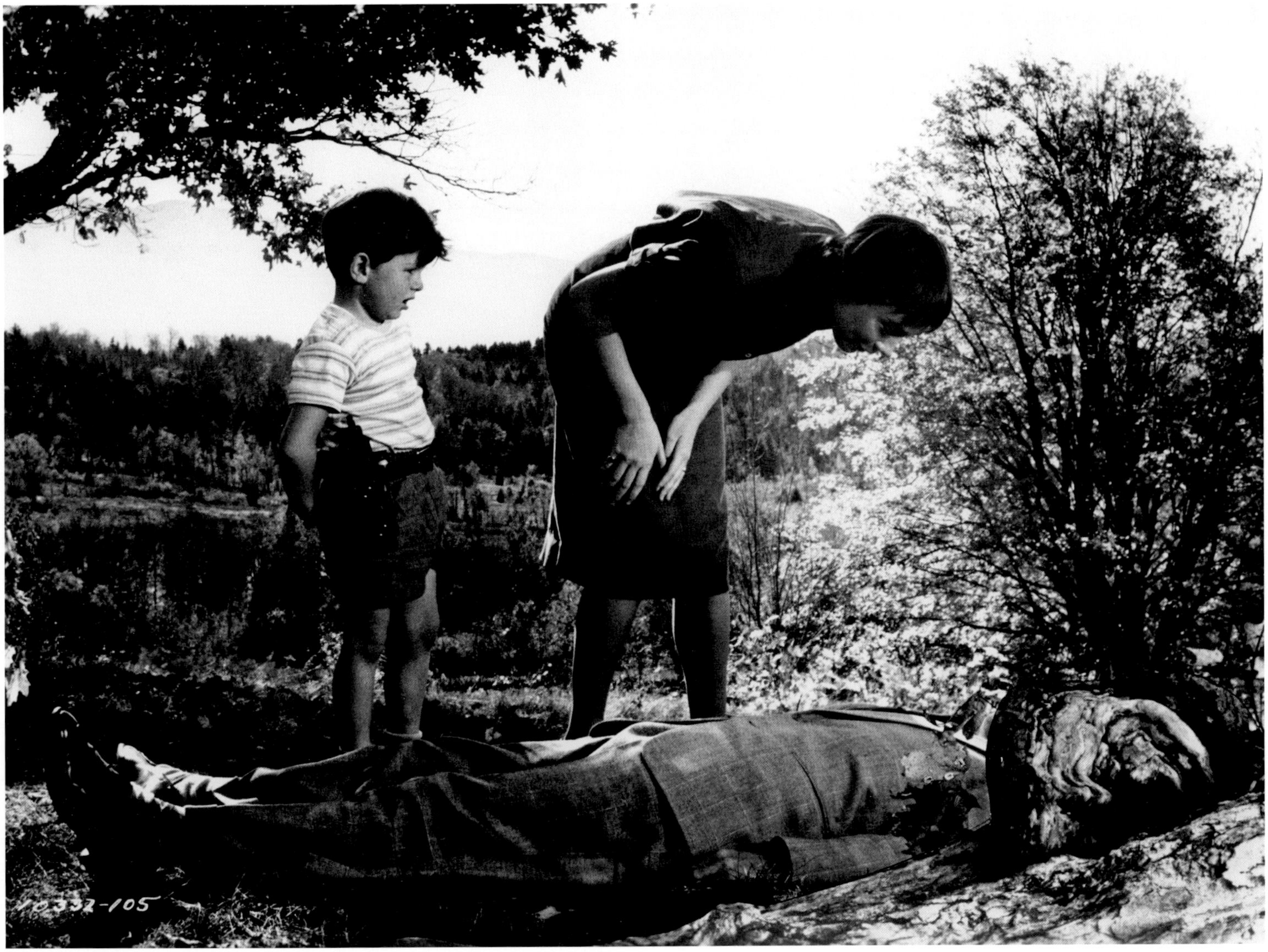

Filmstill aus *The Trouble with Harry*, 1955

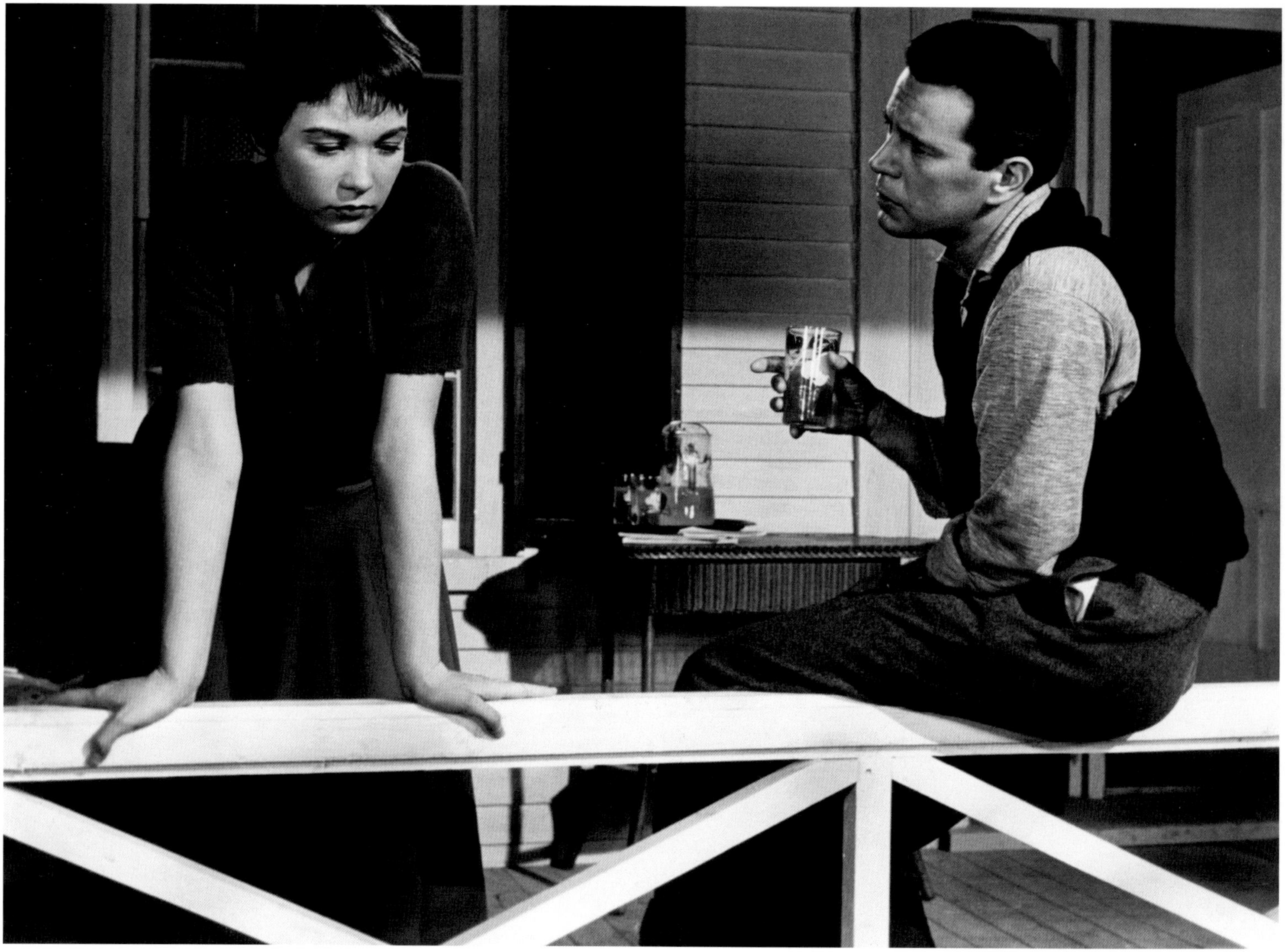

Filmstill mit John Forsythe aus T*he Trouble with Harry*, 1955

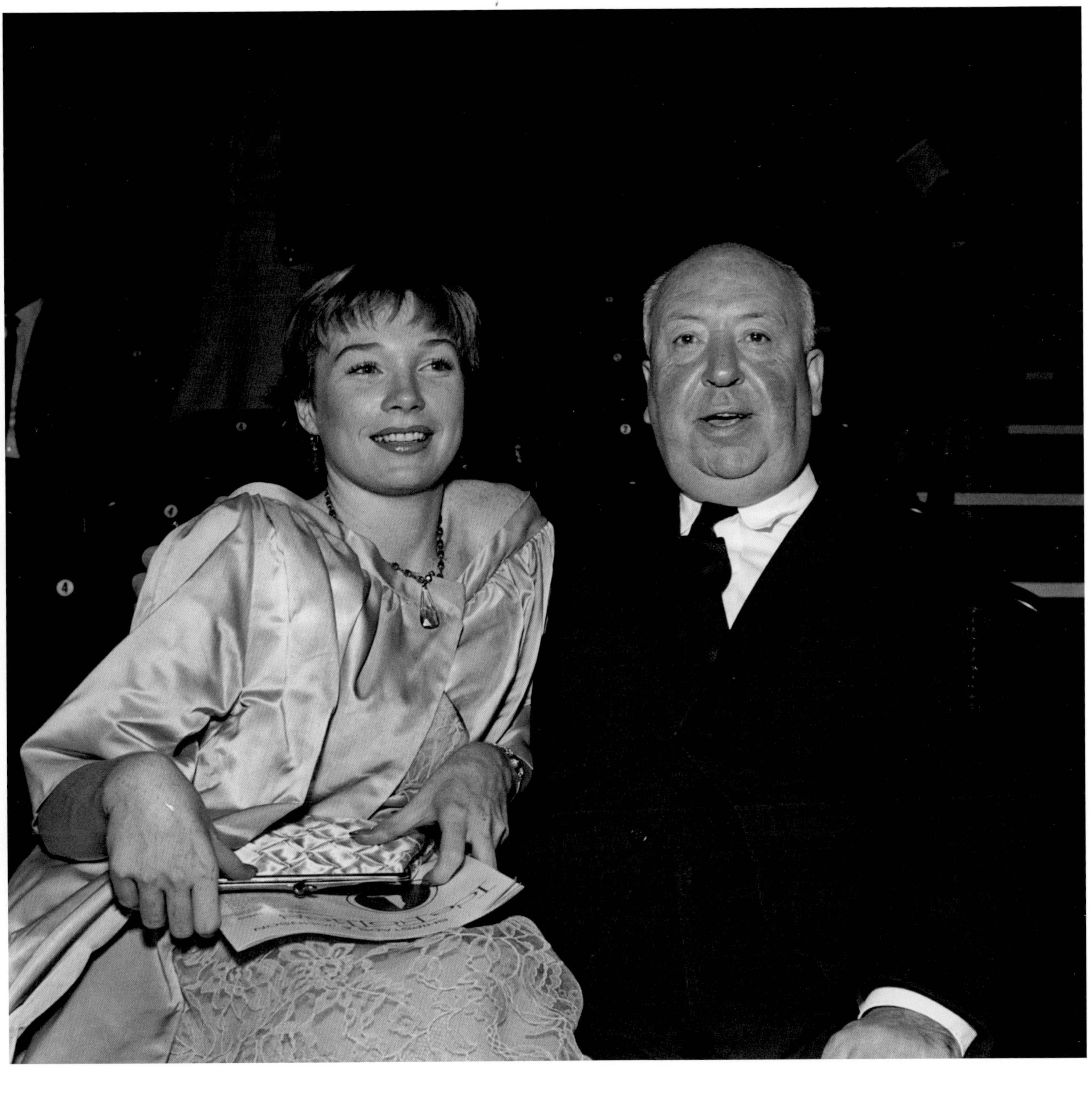

Shirley MacLaine und Alfred Hitchcock, 1959

Shirley MacLaine

(*1934)

»Shirley MacLaine's first picture. She was very good in it and she made out very well afterward.«

Hitchcock entdeckt sie. Es wird ihr Leinwand-Debüt werden, der erste Film, den sie überhaupt dreht. Sie ist am 24. April gerade zwanzig geworden und hat keinerlei Erfahrungen mit dem Medium Film, als sie im Herbst 1954 vor der Kamera steht, während Alfred Hitchcock dahinter auf dem Regiestuhl sitzt. Doch wie kam es überhaupt zu dieser ungewöhnlichen Konstellation, die der jungen Shirley MacLaine sogleich den begehrten Golden Globe Award als Beste Nachwuchsdarstellerin einbringt?

Eine typische Hitchcock-Blondine ist die junge Frau nun nicht, die Herbert Coleman eines Abends am Broadway in New York City auf der Bühne sieht. Coleman, der bei Hitchcock zuvor als Regie-Assistent arbeitete, ist nunmehr als Co-Produzent für ihn tätig. Die kleine, zierliche Frau mit dem kastanienfarben rötlich schimmernden Kurzhaarschopf, dem burschikosen Look und dem kecken Lächeln stellt beinahe den Antityp zu den Hitchcock-Schönheiten dar. Coleman sieht sich für Hitchcock neu angelaufene Musicals und Bühnenshows an auf der Suche nach neuen Schauspielern. Als er im St. James Theatre in George Abbotts *The Pajama Game* sitzt, fällt ihm die junge Darstellerin gleich auf, die allerdings lediglich die Zweitbesetzung für Carol Haney ist und für diese einspringt, als der Broadway-Star Haney sich am Knöchel verletzt. So geht Herbert Coleman zunächst auch noch davon aus, dass es Carol Haney ist, der er zusieht. Erst als ihm Produktions-Manager Doc Erickson mitteilt, es liege eine Verwechslung vor, begreift der Produzent: »Aber das war nicht Carol Haney – es war ein Mädchen namens Shirley MacLaine.«[1]

Coleman ist von der vollkommen Unbekannten, die da vorne auf der Bühne steht, angetan und berichtet Hitchcock umgehend von der Aufführung. Die Legende will es, dass auch Produzent Hal B. Wallis, mächtiger Studio-Chef der Paramount, in dem Broadway-Musical sitzt und sobald sich der Vorhang senkt, hinter die Bühne eilt und MacLaine noch dort, in der Garderobe, bei Paramount unter Vertrag nimmt.

Ob Coleman oder Wallis – alle Wege führen zu Hitchcock.

Der Regisseur, der an der französischen Riviera gerade *To Catch a Thief* mit Grace Kelly und Cary Grant abgedreht hat, nimmt die Nachwuchsschauspielerin sofort unter Vertrag für seinen nächsten Film: *The Trouble with Harry.*

Als die junge Schauspielerin am nächsten Morgen ins New Yorker Büro von Alfred Hitchcock bestellt wird, so berichtet es Jahrzehnte später Herbert Coleman, der an diesem Tag, an dem weiter am Drehbuch zu *The Trouble with Harry* gearbeitet wird, auch anwesend ist, regnet es in Manhattan in Strömen.

»Ich arrangierte für das Paramount-Büro, sie abzuholen, um ›Hitch‹ und mich zu treffen«, so Coleman. »An diesem Tag saßen wir in ›Hitchs‹ Suite und arbeiteten an dem Drehbuch. Die Türklingel läutete und ich öffnete – und da stand die schmuddeligste Gestalt, die ich je gesehen hatte. Es war Shirley MacLaine. Sie trug keinen Hut, Regenwasser lief aus ihren Haaren ihr Gesicht hinunter, sie hatte einen Trenchcoat an, ihr Kragen war mit Schminke bedeckt und vorne offen, einen abgetragenen braunen Pullover und einen Rock, der genauso abgenutzt war, und Sandalen ohne Socken. Wirklich ziemlich ungepflegt. Ich sagte ›Um Gottes willen, kommen Sie rein! Was ist denn mit Ihnen passiert? Warum sind Sie so nass?‹ Sie sagte ›Naja, ich musste vom Bus aus laufen.‹ Und ich ›Aber wurden Sie nicht mit dem Wagen abgeholt?‹ Sie sagte ›Nein.‹ Also rief ich Alma [Alfred Hitchcocks Ehefrau Alma Reville] an und sagte ›Alma, bitte komm und kümmere dich um das Mädchen und gib ihr etwas zum Anziehen.‹ Alma nahm sie also mit, nahm ihre nassen Kleider, gab ihr einen Bademantel und rief Angestellte, um ihre Kleider trocknen zu lassen. So hatten wir unser erstes Gespräch mit Shirley MacLaine.«[2]

Für das mittellose, schmuddelige Mädchen, das aus dem Regen kam und am Broadway als Zweitbesetzung einsprang, wird das Engagement durch Alfred Hitchcock der Beginn einer sechs Jahrzehnte umspannenden Weltkarriere sein. Hedda Hopper, ihres Zeichens über Dekaden eine der beiden prominentesten Klatsch-Reporterinnen Hollywoods und von nicht zu unterschätzendem Einfluss, schreibt denn auch am 10. September, zehn Tage vor Drehbeginn, in der *Chicago Tribune* unter der Überschrift »Looking at Hollywood« über den »Newcomer« Shirley MacLaine: »You've seldom read about this girl. (…) Now Hitchy's taking a chance on her. It's her first picture.«[3]

Die Außenaufnahmen zu *The Trouble with Harry* entstehen zu großen Teilen im lichtdurchfluteten herbstlichen Vermont – ursprünglich sollte die Handlung des auf dem 1949 publizierten Roman von Jack Trevor Story basierenden Films an Originalschauplätzen in Neuengland spielen. Es ist der beschauliche Ort Craftsbury im Orleans County in Vermont, der in diesen Herbstwochen des Jahres 1954 als Drehort dient. Der inmitten der pittoresken Landschaft Vermonts gelegene Ort hat seinerzeit nicht mehr als etwa 700 Einwohner, als die Paramount hier mit Cast und Crew einfällt. Nach einigen Wochen macht dem Team die Natur einen Strich durch den Drehplan: Es regnet ohne Unterlass, Stürme ziehen durch das sonst so helle, farbige Vermont, sodass etliche der Außenaufnahmen in eine nahegelegene Schulhalle in Craftsbury sowie später in die Paramount-Studios in Hollywood verlegt werden müssen, wo man Bäume und Büsche und Sträucher hinschafft und, damit die Farbgebung innerhalb des leuchtenden Technicolor-Films einheitlich bleibt, kistenweise Blätter ins Studio transportiert und sie dort, je nach Hitchcocks und seines Stammkameramanns Robert Burks' Wünschen, anbringt. Am *Harry*-Set fühlen sich alle sehr wohl, Hitchcock genießt den Dreh dieser grotesken Komödie, und auch seine neue junge Hauptdarstellerin, noch reichlich unbedarft, ist mit Freude dabei.

Im Gegensatz zu anderen seiner Hauptdarstellerinnen wurde Shirley MacLaine Hitchcocks *eating buddy*, die er täglich vor Drehbeginn zum Frühstück ausführte. Sie war für ihn »a girl who needed to be fed« (»ein Mädchen, das man füttern muss«). MacLaine liebt diese willkommene Abwechslung: vom verarmtem *Chorus Girl* zu Hitchcocks Frühstücks-Tischdame. Mit dem auffälligen Ergebnis, dass sie während der Dreharbeiten sieben Kilo zunimmt und schließlich einen Anruf aus dem Paramount-Studio bekommt, der sie ermahnt, doch nicht mehr so viel zu essen, damit sie »ihre Karriere nicht gleich wieder zerstört, bevor sie überhaupt richtig angefangen hat«.

Zwar beschränken sich Shirley MacLaines Erfahrungen vor den Dreharbeiten mit Hitchcock auf den Broadway und ihre Auftritte als *Chorus Girl.* Doch

John Forsythe, der in *The Trouble with Harry* in dem Part des in sie verliebten Malers Sam Marlowe die meisten Szenen mit ihr hat, erinnert sich später an sie: »Shirley stellte sich als außergewöhnliche Schauspielerin heraus. Daher war die Entscheidung für sie eine tolle Sache. Sie ist genau dieses Mädchen – sie ist so schräg und eigen und lustig; oder: sie war es zumindest damals. Inzwischen hat sie sich natürlich weiterentwickelt. Aber sie hat ihren Humor behalten.«[4]

The Trouble with Harry ist eine von Hitchcocks raren Komödien – neben *Mr. and Mrs. Smith* (1941) oder dem finalen Spätwerk *Family Plot* (*Familiengrab*, 1976) –, eigentlich handelt es sich hier um eine komödiantische Farce, durchzogen von schwarzem, makabrem Humor *à l'anglaise*, voller Skurrilem und Absurdem und Überhöhtem. Der Ärger mit Harry besteht aus dem Umstand, dass seine Leiche im Wald liegt und jeder der Bewohner der kleinen Ortschaft zunächst darüber stolpert, sodann aber ein Motiv aufweist, ihn auch umgebracht zu haben. Fortan dreht sich alles darum, die Leiche verschwinden zu lassen und im Wald zu begraben, um sie, aus diesem oder jenem Grund, zunächst wieder auszugraben – und daraufhin erneut zu verbuddeln. Letztlich ist die Leiche Harrys dabei nichts anderes als der Hitchcocksche »MacGuffin«, jenes die Handlung antreibende respektive auslösende Element, das jedoch selbst keinerlei wirkliche Bedeutung oder Nutzen hat.

Hitchcock liebt das Absurde, das Groteske. Ohnehin zählt *The Trouble with Harry* – der allgemein zu den untypischsten, vielleicht auch abseitigsten Hitchcock-Filmen gezählt wird und dem im Jahr seines Kinostarts, 1955, auch kein sonderlicher Erfolg an der Kinokasse und bei der Kritik beschieden ist – zu den Filmen, die dem Regisseur am liebsten sind. Eine der zentralen Sequenzen spielt auf der Veranda der weiblichen Protagonistin und ist beinahe zehn Minuten lang. Sam Marlowe (John Forsythe) besucht Jennifer Rogers (Shirley MacLaine). Es ist das erste Mal, dass der Künstler und arbeitslose Maler die neue Ortsbewohnerin und ihren kleinen vorlauten Sohn Arnie besucht. Sie bleiben auf der Veranda von Jennifers Haus, sitzen dort mal auf dem Sofa, mal auf der Holzbalustrade und plaudern. Nichtstun im Indian Summer. Shirley MacLaine trägt nun eines der von Edith Head kreierten farbenfrohen Kostüme, ein tiefblaues Sommerkleid. Es ist ihr erster Auftritt, in der 35. Minute. Das Zwiegespräch auf der Veranda ist dabei für den weiteren Handlungsverlauf von relevanter Bedeutung: Mit dieser langen Sequenz wird Shirley MacLaines keck mädchenhafter Charakter der Jennifer Rogers eingeführt. Es geht um die Dinge des Lebens, während Jennifer immer wieder Limonade anbietet, und es geht um Jennifers Ehemänner, um die lebenden und, viel mehr noch, um die toten.

Als es einmal mehr um ihren im Wald tot herumliegenden Ehemann Harry geht – sein Vorgänger Robert, der Bruder Harrys, ist einst ebenfalls abrupt verschieden – und Sam Marlowe konstatiert, er kenne Harry ja nur tot, da antwortet Jennifer Rogers trocken-süffisant:

»He looked exactly the same when he was alive, except he was vertical.«[5]

[1] Interview mit Herbert Coleman, 2000. Dokumentation *The Trouble with Harry Isn't Over. Making Of. The Trouble With Harry*. Blu-ray, Universal 2012.

[2] Interview mit Herbert Coleman, 2000. Dokumentation *The Trouble with Harry Isn't Over. Making Of. The Trouble With Harry*. Blu-ray, Universal 2012.

[3] *Chicago Tribune*: Hedda Hopper, »Looking at Hollywood«. 10. September 1954.

[4] Interview mit John Forsythe, 2000. Dokumentation *The Trouble with Harry Isn't Over. Making Of. The Trouble With Harry*. Blu-ray, Universal 2012.

[5] *The Trouble with Harry*. Blu-ray, Universal 2012. Deutsche Synchronfassung: »Der sah im Leben genauso aus, er war nur nicht ganz so blass.«

5

Doris Day

The Man Who Knew Too Much

(Der Mann, der zuviel wusste, 1956)

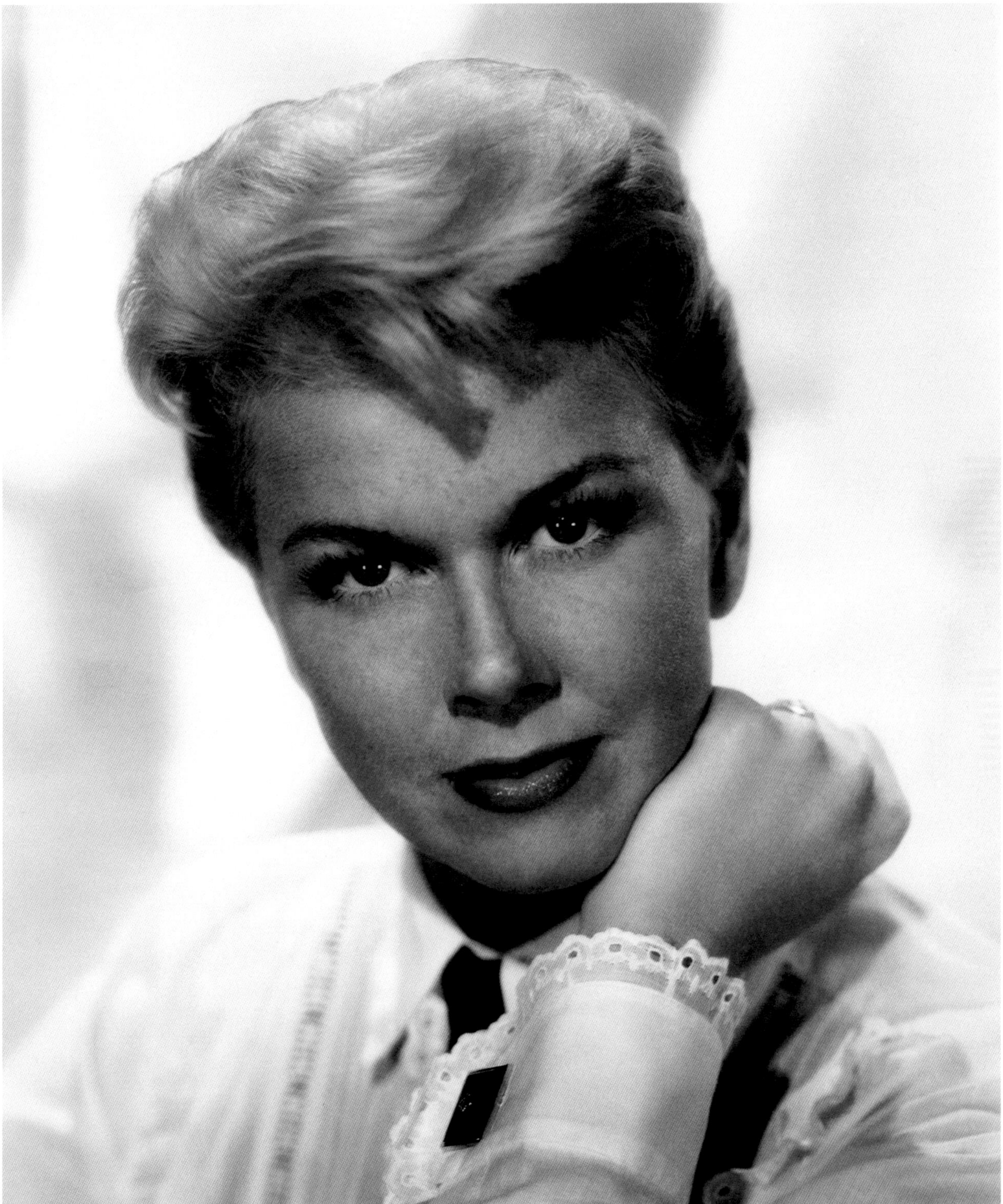

Doris Day, Publicity-Portrait für *The Man Who Knew Too Much*, 1956

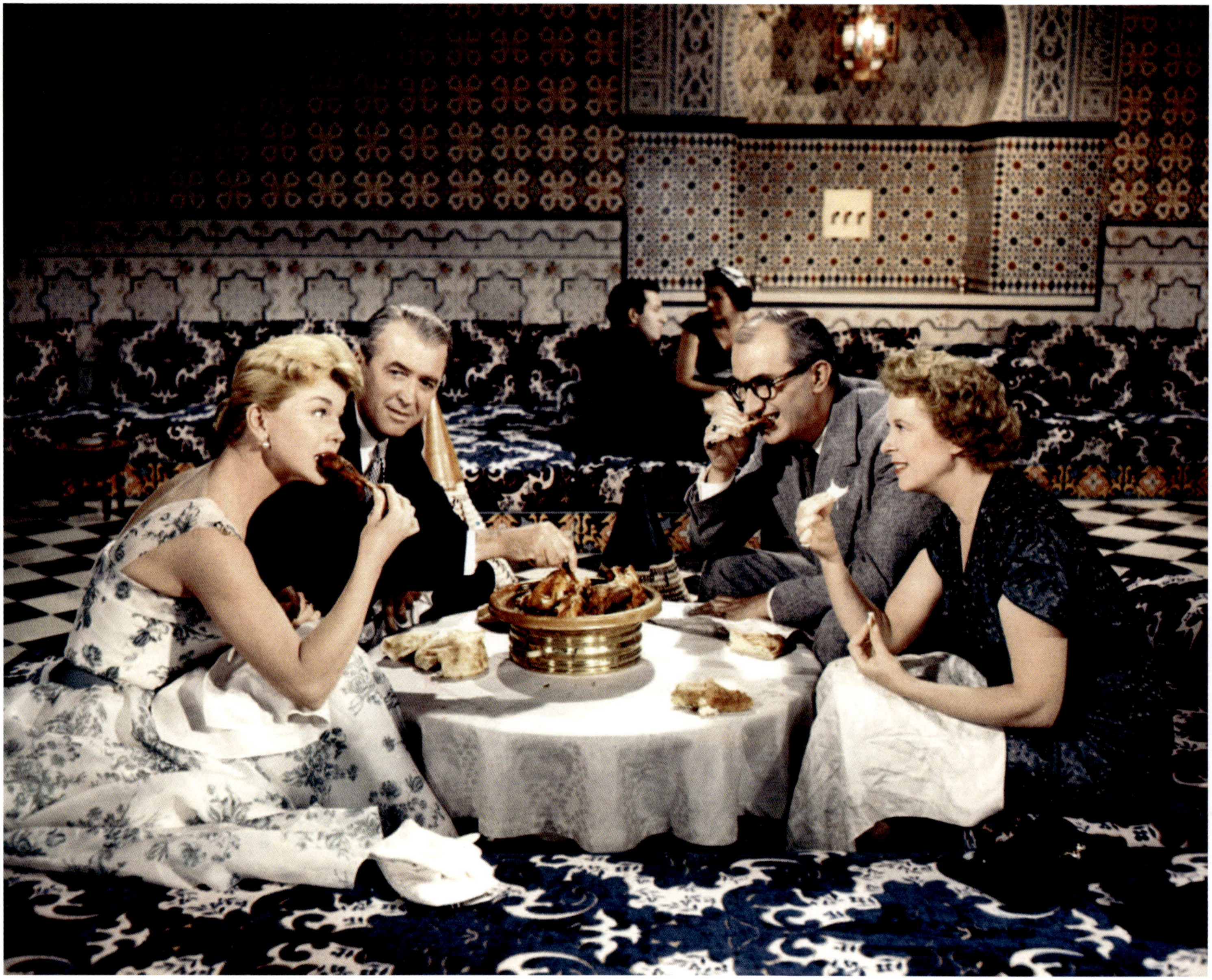

Szenenphoto aus *The Man Who Knew Too Much*, 1956

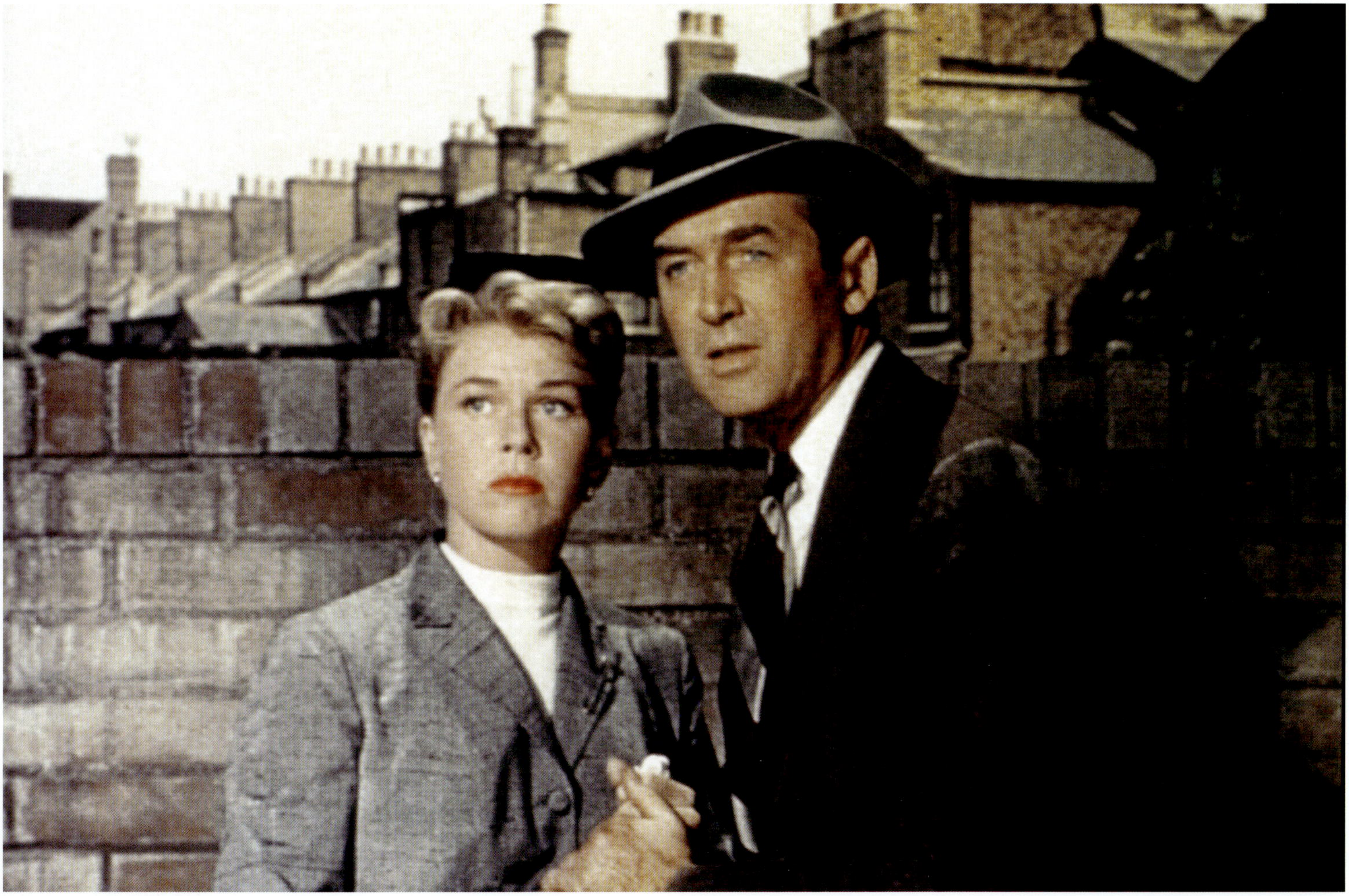

Szenenphoto mit James Stewart aus *The Man Who Knew Too Much*, 1956

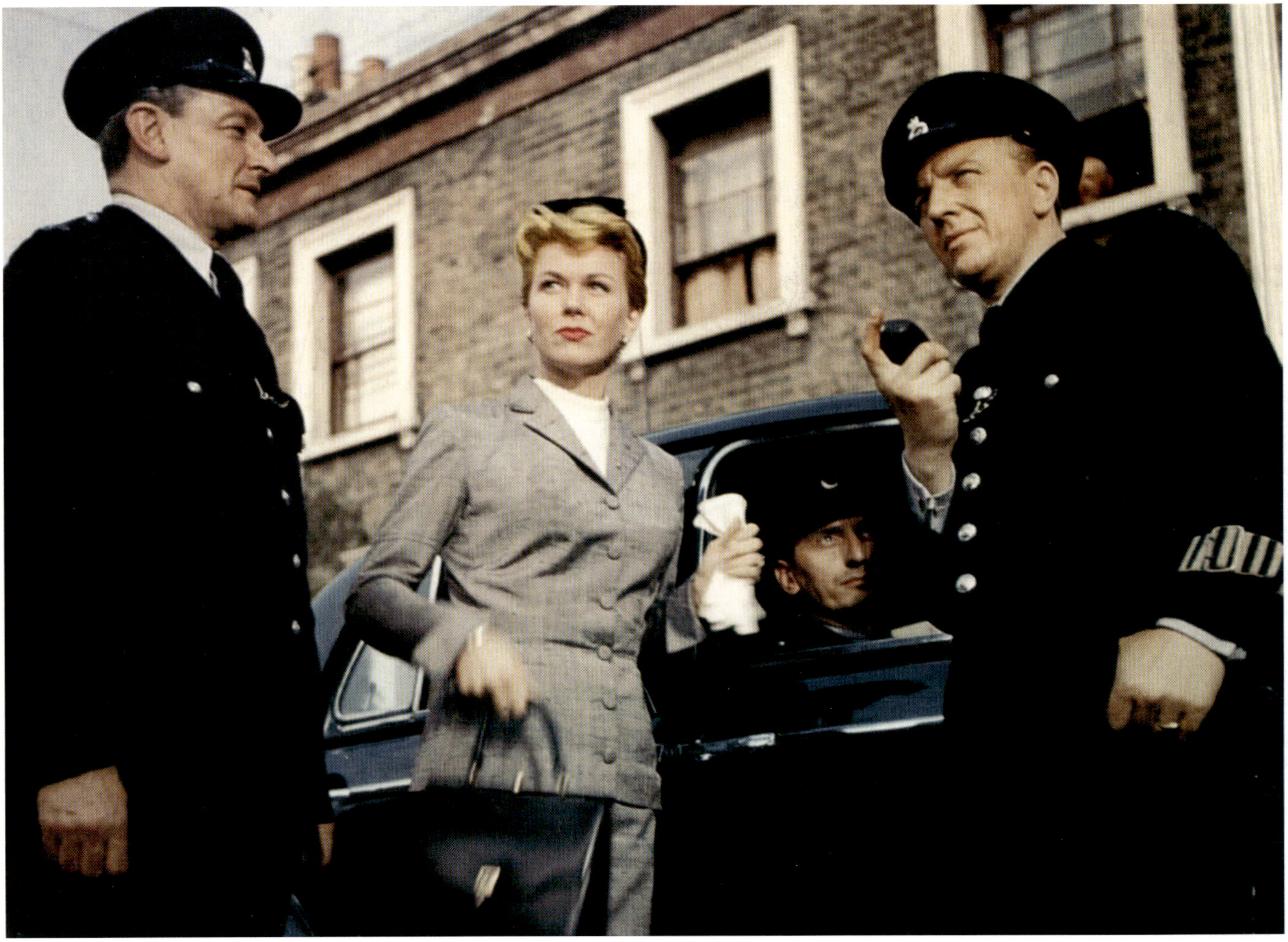

Szenenphoto aus *The Man Who Knew Too Much*, 1956

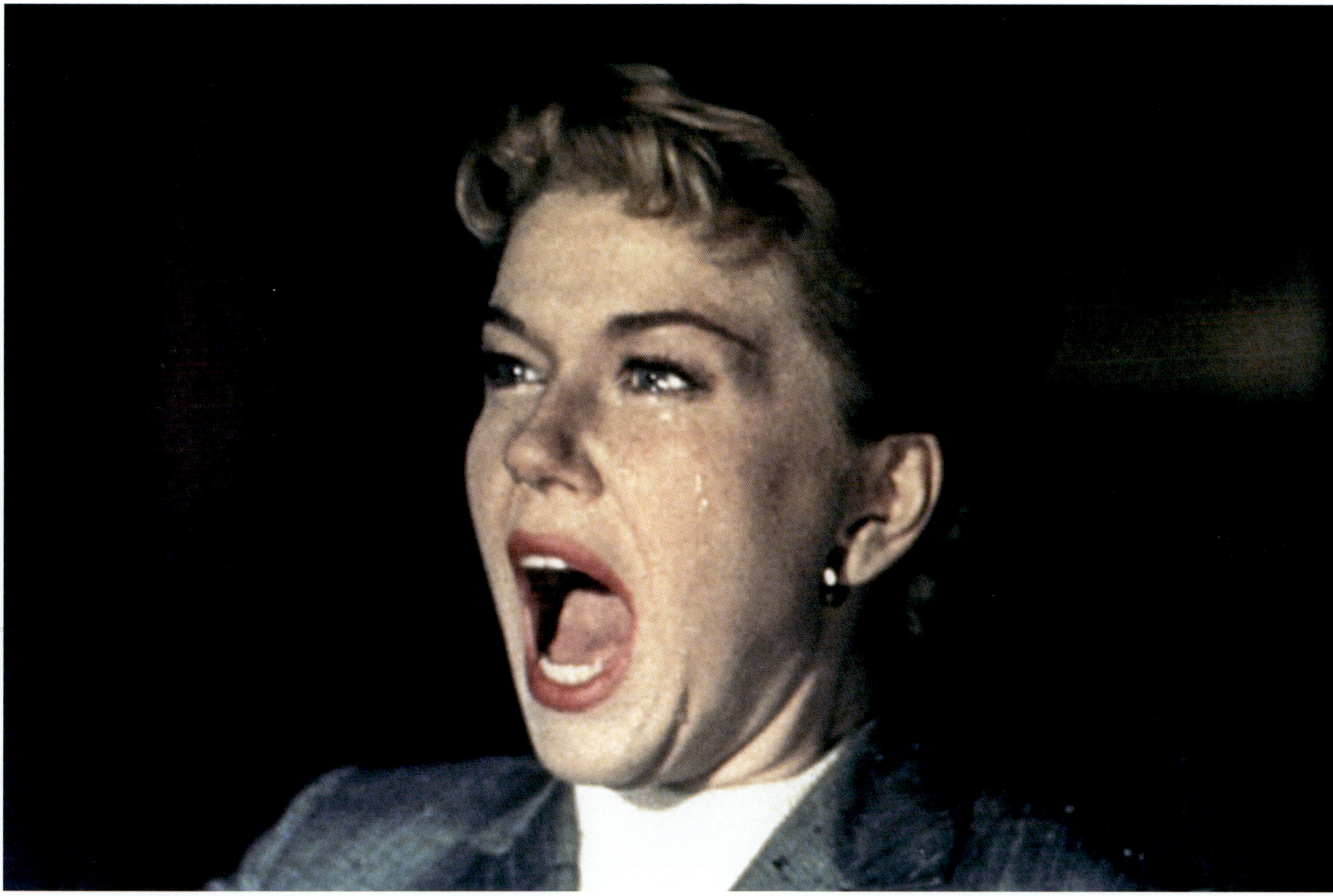

Szenenphoto aus *The Man Who Knew Too Much*, 1956

Doris Day

(*1922)

»My dear Miss Day, if you weren't giving me what I wanted, then I would have to direct you!«

Grace Kelly ist die erste Wahl. Sie war es schon bei *The Trouble with Harry.* Doch ihr Sieben-Jahres-Vertrag mit dem MGM-Studio bringt es mit sich, dass das Studio sie immer wieder an andere Studios ausleihen muss und dafür beachtliche Summen fordert. Bislang gelingt es Alfred Hitchcock, diesem Fuchs, immer wieder aufs Neue, seine favorisierte *leading actress* auszuleihen. Die Filme, die er in den für ihn goldenen 1950er Jahren dreht, sind überwiegend Produktionen der Paramount. Doch diesmal blockt MGM, und Hitchcock bekommt Grace nicht für *The Trouble with Harry.* Auch bei seinem nächsten Film, dem Farb-Remake seines 1934 noch in England entstandenen Schwarzweiß-Thrillers *The Man Who Knew Too Much*, soll es ihm nicht anders ergehen: Grace Kelly wird von MGM nicht an ihn und die Paramount ausgeliehen, Hitchcock muss sich erneut auf die Suche nach einem Ersatz begeben. Die unglückselige Erfahrung, die er zuvor bereits mit Ingrid Bergman gemacht hat, sie wird sich sowohl jetzt als auch in den kommenden Jahren mit Grace Kelly gleich mehrfach wiederholen, bis sie 1962 bei den Vorbereitungen zu *Marnie* kulminiert: Ohne dass sie es beide hätten vorausahnen können, soll ihre dritte gemeinsame Arbeit, *To Catch a Thief*, auch die letzte sein.

Dies ist die Ausgangssituation von *The Man Who Knew Too Much.*

Als Hauptdarsteller holt Hitchcock erneut James Stewart hinzu, nicht zuletzt, da er diesen ihm vertrauten Schauspieler als kreativen Partner empfindet und man sich bei Paramount eine gewisse Kontinuität zwischen seinen Filmen wünscht. Für die weibliche Hauptrolle verlangt der Regisseur die Blondine Doris Day, die ihm in Stuart Heislers *Storm Warning* (*Gefangene des Ku-Klux-Klan*, 1951) sehr gefallen hat, obwohl Co-Produzent Herbert Coleman in Bezug auf Day, die er nur als Sängerin kennt, große Bedenken hat. Coleman setzt sich sehr dafür ein, eine ernsthaftere blonde Schauspielerin für die Rolle zu wählen – nach dem Ausscheiden von Grace Kelly etwa Kim Novak oder auch Lana Turner. Coleman und Hitchcock geraten regelrecht in Streit über die Besetzung der weiblichen Hauptrolle. Hitchcock setzt sich am Ende durch. Schlussendlich ist es Doris Day, die besetzt wird.

Die am 3. April 1922 in Cincinnati im US-Bundesstaat Ohio geborene Doris Mary Ann Kappelhoff – deren Großeltern deutsche Einwanderer waren –, ab 1944 nach dem Lied *Day After Day* fortan Doris Day genannt, wird also, zumindest für einen Film, Hitchcocks nächste Blondine sein. Zum Zeitpunkt der Dreharbeiten ist Day 33 und hat seit 1948 bis dato anderthalb Dutzend Filme gedreht, überwiegend heitere leichtgewichtige Musicals, darunter gleich viermal unter der Regie von *Casablanca*-Regisseur Michael Curtiz. Day ist daher vor allem als Sängerin bekannt, weniger als Schauspielerin im ernsteren, anspruchsvolleren Rollenfach. Eine solche Rolle gilt es in Hitchcocks Film auszufüllen. Die Zweifel von Co-Produzent Herbert Coleman weichen denn auch erst, als er sieht, dass Day offenbar auch dem ernsten Fach gewachsen scheint.

Hitchcock erwartete von seinen Darstellern stets, dass sie einfach ihre Arbeit machten, und griff generell überhaupt nur ein, wenn das nicht der Fall war. In ihrer Autobiographie *Her Own Story* (1975) erwähnt Doris Day, dass die Arbeit mit Hitchcock bei *The Man Who Knew Too Much* anfangs eine Herausforderung für sie war, weil er ihr nie irgendwelche Regieanweisungen gab, sie nicht führte, und sie sich daher nicht wahrgenommen fühlte. Es machte ihr zunehmend zu schaffen, dass Hitchcock sich mehr für die Kameraeinstellungen, das Licht und andere technische Fragen interessierte als für ihr Spiel. Doch Virginia Darcy, ihre Friseuse, beruhigte sie: »Das ist gut, es heißt nur, dass du alles richtig machst.«[1] Tatsächlich zeigt Doris Day in *The Man Who Knew Too Much* – von einigen überzogenen, ins zu Sentimentale abgleitenden Momenten einmal abgesehen – eine durchaus bemerkenswerte darstellerische Leistung, besonders in der langen Hotel-Sequenz, in der sie von James Stewart erfährt, dass ihr Sohn entführt wurde. »Das ist das Beste, was sie je gemacht hat«, erklärte Regisseur Peter Bogdanovich anerkennend in seinem Interview mit Hitchcock, der ihm darin wohlwollend zustimmte. Dennoch ist Doris Day alles andere als eine typische Hitchcock-Aktrice. Ganz im Gegenteil. Das mag sie mit Shirley MacLaine verbinden, oder auch mit Karin Dor. Zu Doris Day passen sie nicht, die Adjektive, die auf den Urtypus der Hitchcockschen Heroine zutreffen: apart und anmutig, filigran und fragil, cool und charmant, betörend und bezaubernd, erotisch und enigmatisch. Day, *everybody's darling*, ist geradezu die prototypische Verkörperung der grundanständigen, pflichtbewussten, gutmütigen und prüden Durchschnitts-Amerikanerin der 1950er und 60er Jahre. Und somit letztlich die beste, zugleich ungewöhnlichste Besetzung für Hitchcocks manchmal etwas sentimentales Familiendrama.

Die dieses Familiendrama auslösende Initiationssequenz ist auf dem farbenfrohen lebhaften Marktplatz von Marrakesch angesiedelt, dem zentralen Djemaa El Fna, dem »Platz der Gehängten«: Das aus Indianapolis stammende amerikanische Ehepaar Jo (Doris Day) und Ben McKenna (James Stewart), das auf seiner Europa-Rundreise von Paris aus einen Abstecher nach Nordafrika macht und nach Marokko gereist ist, besucht den Markt, ihr kleiner Sohn Hank (Christopher Olsen) ist mit dabei. Die McKennas stehen mitten auf dem Marktplatz, zusammen mit den Draytons (Bernard Miles, Brenda de Banzie), einem scheinbar freundlichen englischen Ehepaar, das sie am Vorabend im Restaurant kennengelernt haben, das sich hier gut auszukennen scheint und die McKennas ein wenig herumführt. Sie können noch nicht ahnen, dass es sich um die zukünftigen Entführer ihres Sohnes handelt, den sie nach London verschleppen.

Da kommt über den Platz urplötzlich ein Mann auf sie alle zu, langsam und schleppend ist sein schwerer Gang, ganz in Weiß ist er gehüllt, blaue Farbe klebt an seinen Sandalen und auf seiner Kaftan-Kutte, verräterische Flecken, die er auf der vorausgehenden Jagd abbekommen hat, als er einen Farbbehälter umstößt. Der strauchelnde Mann streckt seine Arme weit aus, hin zu Ben McKenna, der sich schützend vor seine Frau und seinen Sohn stellt und in großer Anspannung dasteht, dem Fremden frontal gegenüber. Der Mann sackt vor ihm zusammen. Er hat ein Messer im Rücken. Blut breitet sich um die Einstichstelle auf dem weißen Kaftan aus. Sein Kopf gleitet durch McKennas Hände, und die braune Schminke bleibt auf McKennas weißen Fingern und Handinnenseiten kleben. Der Mann, der vor ihm liegt, ist der Franzose Louis Bernard (Daniel Gélin), den sie am Vortag im Bus nach Marrakesch kennengelernt haben. Er kam Jo gleich seltsam vor. Stellte er doch so viele Fragen, zu viele Fragen. Nun zieht er McKennas Kopf tief zu sich herunter und haucht ihm einen letzten Satz, eigentlich sind es nur Satzfragmente ins Ohr, bevor er stirbt:

»Ein Mann, ein Staatsmann, soll getötet werden. Ermordet. In London. Bald. Sehr bald. Sagen Sie ihnen in London – *Ambrose Chapel.*«[2]

Dieser Satz ist Hitchcocks »MacGuffin«.

Von dieser aufgeladenen Sequenz geht ein bezwingender hypnotischer Sog aus. Mit diesem Moment bricht das Böse brachial in das so friedlich beschauliche Leben der tadellosen Vorzeigefamilie McKenna ein. Es ist der Moment, der aus Ben McKenna, dem Familienvater und Arzt, einen atemlos Gejagten macht und aus Jo McKenna, der einst gefeierten populären Sängerin, eine um ihren Sohn bangende angsterfüllte Mutter. Es ist eines der Urthemen des Katholiken Hitchcock schlechthin, die Jagd des unschuldig schuldigen Menschen, der offenbar durch sein bloßes Sein Schuld auf sich geladen hat.

Zurück im noblen Hôtel La Mamounia versucht Ben McKenna seiner nichtsahnenden Ehefrau Jo beizubringen, dass ihr Sohn Hank entführt wurde, und zwar von den neuen Bekannten, den Draytons, und da zudem die Bus-Bekanntschaft mit dem so auffällig an ihnen interessierten Franzosen Louis Bernard zu nichts anderem als einem ersten Mord führte, sagt der Arzt aus Indianapolis: »Er hat sich mit uns unterhalten. Und der Grund dafür, dass er unsere Bekanntschaft gesucht hat, war der, dass er auf der Suche nach einem verdächtigen Ehepaar war.« – »An uns ist aber doch weiß Gott nichts Verdächtiges dran«[3], erwidert Jo ihrem Mann und charakterisiert die Familie McKenna damit vortrefflich. Sie sind an harmloser Bilderbuchhaftigkeit wohl nur schwer zu überbieten.

Hier, im Hotel, kurz zuvor, als Sohn Hank noch da ist und die Welt in strahlender Ordnung scheint, singt der ehemalige Musical-Star Jo McKenna das Lied *Que Sera, Sera*, stellenweise im Duett mit dem Sohn, der auf diese Weise dazu gebracht werden soll, ins Bett zu gehen, bevor seine Eltern noch ausgehen im abendlichen Marrakesch.

Anfangs weigerte sich Doris Day, *Que Sera, Sera* aufzunehmen und als Platte herauszubringen und tat den Song von Jay Livingston und Ray Evans schlicht als »a forgettable children's song« ab (die Titelzeile des Songs ist im Übrigen auf Joseph L. Mankiewicz' zutiefst melancholisches Meisterwerk *The Barefoot Contessa* [*Die barfüßige Gräfin*, 1954] zurückzuführen, wo auf dem Grabstein der von Ava Gardner gespielten Maria Vargas eben jene Zeile eingemeißelt steht und etwa von Humphrey Bogart wiederholt zitiert wird). In der Folge gewann das Lied jedoch nicht nur einen Oscar, sondern wurde zum größten Hit ihrer Karriere als Sängerin und letztlich zu ihrem Markenzeichen. Ganz so »forgettable« ist es also doch nicht, jenes »Kinderlied«, das sie bei Hitchcock gleich zweimal singt. Sie wird es später noch in zwei weiteren Filmen singen, in Charles Walters' *Please Don't Eat The Daisies* (*Meisterschaft im Seitensprung*, 1960) und in Frank Tashlins *The Glass Bottom Boat* (*Spion in Spitzenhöschen*, 1966), zudem diente es als Titel-Song aller 128 Folgen ihrer Fernsehserie *The Doris Day Show* (CBS, 1968–1973).

Ein zweites Mal singt Doris Day den weltberühmten Song in *The Man Who Knew Too Much* in einem Botschaftsgebäude in London, wo die Draytons inzwischen Hank versteckt halten. Indem sie sich dort ans Klavier setzt und laut, sehr laut *Que Sera, Sera* schmettert, hofft sie, dass Hank sie durch die Gänge der Botschaft hinweg hört. Und er hört sie und pfeift das Lied zurück. Es ist kurz vor dem Happy End.

Dem unmittelbar voraus geht die zwölfminütige, legendär gewordene Sequenz, die Hitchcock ohne jeden Dialog anlegt: Sie spielt *on location* in der Londoner Royal Albert Hall, an dem Ort, an dem das Attentat auf den Premierminister geplant ist. Zu hören ist – unter dem Dirigat von Bernard Herrmann, Hitchcocks langjährigem Stammkomponisten seit *The Trouble with Harry*, der auch, den Taktstock schwingend, im Bild zu sehen ist – die von Arthur Benjamin komponierte Kantate *Storm Cloud*, die schon im 1934er Original zu hören war. Hier treibt Hitchcock den Suspense auf die Spitze, indem er, der Manipulator seines gefügigen Publikums, den Zuschauer zum Mitwisser macht, der den Protagonisten um Wissenslängen voraus ist. Das ist stets Teil des Hitchcockschen Prinzips, das dem Zuschauer noch mehr Schweiß auf die Stirn treibt: Hier besteht das Wissen darin, dass Doris Day zwar unten im Foyer der Albert Hall steht, dem sinistren Attentäter, den sie schon in Marrakesch im Hotel sah, sogar kurz gegenübersteht, doch nicht wissen kann, wie und wann das Attentat geplant ist. Der Zuschauer hingegen weiß es: Wenn gegen Ende der Kantate der Beckenschlag ertönt, der so laut ist, dass er einen Pistolenschuss schluckt, dann wird der Attentäter von der Loge aus schießen. Und so lässt Hitchcock in der Montage in relativ kurzen, schnellen Schnitten zwischen raumgreifenden Totalen der Albert Hall, der Loge des Attentäters und jener des Premierministers, sowie Close-ups von Doris Days Gesicht schneiden. Bis er die Kamera schließlich eilig über die Notenblätter fahren lässt, den Revolver hinter dem Logenvorhang zeigt, und die beiden Becken, die sehnsüchtig darauf warten, aufeinanderzuschlagen.

Dann ist Doris Days greller Schrei im Auditorium zu hören.

Auf François Truffauts Frage, welche der beiden Fassungen von *The Man Who Knew Too Much* denn nun seiner Ansicht nach die gelungenere sei, antwortet Alfred Hitchcock gewohnt trocken: »Sagen wir, die erste Fassung hat ein talentierter Dilettant gemacht und die zweite ein Professioneller.«[4]

Mit dem Blick zurück auf ihre Zeit bei Regisseur Alfred Hitchcock und auf die Dreharbeiten in Marrakesch, London und den Paramount-Studios in Hollywood sagt die seinerzeit 90-jährige Doris Day im Sommer 2012 in ihrem kalifornischen Wohnort Carmel: »Er war einfach nur Mr. Hitchcock, ganz wunderbar, ein großartiger Regisseur und ein guter Freund. Ich habe so gerne mit ihm gearbeitet. Bei *The Man Who Knew Too Much* hat er die Szene, in der ich erfahre, dass mein Sohn entführt wurde, aus mehreren verschiedenen Blickwinkeln gedreht. Er wusste immer ganz genau, was er wollte. Während wir in Marrakesch gedreht haben, gingen wir immer gemeinsam mit Mr. Hitchcock und Jimmy Stewart zum Dinner. Nach dem Essen spielte Jimmy dann Klavier, es war eine wunderbare Zeit.« Beinahe wehmütig ergänzt Doris Day noch: »Ich wünschte, ich hätte die Gelegenheit bekommen, mehr als einen Film mit den beiden zu machen.«[5]

[1] Hotchner, A. E.: *Doris Day. Her Own Story*. London 1975.

[2] *The Man Who Knew Too Much*. Blu-ray. Universal 2012. Deutsche Synchronfassung.

[3] *The Man Who Knew Too Much*. Blu-ray. Universal 2012. Deutsche Synchronfassung.

[4] Truffaut, François: *Mr. Hitchcock, wie haben Sie das gemacht?* München 1973 / Neuausgabe 2003, S. 83.

[5] Website: *Save Hitchcock*. Interview mit Doris Day. Carmel am 18. Juni 2012.

6

Vera Miles

The Wrong Man (Der falsche Mann, 1956)

Psycho (Psycho, 1960)

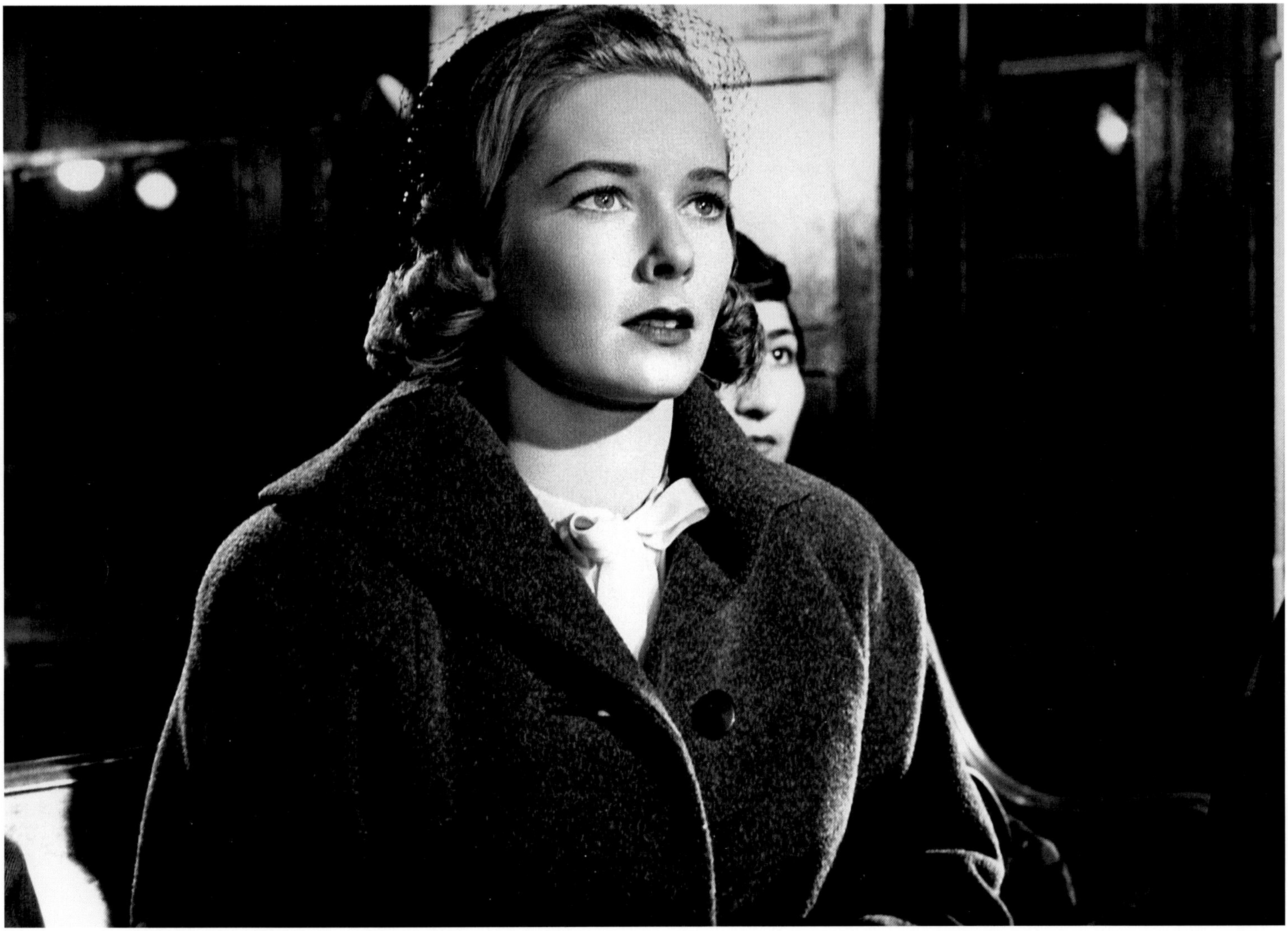

Vera Miles in *The Wrong Man*, 1956

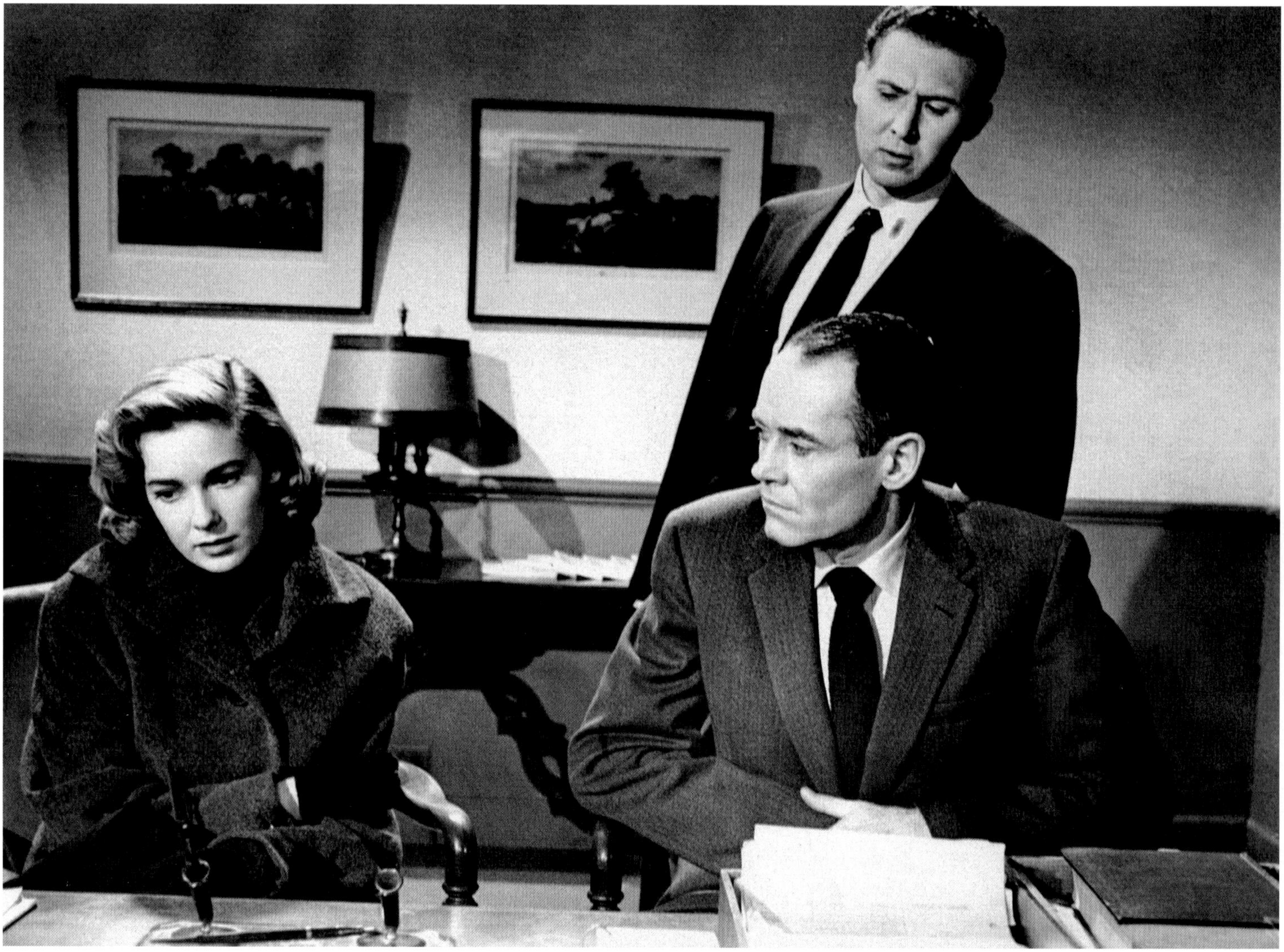

Vera Miles, Henry Fonda und Anthony Quale in *The Wrong Man*, 1956

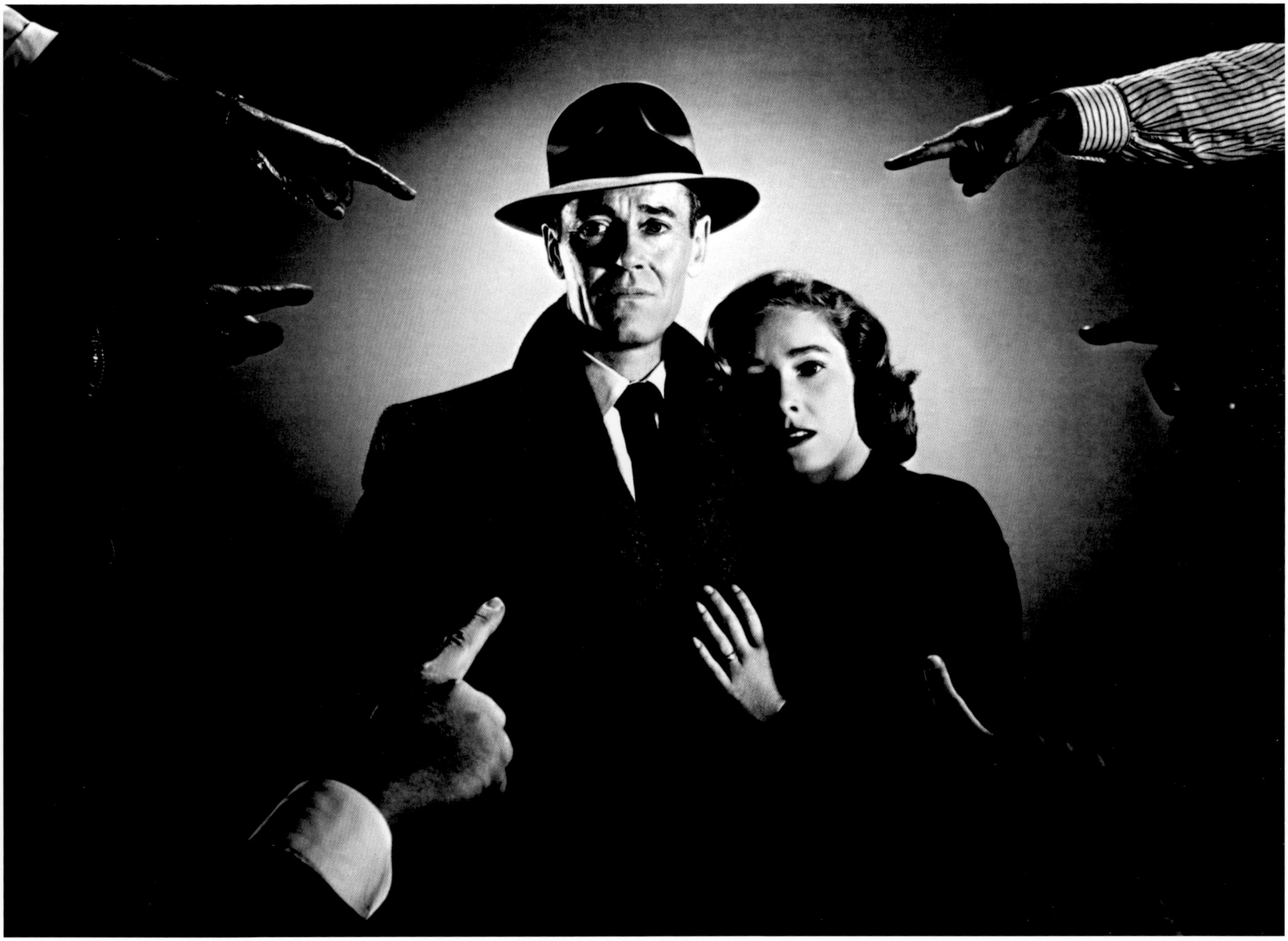

Vera Miles und Henry Fonda in *The Wrong Man*, 1956

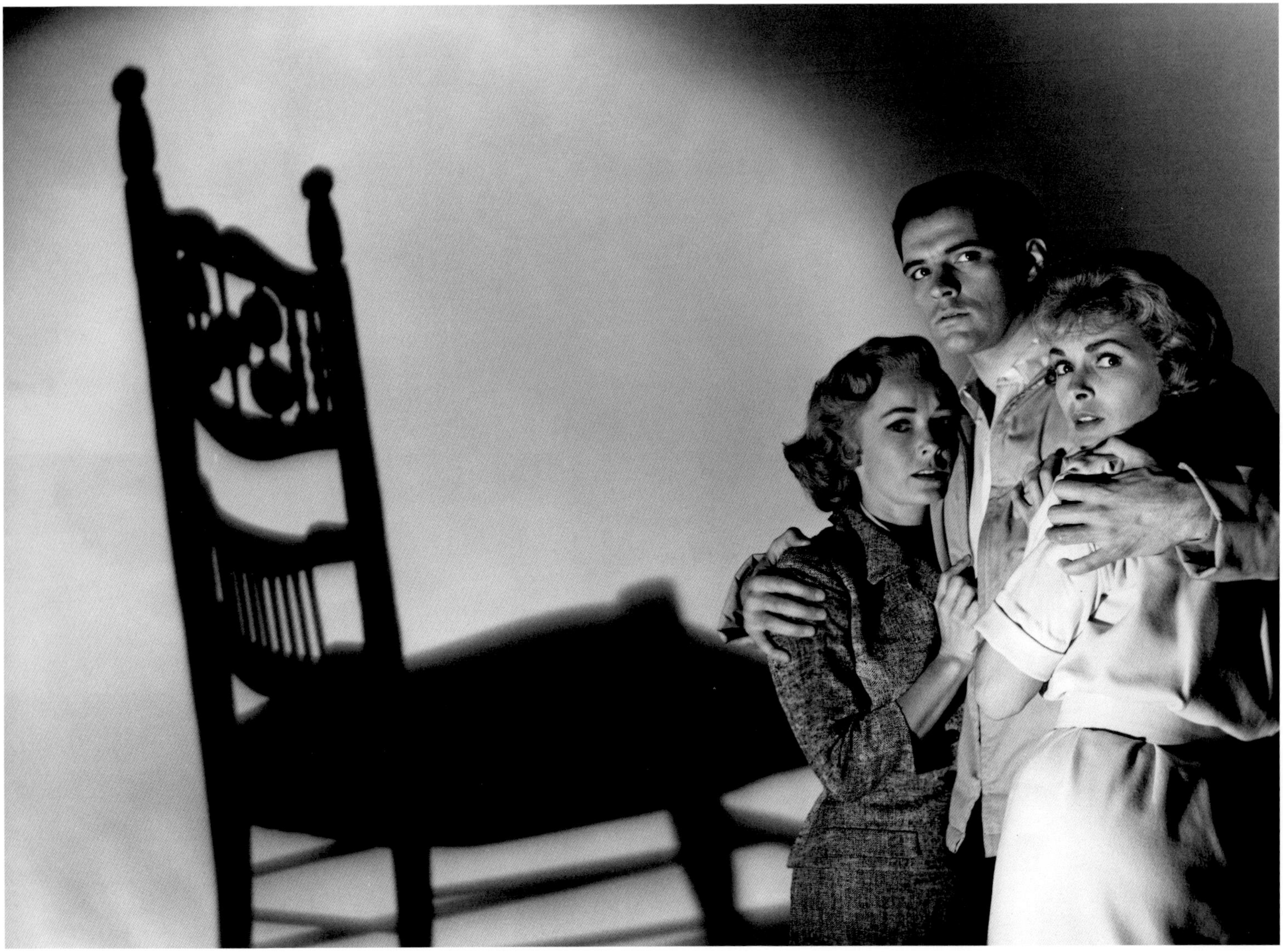

Vera Miles, Janet Leigh und John Gavin in *Psycho*, 1960

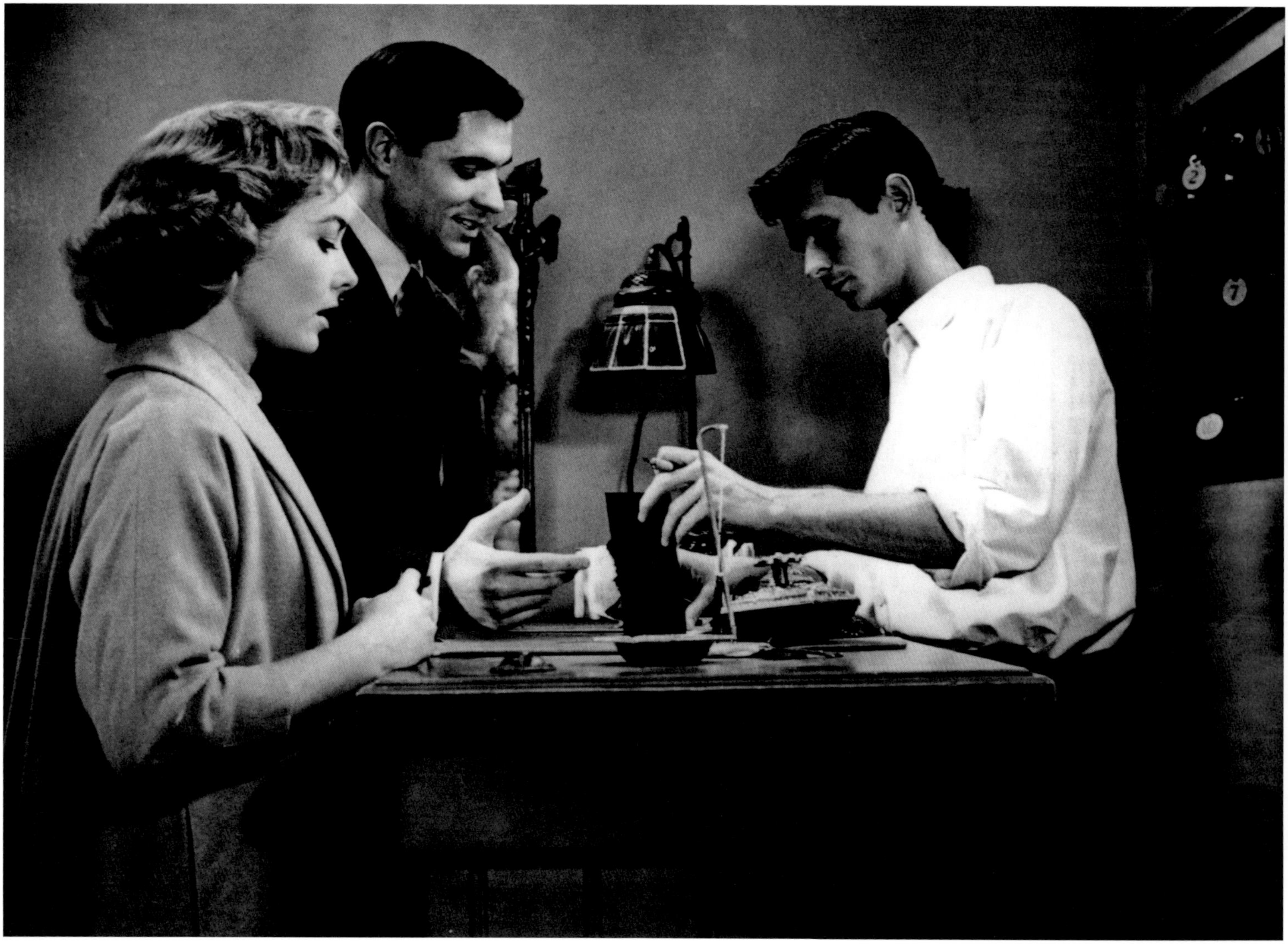

Vera Miles, John Gavin und Anthony Perkins in *Psycho*, 1960

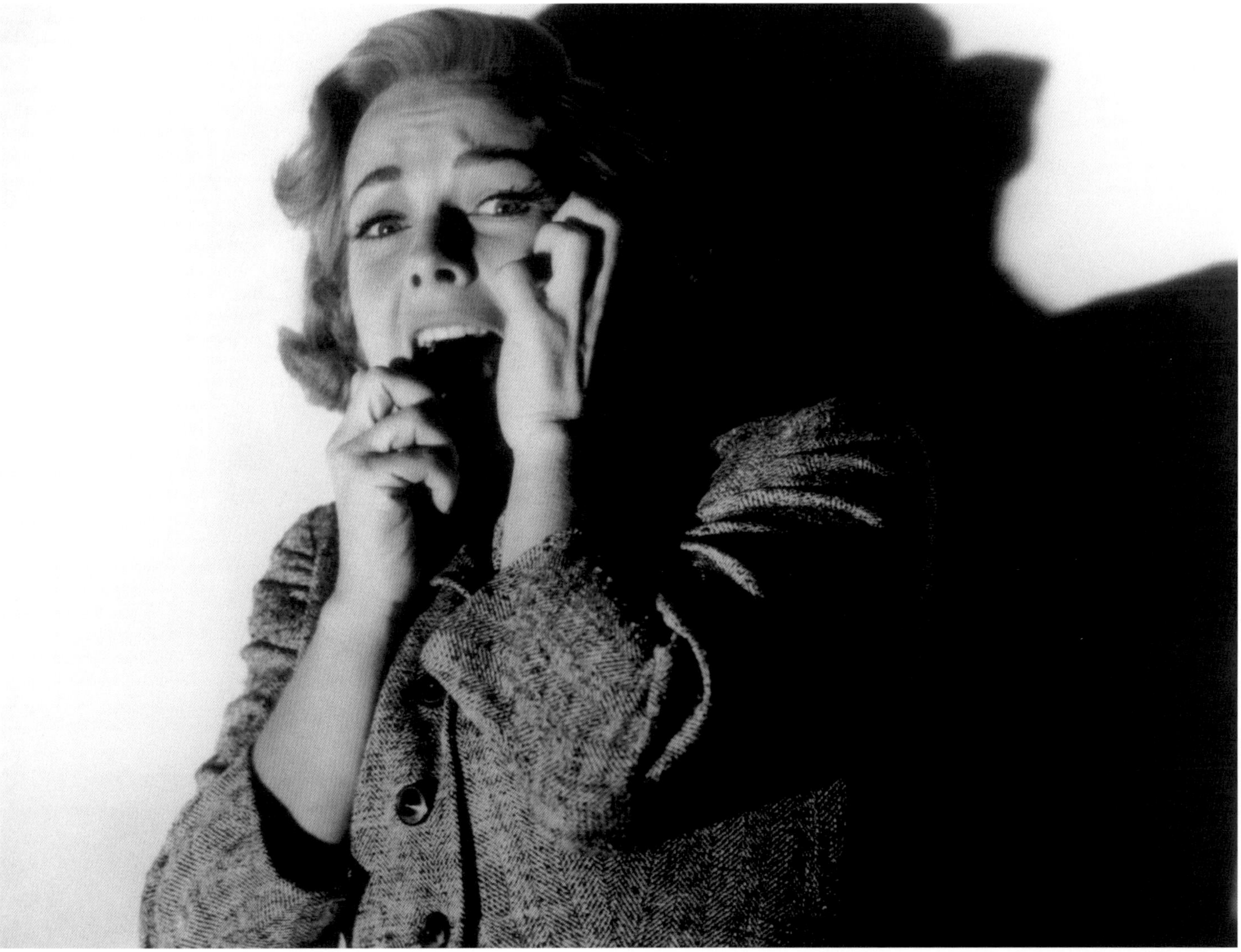

Vera Miles in *Psycho*, 1960

Vera Miles

(*1929)

»She became pregnant just before the part that was going to turn her into a star.«

Es ist das Jahr 1955, Mitte September. Vera Miles steht für eine knappe Handvoll Drehtage vor der Kamera eines Fernsehteams. Auf dem Regiestuhl sitzt Alfred Hitchcock. Gedreht wird der schwarzweiße Fernsehfilm *Revenge* (*Rache*, 1955), Vera Miles' Partner vor der Kamera ist Ralph Meeker in der Rolle des Ehemanns. Am 2. Oktober 1955 geht *Alfred Hitchcock Presents* bei der CBS erstmals auf Sendung. *Revenge* soll eine in der Fernsehgeschichte einzigartige Erfolgsgeschichte einleiten. Die kurzen Episoden sind in sich abgeschlossen und durch mehrere der von Hitchcock höchst ungeliebten und süffisant kommentierten »Commercials from our dear Sponsors« unterbrochen.

Mit der Ausstrahlung der von ihm selbst inszenierten Folge *Revenge* der neuen wöchentlichen Reihe beginnt in diesem Oktober 1955 eine beispiellose Fernseh-Karriere eines Kino-Regisseurs, zugleich setzt eine Bekanntheit ein, die einem Phänomen gleichkommt und sonst nur den Großen unter den Leinwandstars zuteil wird, die *vor* der Kamera stehen. Hitchcock fungiert als Showmaster und Produzent, wofür er die eigene Produktionsfirma Shamley Productions gründet, benannt nach seinem ehemaligen alten Landsitz in England. Seine frühere Assistentin Joan Harrison sowie Schauspieler und Regisseur Norman Lloyd kann er als Produzenten gewinnen. Angeregt hierzu hat ihn sein Agent Lew Wasserman, der einflussreiche Präsident der Music Coporation of America (MCA), der später auch an Universal beteiligt ist. Zu Charles Gounods stakkatohaftem *Trauermarsch für eine Marionette* ist sein von ihm in acht Strichen skizziertes Selbstportrait im Profil zu sehen – auch dies erlangt Berühmtheit –, in das er als Schatten-Silhouette hineintritt. Der Titel-Vorspann läuft vor allen Folgen der Reihe(n). »Good eeevening, ladies and gentlemen …« erklingt es dann trocken, und Hitchcock ist, teils in grotesker Maskerade, in einem der vielen, teils absurden, teils moralischen Vorspann-Sketche zu sehen, mit denen er zu jeder der makabren sonntäglichen Folgen einführt.

Alfred Hitchcock Presents (1955–1962) besteht aus 266 Folgen à jeweils 25 Minuten Laufzeit, die sich daran anschließende *The Alfred Hitchcock Hour* (1962–1965) aus 93 Folgen à jeweils 50 Minuten Laufzeit. 1957 läuft zudem eine weitere TV-Reihe an, *Suspicion*, zu der er die erste Episode inszeniert, *Four O'Clock*. Insgesamt 20 der 359 Folgen beider Reihen hat er selbst inszeniert, darunter etwa *Lamb to the Slaughter* mit *Vertigo*-Nebendarstellerin Barbara Bel Geddes, *Bang! You're Dead* oder *I Saw the Whole Thing* mit John Forsythe (*The Trouble with Harry* und *Topaz*). Auch Joan Fontaine spielt mit. Seine ein Jahrzehnt währende Fernseh-Präsenz – letztlich eine konsequente Erweiterung seiner traditionellen Cameo-Auftritte –, verschafft Alfred Hitchcock, dem scheuen, ängstlichen, unsicheren Mann, eine globale Popularität.

Erzählt wird in *Revenge* von einem jungen Ehepaar, Elsa und Carl Spann, das nach Kalifornien gezogen ist und dort in einer Wohnwagensiedlung lebt. Zu dem Umzug wurde ihnen geraten, als Elsa, die als Ballerina auftrat, einen schweren Nervenzusammenbruch erlitt. Klimawechsel, die Meeresküste, die ewige kalifornische Sonne. Das wird Elsa guttun. Hier wollen sie ein neues Leben beginnen. Es ist Carl Spanns erster Arbeitstag, an dem er mit dem Wagen zur Arbeit fährt. Elsa bleibt im Wohnwagen zurück, plaudert mit der korpulenten Nachbarin Mrs. Ferguson (Frances Bavier), legt sich zum Ausruhen vor Mrs. Fergusons neidischem Blick lasziv im Bikini auf den Sonnenliegestuhl. Als Carl am späten Nachmittag von der Arbeit zurückkommt, voll bepackt mit Papier-Einkaufstüten, reagiert Elsa nicht auf sein Klopfen an der Tür. Drinnen findet er sie, sie liegt halb bewusstlos auf dem Bett. Sie wirkt vollkommen apathisch. »He killed me, he killed me!« Ein Mann habe sie brutal überfallen, stammelt sie.

Hitchcocks Kameramann John L. Russell – der die meisten der von Hitchcock inszenierten Episoden photographiert und im Spätherbst 1959 mit dem Fernsehteam auch *Psycho* drehen wird – geht in einem Close-up ganz nah an das Gesicht von Vera Miles. Miles, zum Zeitpunkt der kurzen Dreharbeiten vor wenigen Wochen gerade 26 geworden, gelingt es, diese Frau in ihrer Apathie und Labilität darzustellen. Es ist dabei verblüffend, wie nahe der Part der Elsa Spann einer anderen, größeren Miles-Rolle unter Hitchcocks Regie kommt: der der Ehefrau Rose Balestrero in *The Wrong Man* (*Der falsche Mann*, 1956). Beide Frauen, in ihren Grundfesten erschüttert und traumatisiert, ziehen sich in sich zurück, verschließen sich, leben in ihrer eigenen Welt, nehmen etwas Statisches an und verfallen in Apathie. In *The Wrong Man* lässt Hitchcock Vera Miles letztlich fortführen, was sie in dem kurzen Fernsehstück *Revenge* beginnt. Das hat etwas Frappierendes.

Die Polizei, die Wohnwagen und Umgebung untersucht, tappt zunächst im Dunkeln. Der Polizeiarzt warnt Carl Spann, der Vorfall könne bei seiner Frau einen fatalen Rückfall auslösen. Carl beschwört seine Elsa, sich zu erinnern, ob sie den Täter wiedererkennen würde. Sie nickt geistesabwesend. Als sie im Auto umherfahren, bleibt Elsas Blick plötzlich an einem Mann in grauem Anzug haften, der dabei ist, ein Hotel zu betreten. »There he is! That's him, that's him!«, entfährt es ihr. Carl stellt den Wagen ab, greift sich ein Werkzeug, geht in das Hotel, folgt dem Mann und bringt ihn im Hotelzimmer um. Nun ist endlich Ruhe. Niemand wird seine Frau mehr belästigen. Ihr labiler, nervöser Zustand wird sich gewiss bald legen. Sie fahren noch ein Stück weiter, und als Elsa wieder einen Mann im grauen Anzug sieht, ruft sie erneut: »There he is! That's him, that's him!« Da weiß Carl, er hat den Falschen umgebracht. Im Hintergrund sind bereits die Sirenen der Polizeiwagen zu hören.

Hitchcock beschließt diese erste Episode mit dem üblichen Schlussaufritt: »Sie sehen also: *crime does not pay.* Nicht einmal im Fernsehen. Man braucht immer einen Sponsor. Hier kommt der unsere, und ich bin anschließend wieder da.«[1]

Vera June Ralston wird am 23. August 1929 in Boise City, Oklahoma als Tochter von Thomas und Bernice Ralston geboren. Als Jüngste in der Familie hat sie drei ältere Geschwister. Sie wächst zunächst in Pratt im US-Bundesstaat Kansas auf und geht dort zur Schule, später lebt sie in Wichita, wo sie nachts als Telefonistin und Stenotypistin bei der Western Union arbeitet und 1947 die Wichita North High School absolviert. In den späten 1940er Jahren steht sie für *Lustre Creme*-Shampoo in ihrem ersten Fernsehspot vor einer Kamera. 1948 wird sie zur Miss Kansas gekrönt, und noch im selben Jahr wird sie Drittplatzierte im Miss America-Wettbewerb.

Es ist im Jahr 1950, als Vera Ralston beschließt, nach Hollywood zu gehen. Dort muss sie feststellen, dass es bereits eine Schauspielerin gibt, die Vera Ralston heißt.

Daraufhin benennt sich die 21-Jährige um und nimmt den Nachnamen ihres ersten Mannes an, des Stuntmans Bob Miles, mit dem sie von 1948 bis 1954 verheiratet ist. Vera Miles tritt in ersten kleinen Kino- und Fernsehrollen auf, in einigen davon erscheint ihr Name noch nicht in den Vor- oder Abspann-Credits. Ihr Leinwand-Debüt gibt Miles in der (Anti-)Kriegskomödie *When Willie Comes Marching Home* (*So ein Pechvogel*, 1950) unter der Regie des großen John Ford. Eine weitere dieser ersten Rollen ist die eines *Chorus Girls* in James V. Kerns Musical *Two Tickets to Broadway* (*Drei Frauen erobern New York*, 1951), in dem Miles erstmals auf ihre Kollegin Janet Leigh trifft. Neun Jahre später werden sie beide, Vera Miles und Janet Leigh, in dem schicksalhaften Film mitspielen, mit dem sie ihr Leben lang verbunden sein werden: Alfred Hitchcocks *Psycho* (1960).

Vera Miles steht fortan hintereinander bei mehreren Studios unter Vertrag, darunter bei den Warner Bros. Studios. Ihr erster größerer Part ist schließlich die Rolle der Tarzan-Geliebten Jil Hardy in der Warner-Produktion *Tarzan's Hidden Jungle* (*Tarzan und der schwarze Dämon*, 1955). Bei den Dreharbeiten des Tarzan-Abenteuers lernt Vera Miles auch ihren zukünftigen zweiten Ehemann kennen und lieben, Gordon Scott. Doch 1955 markiert nicht nur ihre erste relevantere Produktion, es ist auch der Moment, in dem zwei Große des US-amerikanischen Kinos sie entdecken: John Ford und Alfred Hitchcock.

John Ford – der Miles bereits vor fünf Jahren eine erste kleine ungenannte Rolle verschaffte – wird nun mit ihr *The Searchers* (*Der schwarze Falke*, 1956) drehen, einen der stilbildenden Meilensteine des Western-Genres. Vera Miles ist hier als Laurie Jorgensen an der Seite von John Wayne und Ward Bond zu sehen. Ford, der Western-Titan, wird sie nur wenige Jahre später erneut besetzen, in *The Man Who Shot Liberty Valance* (*Der Mann der Liberty Valance erschoss*, 1962), wo Miles erneut auf John Wayne sowie auf James Stewart trifft. So zählt Ford zweifelsohne zu ihren wichtigsten Regisseuren.

Auch Alfred Hitchcock entdeckt Vera Miles für sich. Er sieht sie 1955 in einem der Fernsehspiele des *Coca Cola-Playhouse*. Hitchcock ist sofort angetan von der kühlen blonden Schönheit aus Kansas: er nimmt sie ab Anfang Januar 1956 unter Fünf-Jahres-Vertrag und ruft sie als »the new Grace Kelly« aus. Das ist gewiss allseits mit hohen Erwartungen verknüpft. Hitchcock selbst bekennt denn auch gegenüber einem Reporter der Zeitschrift *Look*: »Bei der Arbeit mit Vera habe ich das gleiche Gefühl wie bei der Arbeit mit Grace. Sie besitzt Stil, Intelligenz und eine besondere Qualität des Understatements.«[2]

Zunächst besetzt er die Neuentdeckung in *Revenge* und ist schließlich von ihrer Darstellung so überzeugt, dass er ihr die weibliche Hauptrolle in seinem nächsten Kinofilm anbietet: an der Seite von Henry Fonda wird sie in *The Wrong Man* (*Der falsche Mann*, 1956) spielen.

The Wrong Man ist ein Film über das Hitchcocksche Ur-Thema an sich: Ein Mann wird eines Abends von der Polizei angesprochen und inhaftiert, ohne dass er sich etwas hätte zuschulden kommen lassen. Er ist der unschuldig Schuldige.

Der Beginn von Hitchcocks *The Wrong Man* wäre ebenso gut mit dem Beginn von Franz Kafkas epochalem Roman *Der Prozeß* zu beschreiben: »Jemand mußte Josef K. verleumdet haben, denn ohne daß er etwas Böses getan hätte, wurde er eines Morgens verhaftet.«[3] Kafkas Josef K., das ist Hitchcocks Christopher Emmanuel Balestrero, von allen nur »Manny« gerufen. Manny (Henry Fonda) ist Kontrabassist in dem New Yorker Jazzclub »Stork Club«. Abend für Abend spielt er dort mit der Band, bis der letzte Clubbesucher abgezogen ist. Dann geht Manny nach Hause, durch das Dunkel der Großstadt. Meistens kehrt er noch kurz in einer Bar ein, trinkt ein Glas, sieht in die Zeitung. Dann geht er nach Hause. Von außen ist die Silhouette seiner Frau Rose (Vera Miles) im beleuchteten Fenster zu sehen. Manny geht die wenigen Stufen vom Trottoir hoch, um die Haustür aufzuschließen. Dann hallt sein Name durch die stille New Yorker Nacht. Hinter ihm stehen drei Polizisten in Zivil, und ein Wagen. Ab diesem Moment wird im Leben der Balestreros nichts mehr so sein, wie es einmal war. Es bricht etwas in ihr Leben ein, das außerhalb ihrer Verantwortung liegt. Etwas, das ihr Leben von Grund auf verändern wird. Bei Hitchcock ist das nicht selten das Gesetz, die Polizei. Eine kafkaeske Macht-Apparatur.

Manny Balestrero wird beschuldigt, mehrere Raubüberfälle in New Yorker Geschäften verübt zu haben. Der unbescholtene Mann fällt aus allen Wolken und kann und will es nicht glauben. Eine Versicherungsangestellte, bei der Manny die Police beleihen wollte, da seine Frau und er Geld benötigen, habe ihn einwandfrei wiedererkannt. Das Unheil nimmt seinen Lauf, und Hitchcock zeigt nahezu unbeteiligt, wie der Justiz- und Polizei-Apparat eine einst glückliche friedfertige Familie dekonstruiert. Der Staat und seine Gefolgschaften sind nicht immer nur der Freund des Bürgers. Die Polizeibeamten gehen respektlos mit Balestrero um, kommandieren ihn herum, demütigen ihn, berauben ihn seiner Würde. Voller Scham geht Manny in die Läden und Geschäfte, in die ihn die Polizeibeamten ein ums andere Mal schicken, um bestätigt zu bekommen, dass sie den Richtigen gefunden haben. Von seiner Schuld sind sie längst überzeugt. Parallel zu dieser Demontage eines Mannes beginnt seine Ehefrau Rose zusehends, labil und depressiv zu werden. Es ist auch ihr eigenes Versagen, das sie belastet: Sie muss einsehen, dass sie ihrem Mann nicht helfen kann. Rose Balestrero bricht in sich zusammen. *The Wrong Man* ist daher keineswegs nur ein in seiner nüchternen Sachlichkeit beklemmendes Portrait des Schicksals eines unschuldig schuldigen Mannes, sondern eben auch ein Film über eine starke Frau, die an ihrer eigenen Hilflosigkeit zerbricht.

Zwischen Henry Fonda und Vera Miles gibt es zwei lange intime Sequenzen, eine in der ersten Hälfte des Films, eine in der zweiten. Die erste zeigt, wie Balestrero abends nach Hause kommt, seine Frau Rose liegt schon im Bett, und wie sie noch kurz miteinander sprechen, sich liebevoll in den Arm nehmen. Es sind Szenen von großer Zärtlichkeit. Hitchcock, der heimliche Romantiker, zeigt auch hier wieder zwei Liebende. Vera Miles ist schön, sehr apart, und wirkt zerbrechlich. Die zweite Szene spielt zu einem Moment, in dem längst alles in sich zusammengebrochen ist. Der familiäre Hort der Sicherheit ist zerstört. Erneut sind Rose und Manny zuhause, nachdem er zunächst auf Kaution entlassen wird, später dann der wahre Täter bei einem neuerlichen Überfall überführt wird. Doch es ist zu spät. Manny vermag es nicht mehr, seine geliebte Rose zu erreichen. Sie ist depressiv und abwesend. Ihr Gespräch mündet in eine Auseinandersetzung, in der Rose auf Manny losgeht, ihn laut und aggressiv beschimpft, zur Haarbürste greift und ihm damit ins Gesicht schlägt. Dabei zerbricht der große Spiegel im Schlafzimmer, und Hitchcock zeigt Henry Fondas verletztes Gesicht in den gebrochenen Scherben, die im Spiegelrahmen hängenbleiben. Es ist der Riss, der durch sein, durch ihr Leben geht. Der Bruch, der ihre Ehe nicht mehr heilen lässt. Vera Miles' Gesicht in dieser Szene ist nun verhärtet und kantig. Schön ist sie noch immer. Aber es ist eine gebrochene Schönheit.

The Wrong Man entsteht im Frühjahr 1956 in den Studios der Warner in Hollywood und *on location* in New York City an Originalschauplätzen, an denen sich die Ereignisse der realen Geschichte zugetragen haben. Es ist zugleich Hitchcocks letzter Film für die Warner Studios, denen er sich in Erfüllung seines vor Jahren abgeschlossenen Vertrags noch verpflichtet fühlt. Hitchcock, inzwischen längst bei Paramount, dreht diesen Film ohne jede Gage – ein Indiz dafür, wie wichtig ihm das Thema ist, das er zu einem persönlichen Anliegen erklärt. *The Wrong Man* basiert auf authentischen Geschehnissen aus dem Jahr 1953 um den zu Unrecht mehrerer Raubüberfälle verdächtigten New Yorker Bassisten Balestrero und ist in seiner schwarzweißen Anmutung beinahe semi-dokumentarisch und von spröder, bedrückender Reduktion. Die Bilder von Kameramann Robert Burks sind klar und kalt. Ein Leben zerbricht aufgrund eines Irrtums von Polizei und Justiz – für Hitchcock ein wahrer Alptraum.

Vera Miles ist in der Rolle der Rose Balestrero bezwingend. Von der liebenden Ehefrau und fürsorglichen Mutter, die abrupt aus ihrem Leben herausgerissen und des Bodens unter ihren Füßen beraubt wird, zur der in Apathie verfallenden Verlorenen – das vermag Vera Miles hier überzeugend und konzise zu verkörpern. *The Wrong Man*, ein eher unbekannter und stets stiefmütterlich behandelter Hitchcock, zeigt eine der besten darstellerischen Leistungen von Vera Miles, wenngleich es der drei Jahre später gedrehte *Psycho* sein wird, mit dem sie das Publikum seit jeher in Verbindung bringt.

Seine Amerika-Premieren hat *The Wrong Man* am 22. Dezember 1956 in New York City sowie am 23. Dezember 1956 in Los Angeles. Ein kommerzieller Erfolg wird Hitchcocks atypischer 44. Film nicht, bei der Kritik jedoch kommt er gut an. In der *New York Times* steht unter anderem zu lesen: »(…) Vera Miles vermittelt sehr intensiv die Qualen, die die allmählich dem Wahnsinn verfallende Ehefrau erleidet. (…) Hitchcock zeigt sich hier als ein Meister luzider Sachlichkeit, fast unberührt von dem, was seine Figuren erleiden.«[4]

Auf *The Wrong Man* soll eigentlich *Vertigo* folgen. So hat es sich Hitchcock vorgestellt. Die Vorbereitungen zu *Vertigo* laufen bereits. Für die Hauptdarstellerin liegen die Kostüme bereit, die Hitchcock von Paramounts Kostüm-Designerin Edith Head hat entwerfen und anfertigen lassen. Dann kommt das Leben dazwischen: Vera Miles, seit 1956 mit Gordon Scott verheiratet, wird schwanger. Hitchcock ist enttäuscht. Er hat bereits Zeit, Geld und Energie investiert. Vera Miles ist für ihn die Idealbesetzung der Doppelrolle von Madeleine Elster und Judy Barton. »Hitchcock got his picture. I got a son (Hitchcock hat seinen Film bekommen. Ich einen Sohn)«,[5] soll Vera Miles später, auf Hitchcocks Enttäuschung angesprochen, gesagt haben. Der neue *Vertigo*-Star soll nun jemand anderes werden. Nach mehreren Regie-Arbeiten zu seiner Fernseh-Reihe wird schließlich von September bis Dezember 1957 *Vertigo* in Nord-Kalifornien, San Francisco und in den Paramount-Studios gedreht. Diverse Autorenwechsel und Drehbuchprobleme gingen dem voraus. Neben James Stewart übernimmt nun Kim Novak die weibliche Hauptrolle. Trotz seiner Enttäuschung bietet Hitchcock Vera Miles zwei Jahre später, im September 1959, eine neue Rolle an: die der Lila Crane in *Psycho.*

Am Set von *Psycho* begegnen sich Janet Leigh und Vera Miles schließlich wieder. Es ist November 1959. Leigh spielt die weibliche Hauptrolle der Marion Crane, Miles die der Schwester. Am ausgelassenen, entspannten Set, an dem Hitchcock, Leigh und Perkins jede Menge Spaß miteinander haben, ist einzig Vera Miles unglücklich. Sie hat sich zuvor für ihre Rolle der verfolgten Jugoslawin Daniza in Martin Ritts Kriegsdrama *Five Branded Women* (*Jovanka und die Anderen*, 1960), in dem sie neben Jeanne Moreau und Barbara Bel Geddes spielt, den Kopf kahl rasieren lassen müssen und muss nun just in *Psycho* eine Perücke tragen. Zudem verpassen ihr Hitchcock und Head eine recht altbacken wirkende unauffällige Garderobe.

Die Rolle der Lila Crane in *Psycho* ist auf die zweite Hälfte des Films beschränkt – nachdem Marion Crane (Janet Leigh) unter der Dusche ermordet wurde. Auf Marions mysteriöses Verschwinden reagieren gleich mehrere Menschen, die sie vermissen, darunter Marions Schwester Lila (Vera Miles), Marions Chef sowie ihr Geliebter Sam (John Gavin), der von Marions Verschwinden erst durch Lila erfährt. Als Lila und Sam zum Motel fahren, und Lila – während Sam Norman Bates zunächst in ein Gespräch unten im Büro verwickeln kann – oben im viktorianischen Haus Mrs. Bates sucht und schließlich im Keller auf ihren skelettierten, ausgestopften Leichnam stößt, da stürzt der als seine Mutter verkleidete Norman, in Frauenkleid und mit Perücke, mit erhobenem Messer auf Lila zu. Sam kann ihn im letzten Moment festhalten. Als Vera Miles zuvor den Stuhl berührt, auf dem »Mutter« sitzt, dieser sich umdreht und die Kamera frontal auf den Totenschädel hält, da stößt Lila Crane einen markerschütternden Schrei aus. Ein Schrei, der in die Filmgeschichte eingegangen ist.

Ein weiterer markanter Schrei von Vera Miles ist im legendären Trailer zu *Psycho* zu sehen und zu hören: Alfred Hitchcock führt den Kinozuschauer durch »Bates Motel« und Mutters Haus, und als er schließlich im Bad von Motel-Zimmer Nummer 1 angelangt ist, zieht er abrupt den Duschvorhang beiseite und dahinter steht, aufschreiend, Vera Miles, nicht Janet Leigh. Letztere ist zum Zeitpunkt des Kurzdrehs für den Trailer nicht verfügbar und Hitchcock führt den Zuschauer, der den Kinotrailer vorab sieht, in die Irre: Denn dieser sieht *the wrong woman* in der Dusche.

Nur eine Woche nach Drehschluss zu *Psycho* dreht Hitchcock im Februar 1960 die 50-minütige Fernseh-Episode *Incident at a Corner* für die *Ford Startime*-Reihe. Viele der Crew-Mitglieder vom *Psycho*-Set sind auch hier wieder mit dabei. *Incident at a Corner* ist – entgegen den Episoden zu *Alfred Hitchcock Presents* – in Farbe gedreht und doppelt so lang. Die aus verschiedenen Perspektiven erzählte Episode – in der es um einen ehrenamtlichen älteren Schülerlotsen geht, James Medwich (Paul Hartman), der eines Tages durch eine kleine schriftliche Notiz eines Unbekannten zu Unrecht verleumdet wird, sich den Schulmädchen unsittlich zu nähern – wird am 5. April 1960 auf NBC ausgestrahlt und zeigt Vera Miles in der weiblichen Hauptrolle der Tochter Jane Medwich. Es ist das einzige Mal, dass Hitchcock Vera Miles in einem Farbfilm inszeniert. Miles dreht noch zwei weitere Fernseh-Episoden zu der zweiten Hitchcock-Reihe *The Alfred Hitchcock Hour* – *Don't Look Behind You* (1962) und *Death Scene* (1965) –, wenngleich nicht unter seiner Regie. Letztlich ist es sogar Vera Miles, mit der Hitchcock am häufigsten gearbeitet hat, auch wenn sie nie eine zweite Grace Kelly oder Ingrid Bergman geworden ist.

Vera Miles wird im Lauf ihrer langen Kino- und Fernsehkarriere noch in vielen Produktionen zu sehen sein, darunter im Kino etwa in *Beau James* (*Schöne Frauen, harte Dollars*, 1957) mit Bob Hope, *The FBI Story* (*Geheimagent des FBI*, 1959) an der Seite von James Stewart oder *Back Street* (*Endstation Paris*, 1961) mit Susan Hayward und John Gavin. Neben ihren insgesamt vier Auftritten in einer der Alfred Hitchcock-Fernsehreihen wirkt Vera Miles in mehreren Dutzend Fernsehserien mit, wie etwa *Bonanza* (1959), *Rauchende Colts* (1970), *Hotel* (1984–87) sowie an der Seite des schrägen Peter Falk in *Columbo* (Folge: *Ein Hauch von Mord*, 1971) und neben der wunderbaren Angela Lansbury gleich in drei Folgen von *Murder, She Wrote* (*Mord ist ihr Hobby*, 1984–96).

Mit Anthony Perkins und Virginia Gregg – eine der drei Schauspielerinnen, die »Mutter« Norma Bates synchron ihre Stimme verleihen – gehört Vera Miles zu den drei Schauspielern, die sowohl in *Psycho* selbst als auch in der ersten der diversen Fortsetzungen, *Psycho*

II (1983), mitgespielt haben. 1995 zieht sie sich nach 45 Jahren endgültig aus dem Filmgeschäft zurück und lebt heute in Palm Desert, Kalifornien. Sie hat vier Ehen hinter sich und ist Mutter von vier Kindern. Mit rund 160 Produktionen, in denen sie vor der Kamera stand, kann sie auf eine ebenso lange wie beständige Hollywood-Karriere zurückblicken.

Im Alter hat Vera Miles keinerlei Hehl daraus gemacht, dass sie für die umstrittenen populären Bücher von Autor Donald Spoto über Alfred Hitchcock nur Verachtung empfindet. Sie erklärt Spotos wiederholte Behauptungen, zwischen ihr und Hitchcock habe ein feindseliges Verhältnis bestanden, für vollkommen falsch und gibt an, sie denke »*very fondly*« an Hitchcock zurück – »mit großer Zuneigung«.

[1] *Alfred Hitchcock Presents.* Folge 1: *Revenge.* Koch Media, DVD 2009.
[2] Rebello, Steven: *Alfred Hitchcock and the making of Psycho.* London 1998, S. 63.
[3] Kafka, Franz: *Der Prozeß.* Frankfurt am Main 1994, S. 9.
[4] Harris, Robert A. / Lasky, Michael S.: *Alfred Hitchcock und seine Filme.* München 1979, S. 192.
[5] Rebello, Steven: *Alfred Hitchcock and the making of Psycho.* London 1998, S. 64.

7

Kim Novak

Vertigo (1958)

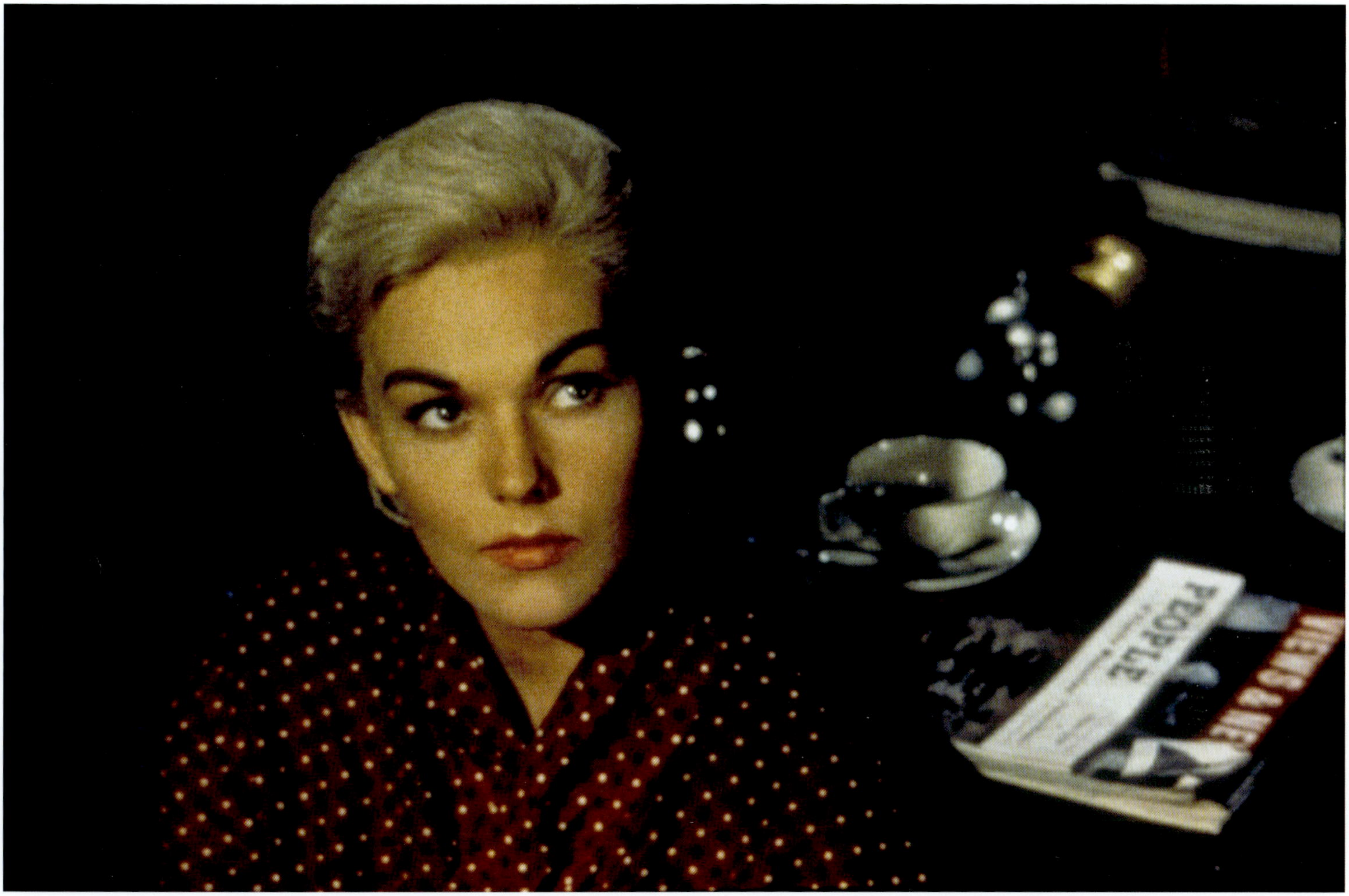

Szenenphoto aus *Vertigo*, 1958

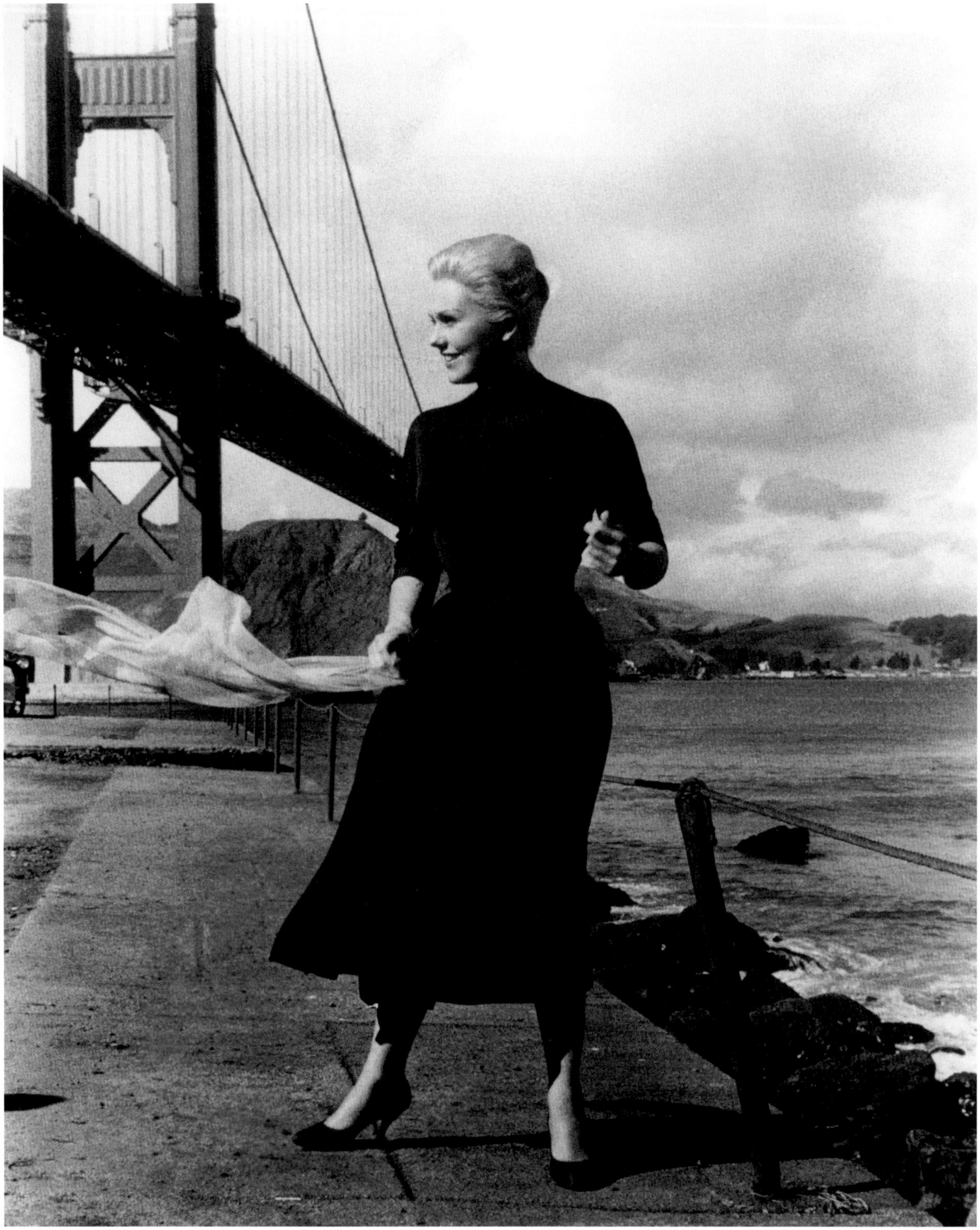

Szenenphoto aus *Vertigo*, 1958

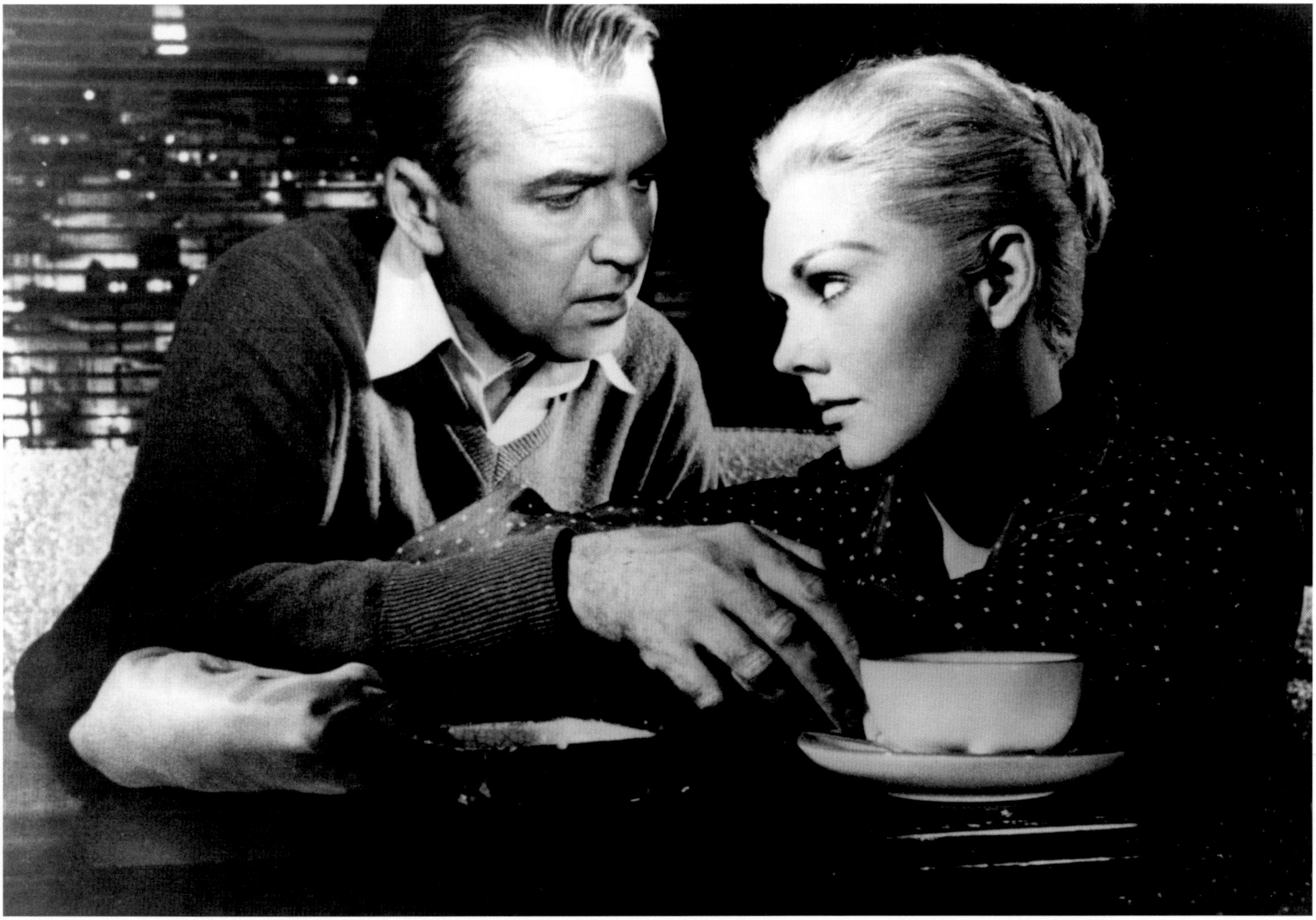

Szenenphoto mit James Stewart aus *Vertigo*, 1958

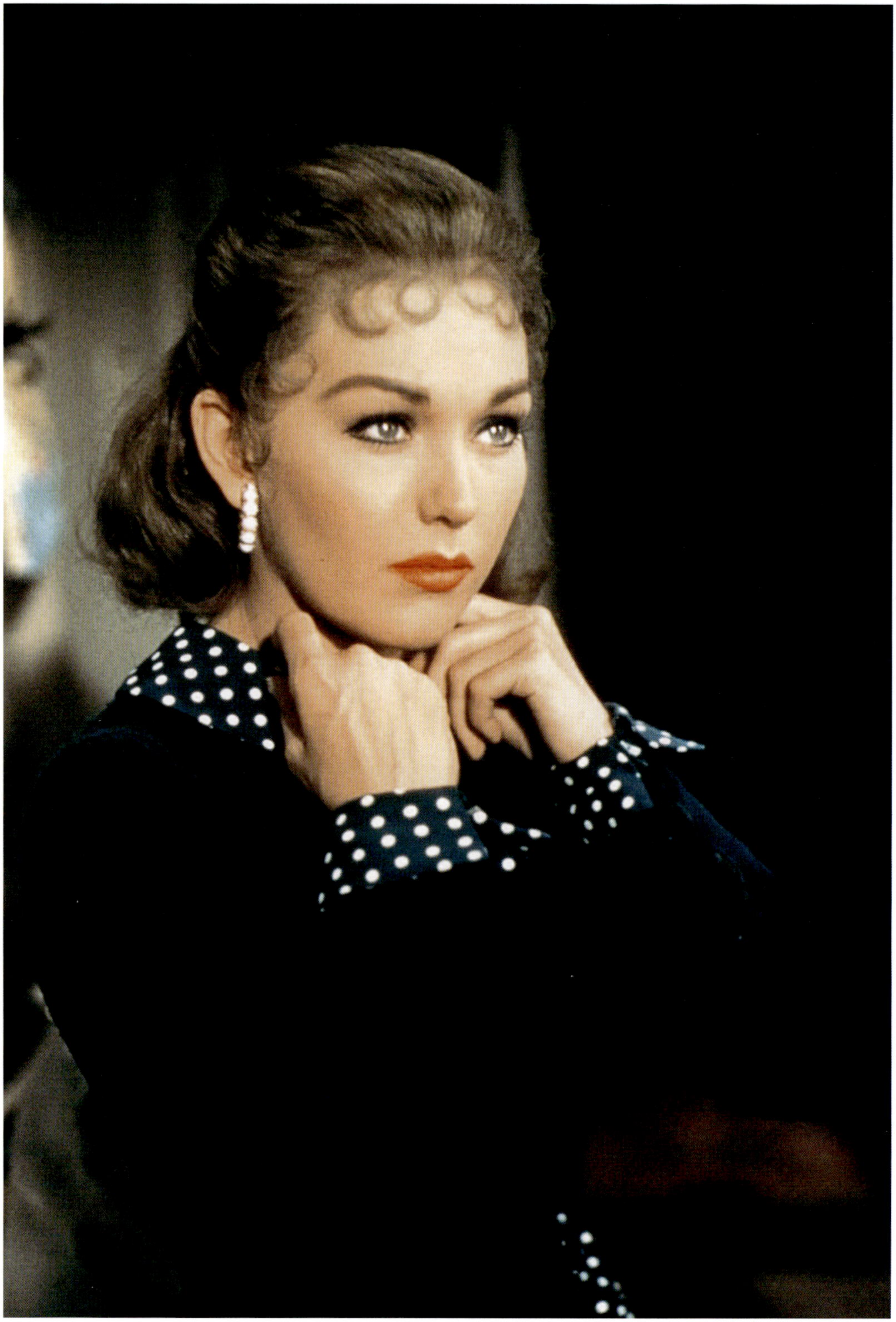

Szenenphoto aus *Vertigo*, 1958

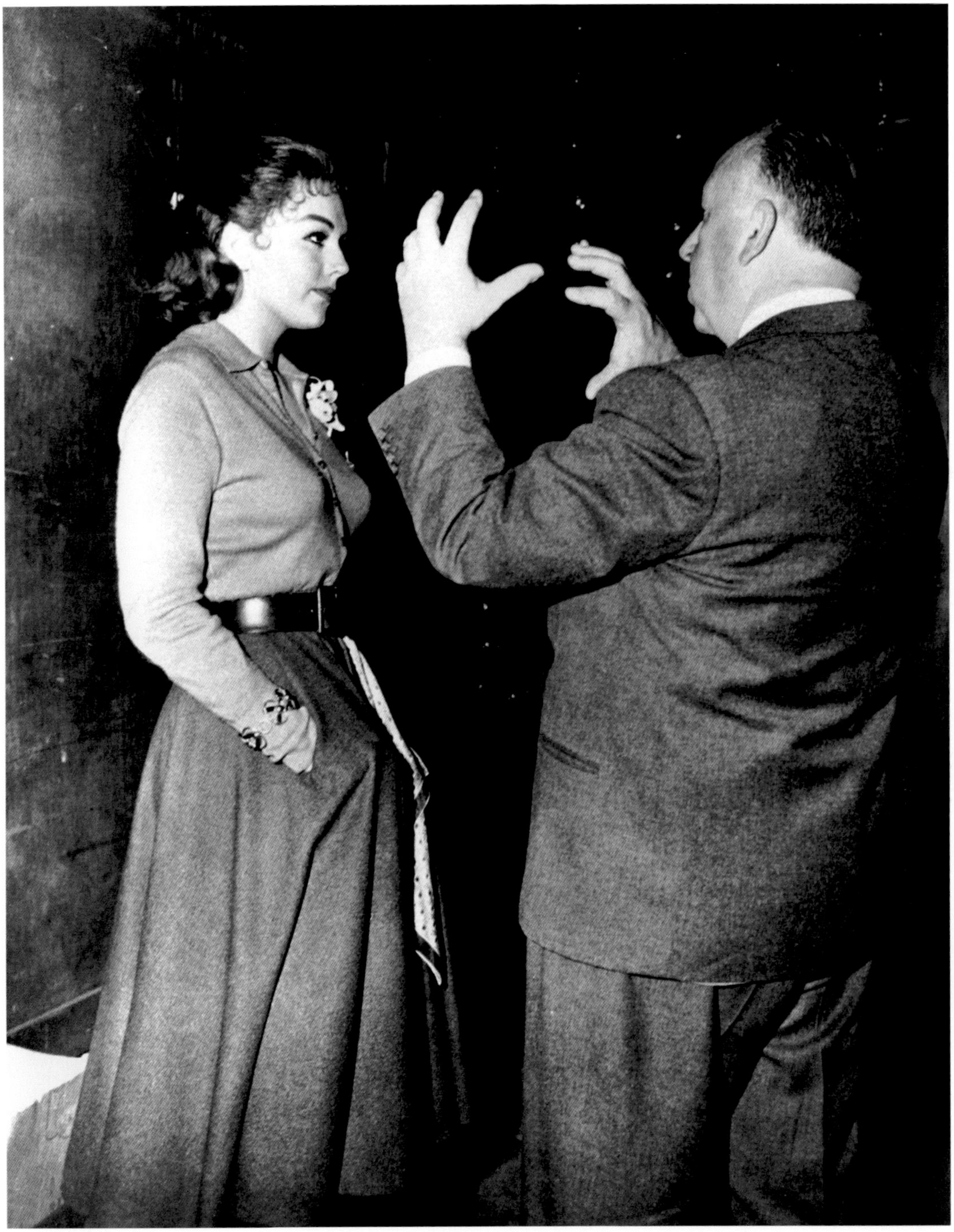

Mit Alfred Hitchcock am Set von *Vertigo*

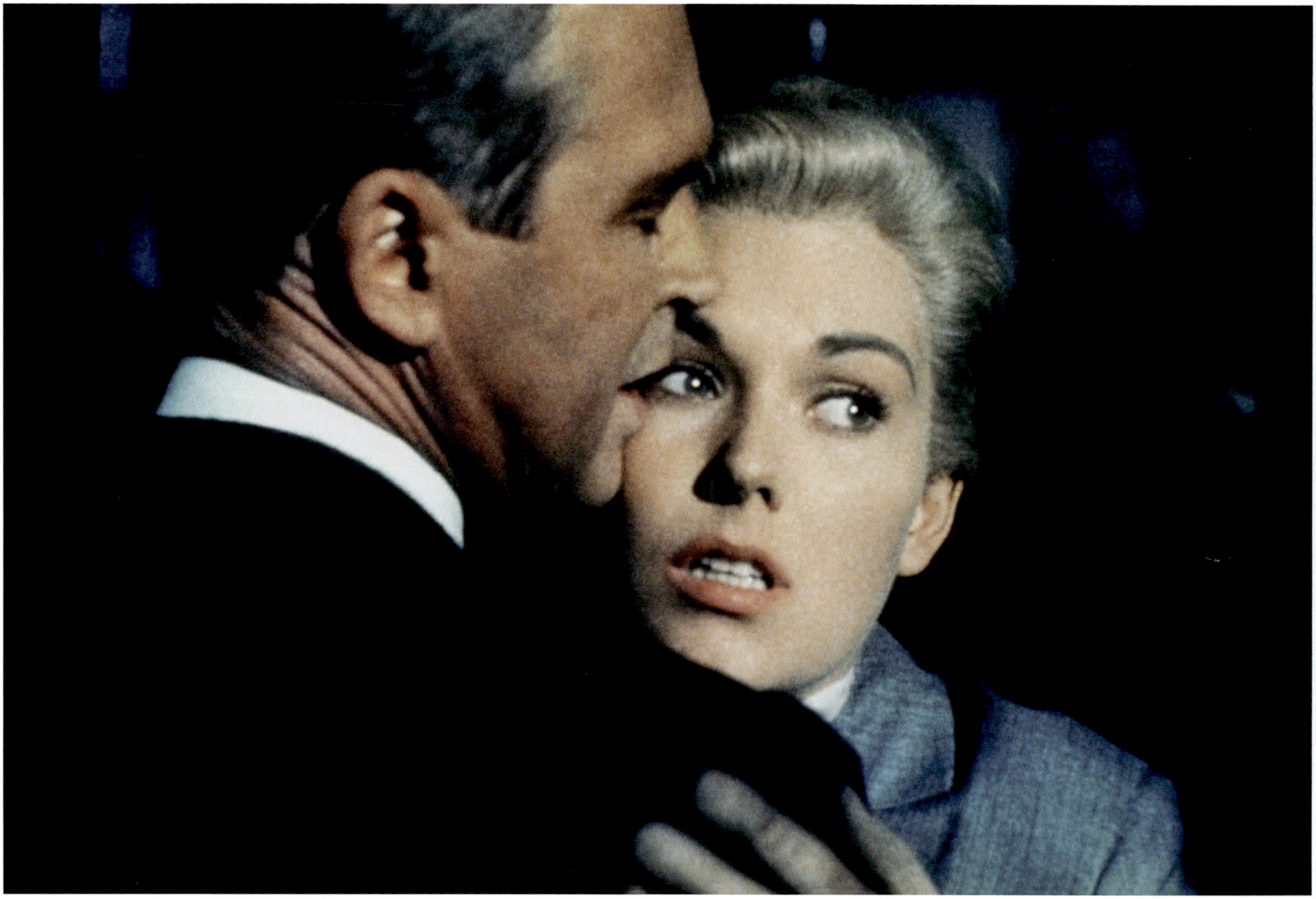

Szenenphoto mit James Stewart aus *Vertigo*, 1958

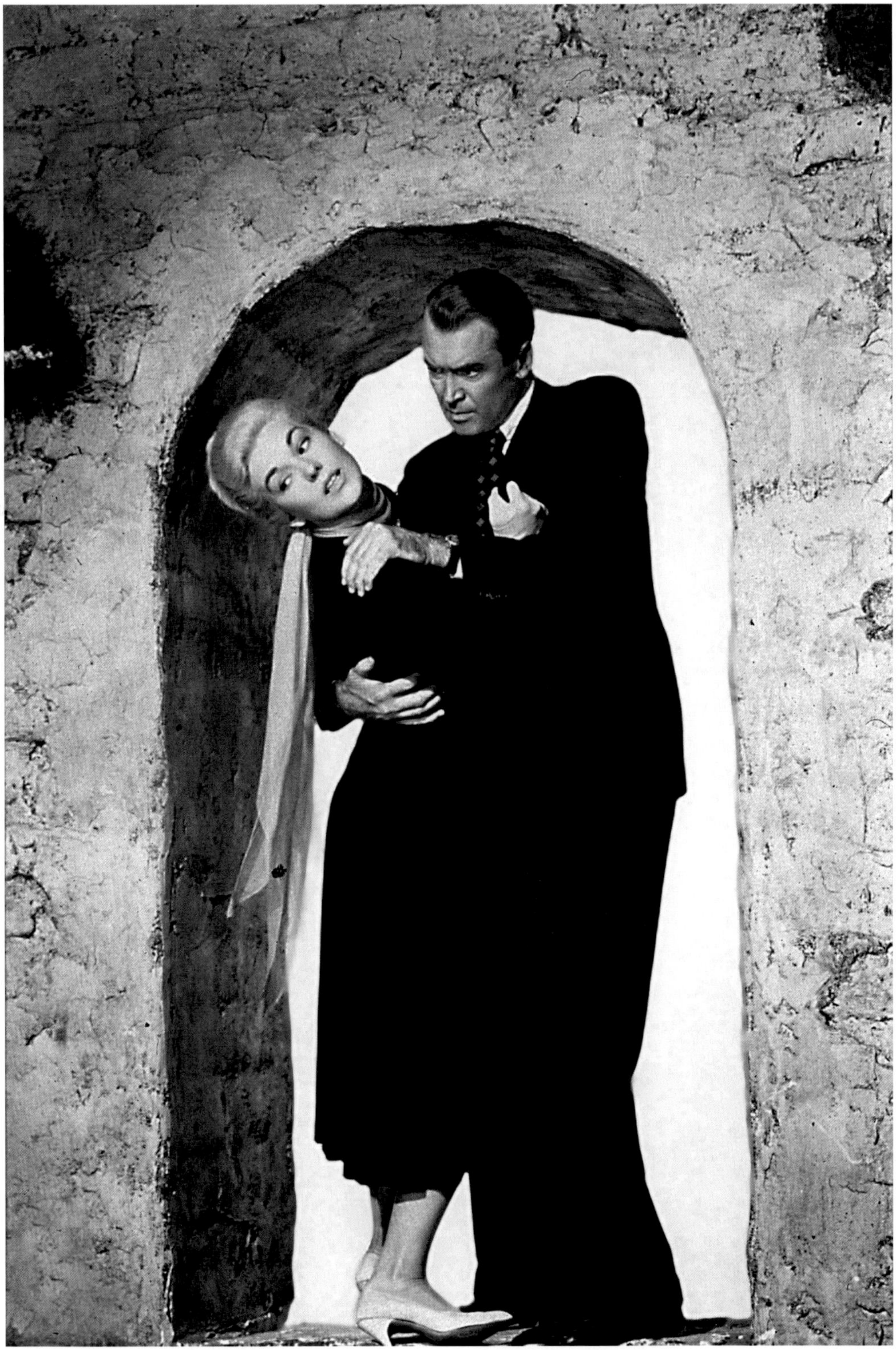

Szenenphoto mit James Stewart aus *Vertigo*, 1958

Kim Novak

(*1933)

»At least I got the chance to throw her into the water.«

Zu Beginn des Jahres 1957 – nur wenige Wochen nach der Premiere von *The Wrong Man* am 22. Dezember 1956 in New York City – posiert Vera Miles für Haar- und Kostümtests zu *Vertigo*, zudem steht sie für die ursprüngliche, erste Version des für die Handlung so wichtigen Portrait-Gemäldes der Carlotta Modell. Die Produktion verzögert sich dann gleich mehrfach – nicht zuletzt aus dem Grund, dass Alfred Hitchcock sich zunächst im Januar einer Leistenbruch-Operation, im darauffolgenden März einer Gallenblasen-Operation unterziehen muss und das Drehbuch zudem von insgesamt drei Autoren bearbeitet wird, die sich nacheinander ablösen. Nach all diesen Verzögerungen lässt Vera Miles, als es seitens Hitchcock schließlich weitergehen kann und am 12. September 1957 endlich auch die letzte Drehbuchfassung vorliegt, verlautbaren, dass sie schwanger sei. Sie kann nicht länger für die Hauptrolle des sich nun in Produktionsvorbereitung befindenden *Vertigo* zur Verfügung stehen. Hitchcock ist schwer enttäuscht. Er hatte sich auf Vera Miles verlassen. Er wollte sie nach der Besetzung in *The Wrong Man* mit dieser Rolle als eine neue Grace Kelly aufbauen: »Sie wurde genau in dem Augenblick schwanger, als wir die Rolle für sie hatten, die sie zum Star gemacht hätte.«[1] Zwei Jahre später wird Hitchcock Vera Miles die weibliche Nebenrolle in *Psycho* geben, als Schwester von Janet Leigh, deren Duschkabinentod Miles aufzuklären versucht.

Erneut muss Hitchcock sich auf die Suche nach seiner nächsten kühlen Blonden begeben – es sollte Kim Novak werden. Novak ist, was sie selbst während der Dreharbeiten nicht weiß und überhaupt erst später erfährt, lediglich der Ersatz für Vera Miles, die letztlich der Ersatz für Grace Kelly war. Sie steht somit an einem Platz, der zuvor bereits doppelt besetzt war, und muss überdies eine doppelte Frauenrolle spielen – eine zusätzliche Herausforderung für die unsichere Schauspielerin. Um Ersatz und Doppelung geht es also schon in der Produktionsgenese von *Vertigo*. Als Kim Novak nach Abschluss der Dreharbeiten hiervon erfährt, begreift sie im Nachhinein, warum ihr Regisseur nur selten mit ihr am Set sprach, warum er ihr keine Anweisungen gab, warum er nie mit ihr essen ging. »Ich weiß nicht, ob er mich überhaupt gemocht hat. Ich saß nie mit ihm beim Abendessen oder beim Tee zusammen, bis auf ein Essen mit allen Schauspielern, und da habe ich mich verspätet. Ich konnte nichts dafür, aber ich glaube, er dachte, ich hätte gewartet, um dann einen großen Auftritt hinzulegen, und das hat er mir übel genommen. Beim Drehen hat er mir eigentlich nie gesagt, was er denkt«[2], sagt Kim Novak.

»Working with Alfred Hitchcock – I adored working with him«[3], auch das sagt Kim Novak.

Vom Zeitpunkt der Entstehung dieses Hitchcock-Films an bis in die Gegenwart hinein scheint Kim Novak zwei sehr konträre, nicht miteinander in Einklang stehende Versionen zu den Umständen von *Vertigo* verinnerlicht zu haben. Es ist, als äußerten sich hier zwei Persönlichkeiten. Umso aufschlussreicher mag daher die von ihr selbst getroffene Feststellung über die ihr eigene Dualität und die in *Vertigo* angelegte Doppelrolle der Madeleine/Judy erscheinen: »Ich finde es aufregend, mich mit doppelten Persönlichkeiten zu beschäftigen, weil ich, glaube ich, selbst recht viele habe. Und ich glaube, ich konnte so viel von mir für den Film verwenden.« So widerspricht Novak sich mehrfach konsequent sowohl hinsichtlich der Zusammenarbeit mit Alfred Hitchcock während der Dreharbeiten am Set als auch in Bezug auf ihre eigene darstellerische Leistung und ihre schauspielerischen Fähigkeiten. »Anfangs war ich unsicher, weil ich immer wieder wissen wollte: ›Ist das so richtig? Wie wollen Sie, dass ich diese Rolle spiele?‹ Und Hitchcock sagte: ›Ich habe Sie engagiert, also will ich auch das, was Sie in die Rolle einbringen. Aber ich erwarte von Ihnen, dass Sie sich hinstellen, wo ich Sie haben will, dass Sie anziehen, was ich möchte, und in dem Rhythmus sprechen, den ich von Ihnen hören will.‹ – Und er hat sehr lange mit mir daran gearbeitet, um den richtigen Rhythmus zu finden.«[4] Um zu einem anderen Zeitpunkt wiederum das Gegenteil zu konstatieren: »Es hat Hitchcock nicht gefallen, mich in seinem Film zu haben, er hatte das Gefühl, dass ich ihn kaputt mache. Erst als der Film längst fertig war, habe ich erfahren, wie sehr ich den Film aus seiner Sicht ruiniert habe. Ich hatte aber das Gefühl, dass ich darin eine Menge guter Arbeit geleistet habe, und ich habe ein paar der besten Rezensionen meiner Karriere dafür bekommen.«[5] Und: »Man wird sich immer an mich in *Vertigo* erinnern, dabei war ich darin gar nicht so gut, aber das werfe ich mir nicht vor, immerhin gibt es ja einige Szenen, in denen ich großartig bin.«[6]

Wie bei jedem seiner Filme hat Hitchcock in den Monaten vor Drehbeginn alles in höchster Perfektion und Akribie vorbereiten lassen, so auch die Kleider der Hauptdarstellerin, die wieder Edith Head entwirft. Für den Part der elegant unterkühlten Blondine Madeleine Elster haben Hitchcock und Head ein graues Kostüm vorgesehen, um Madeleines Kleidung etwas Gespenstisches zu geben. Für das graue Kostüm, ihr Markenzeichen, haben sie sich der Farbe wegen entschieden, weil sie es eigentümlich fanden, dass eine blonde Frau sich ganz in Grau kleidet.

Für den Part der eher ordinären, emotionalen Brünette Judy Barton wählen sie ein wesentlich schlichteres, grünes Wollkleid. Doch das graue Madeleine-Kostüm lehnt Kim Novak vehement ab, ebenso die Schuhe hierzu. »Miss Novak kam zu den Dreharbeiten mit dem Kopf voller Ideen, die ich leider nicht teilen konnte«, so Hitchcock zu Truffaut. »(…) Ich bin zu Miss Novak gegangen und habe ihr erklärt, was für Kleider und Frisuren sie tragen würde, nämlich die, die schon seit Monaten für sie bereitlagen.«[7]

Aufschlussreich mag in diesem Kontext auch sein, was ein Dritter hierzu sagt, einer, der dabei war und sie beide gut kennt, sowohl Hauptdarstellerin als auch Regisseur, und für letzteren selbst einen *Leading Man* verkörpert, in *Vertigo* zum vierten und zugleich letzten Mal: James Stewart. »Ich weiß nicht, ob er Kim für die Rolle testete, aber sie machte ihre Sache sehr gut, allen Gerüchten zum Trotz. Auch Hitchcock war dieser Meinung. Tatsächlich war es das Beste, was sie je gespielt hat. Ich lernte Kim gut kennen, und ich weiß, dass es nicht stimmt, wenn behauptet wird, Hitchcock hätte ihr das Leben schwer gemacht. Sie genoß die Arbeit an dem Film sehr.«[8]

Als sie von Alfred Hitchcock für *Vertigo* engagiert wird, ist die am 13. Februar 1933 unter dem Namen Marilyn Pauline Novak in Chicago, Illinois, geborene Schauspielerin 24. Als Tochter zweier Lehrer, die ihrerseits von Immigranten mit tschechischen Wurzeln abstammen, kam sie auf der Schule nie gut mit ihren Lehrern zurecht, auch nicht mit Personen, die ihr sagten, was sie zu tun habe. Früh schon entwickelt sie sich zu einer Unangepassten. In den Jahren vor *Vertigo* hat sie zahlreiche Jobs und arbeitet neben anderem als Fahrstuhlführerin und Zahnarzthelferin. Im Sommer 1953 präsentiert sie als Model und *Salesgirl* landauf landab unter dem hübsch ambivalenten Namen *Miss Deep Freeze* Kühlschränke.

Dann geht Kim Novak nach Los Angeles. Sie ist 20.

Nachdem sie in dem Jane Russell-Film *The French Line* (*Die lockende Venus*, 1953) erstmals einen Kurzauftritt als *Chorus girl* hat, wenngleich noch nicht in den Credits aufgeführt, entdeckt sie ein Agent und die Columbia Pictures nimmt die Unbekannte im Jahr darauf sogleich unter Vertrag. Hollywood wird auf sie aufmerksam. Ihre Schönheit fällt auf. Ihre Stimme auch. Sie ist ein eigener Typus. Ihr Leinwand-Debüt gibt Novak in *Pushover* (*Schachmatt*, 1954). Fortan ist die kühle Blonde mit der dunkel samtenen Stimme in verschiedenen Hollywood-Produktionen zu sehen, darunter etwa an der Seite von William Holden in *Picnic* (*Picknick*, 1956), in Otto Premingers *The Man With the Golden Arm* (*Der Mann mit dem goldenen Arm*, 1955) mit Frank Sinatra oder, unmittelbar bevor Hitchcock sie kontaktieren lässt, erneut zusammen mit Frank Sinatra, mit dem sie zu dieser Zeit auch privat liiert ist, in dem Musical *Pal Joey* (1957), einem der *Box-office-hits* der Saison 1957/58. Das *Time*-Magazin bringt im Juli 1957 eine Novak-Titelgeschichte. Zugleich markieren diese späten 1950er Jahre bereits den Zenit in Kim Novaks Karriere.

Denn dann kommt die Doppelrolle in *Vertigo*.

Es ist die Rolle ihres Lebens.

Andere Filme sollen danach noch folgen, bei anderen Regisseuren – *Strangers When We Meet* (*Fremde, wenn wir uns begegnen*, 1960) mit Kirk Douglas oder auch *Of Human Bondage* (*Der Menschen Hörigkeit*, 1964) mit Laurence Harvey. Doch hier, in diesem Hollywood mit seinem falschen Glamour, fühlt sich die unangepasste Kim Novak, deren Karriere ebenso wenig linear verläuft wie ihr Leben, nie wohl. Sie kommt mit dem Ruhm nicht zurecht. Sie passt nicht ins Studio-System. Fühlt sich nicht dafür gemacht, ein sogenannter Star zu sein. Sie sei nicht aus Hollywood-Holz geschnitzt, bekennt sie. Bereits im Lauf der 60er Jahre lassen die Angebote nach, werden die Drehbücher, die man ihr offeriert, schlechter, die Filme weniger. Kim Novak zieht sich zusehends zurück, pausiert manchmal ganze Jahre am Stück. In den 70er und 80er Jahren dreht sie nur noch sporadisch, auch für US-Fernseh-Serien wie *Falcon Crest* (1986/87). Bis heute wird die blonde Aktrice – die 1991 in Mike Figgis' *Liebestraum* (*Todestraum*) ihren letzten Auftritt hat und seither nie wieder vor eine Kamera getreten ist –, vor allem mit *Vertigo* in Verbindung gebracht. Vielleicht lässt sich sogar sagen, dass Kim Novak ihrer Doppelrolle, in der vielleicht besten schauspielerischen Leistung ihrer Karriere, eine verstörende emotionale Intensität verliehen hat. Über ihre komplexe Doppelrolle sagt sie einmal: »Madeleine hält die Komplikationen, die Erregung und die Energie unter der Oberfläche. Nach außen hin war das alles sehr, sehr zurückgenommen. Aber darunter ging so vieles vor sich, dass es, glaube ich, auch einen Teil der Faszination für Jimmy Stewart ausmacht. (…)«[9] Damit liefert Kim Novak zugleich eine mögliche, anwendbare Definition des blonden Hitchcockschen Frauentypus.

Das Drehbuch des in den Monaten September bis Dezember 1957 gedrehten Seelendramas stammt von Alec Coppel und Samuel Taylor – nachdem zuvor bereits Maxwell Anderson daran gesessen hatte –, und basiert auf dem 1954 erschienenen Roman *D'entre les morts* von Pierre Boileau und Thomas Narcejac. Das französische Autoren-Duo verfasste unter anderem auch den ebenso dunklen psychologischen Kriminalroman *Celle qui n'était plus*, den Regisseur Henri-Georges Clouzot unter dem Titel *Les Diaboliques* (*Die Teuflischen*, 1955) für die Leinwand adaptiert. *Les Diaboliques* wiederum sieht Hitchcock, und der *Film noir* gefällt ihm derart, dass er umgehend frühzeitig die Rechte an *D'entre les morts* optioniert.

Es ist der schiere Albtraum. Eine nächtliche Verfolgungsjagd über die Dächer von San Francisco. Drei Männer – vorneweg der Gejagte, dahinter der Polizist, zuletzt der Detective. Der schafft den Sprung vom Dach zur gegenüberliegenden Dachschräge nicht ganz und rutscht ab, bis er mit beiden Händen an der Dachrinne hängt, unter ihm ein tiefer gähnender Abgrund. Der vorauseilende Polizist bemerkt das, hält inne, kehrt um, um dem Detective zu helfen. »Give me your hand!« ruft er zweimal, bis er selbst den Halt verliert und mit einem markerschütternden Schrei in die dunkle Tiefe stürzt. Der Detective, der das alles hautnah miterlebt, wird gerettet. Er heißt John Ferguson (James Stewart) und wird von allen nur »Scottie« gerufen. So, wie der Photograph in *Rear Window*, L. B. Jeffries – ebenfalls von James Stewart dargestellt –, schlicht nur »Jeff« gerufen wird. Zwei Namen, abgekürzt. Und noch etwas haben die beiden männlichen Protagonisten miteinander gemein: Sie sind eingegipst, sind nur bedingt beweglich, sind unfrei. Während es bei Jeff das Bein ist, trägt Scottie nun ein Gips-Korsett. Zwei Gefangene. Zwei Voyeure. Der eine observiert seine Nachbarschaft mit dem Fernglas, der andere observiert bald obsessiv eine Frau.

Eine Zeit nach der nächtlichen Verfolgungsjagd ist Scottie bei seiner College-Freundin Midge Wood (Barbara Bel Geddes), mit der er einmal drei Wochen verlobt war. Jetzt sind sie Freunde. Die Mode-Designerin Midge ist gerade dabei, Entwürfe für neue Büstenhalter zu skizzieren. Scottie hadert mit seinem Schicksal, hat den Polizeidienst quittiert und frohlockt kurz, dass er nun wenigstens »befreit« würde: »The corsett comes off tomorrow. (...) *I'll be a free man.*« Und: »I have acrophobia, which gives me *vertigo*, and I get dizzy.« Es ist das einzige Mal, dass der Begriff »Vertigo« in diesem erklärenden Satz in der Originalfassung genannt wird (deutsche Synchronfassung: »Schwindelanfälle«).[10]

Als der traumatisierte Ex-Detective von seinem früheren College-Kameraden Gavin Elster (Tom Helmore) gebeten wird, seine Frau Madeleine (Kim Novak) zu beschatten, nimmt das Unheil seinen Lauf. Madeleine sei, so Elster, vom Geist einer toten Verwandten besessen – Carlotta Valdes, die einst Selbstmord beging – und nun auch von Suizid-Gedanken beherrscht. Scottie nimmt sich, zunächst widerwillig, dieses merkwürdigen Auftrags an und folgt Madeleine überall hin.

Das erste Mal, dass Scottie Madeleine sieht, ist im Restaurant »Ernie's«: Während er an der Bar sitzt, fährt die Kamera durch die Räume, deren Wände von einem samten glänzenden, tiefen Rot sind, bis, in der Mitte des Raums, Madeleine zu sehen ist, am Tisch sitzend mit Gavin Elster. Ihr blondes Haar und ihr schwarzgrünes Kostüm heben sich von allen anderen Gästen ab. Sie leuchtet hervor. Grün: in Kulturgeschichte und Farbenlehre seit jeher die Farbe aller gespenstischen Erscheinungen, aller Geister, aller lebenden Toten. Die Farben Grün und Rot ziehen sich leitmotivisch durch den ganzen Film. Madeleine sitzt dort wie eine Statue, unnahbar, kühl, von großem Reiz. Von hinten fährt die Kamera – es ist Robert Burks' vierte Arbeit für Hitchcock – auf Kim Novaks Rücken zu, um, wie so oft in Hitchcock-Filmen, auf ihrem Haar zu verweilen. In diese Frau wird sich Scottie unsterblich verlieben. Im Raum sind rote und weiße Blumen angeordnet, die sich später auch auf dem Gemälde in Carlotta Valdes' Strauß wiederfinden. Als Madeleine und Gavin Elster aufstehen und den Weg zum Ausgang an der Bar entlanggehen – Madeleines Gehen gleicht dabei einem Schweben –, da bleibt sie einen Moment lang auf Scotties Höhe stehen, direkt hinter dessen Rücken, und ist für den Zuschauer im Close-up in ihrem sensuellen Profil zu sehen. Nur Scottie kann sie nicht sehen. In diesem epiphanischen Moment umgibt sie ein besonderes Licht, und die symphonische, von einer tiefen romantischen Sehnsucht durchdrungene Musik-Komposition von Bernard Herrmann, die mehrfach das »Liebestod«-Motiv aus Richard Wagners Oper *Tristan und Isolde* und den »Feuerzauber« aus der *Walküre* variiert, hebt an. Erst als Madeleine und ihr Ehemann auf den Spiegel am Ausgang zugehen, kann Scottie sie wirklich von vorne sehen – im Spiegel. Die erste indirekte Begegnung Scotties mit seiner Isolde ist somit eine Spiegelung. Doch auch Doppelungen evozierende Spiegel verheißen bei Hitchcock meist nichts Gutes.

Tags darauf folgt Scottie Madeleines grünem Wagen durch die Straßen von San Francisco: Erst führt ihr Weg – sie trägt nun ein graues Kostüm – in einen Blumenladen, in dem sie sich einen kleinen Handstrauß aus roten und weißen Blumen binden lässt. Dann geht es weiter zur Dolores-Mission und dem Friedhofsgarten, wo Madeleine am Grab der Carlotta Valdes steht – eine Sequenz, die Hitchcock mit Weichzeichnern photographiert, um den surrealen Charakter hervorzuheben. Im Anschluss fährt sie zum Palast der Ehrenlegion, wo sie sich in der Gemäldegalerie vor das Bildnis der Carlotta setzt, neben ihr auf der Sitzbank jener Strauß, wie er auf dem Gemälde zu sehen ist. Nächste Station ist das »McKittrick Hotel«, das ehemalige Zuhause der Valdes-Familie – die ganze Sequenz wirkt wie eine Antizipation von *Psycho*: Scottie sieht, wie Madeleine in das viktorianisch anmutende, dunkle alte Haus geht, wie sie oben am Fenster erscheint, sich die graue Jacke auszieht. Als er das Hotel betritt, sein Blick die Treppe hinaufgeht wie in *Psycho* der Blick des Detective Arbogast und ihm die alte Dame an der Rezeption beteuert, dass Madeleine, eingetragen unter dem Namen Carlotta Valdes, nicht auf ihrem Zimmer sei, geht Scottie die Holztreppe hoch, zeigt die Kamera aus einer Aufsicht von oben die Treppe und den ersten Stock, ist Madeleines Zimmer tatsächlich leer. Eine gespenstische Szene, außerhalb von Raum und Zeit.

Als Scottie nach dieser Exkursion Midge fragt, ob sie jemanden wisse, der sich in der Stadtgeschichte auskenne, fahren sie gemeinsam zu Pop Leibel (Konstantin Shayne), der ihnen in seinem Argosy Book Shop von der tragischen Carlotta Valdes erzählt, »The beautiful Carlotta. The sad Carlotta«, die wahrscheinlich aus der Missionssiedlung San Juan Bautista unweit San Francisco stammte, die Geliebte eines reichen Mannes wurde, mit ihm in dem viktorianischen Haus wohnte, ein Kind bekam, schließlich verlassen wurde. Der Mann nahm das Kind mit. Das verkraftete sie nicht, wanderte ziellos umher, wurde »The mad Carlotta«, beging schließlich Selbstmord. Es ist, als spreche Pop Leibel eigentlich über Madeleine Elster. Mit zunehmender Erzählung verdunkelt sich der Raum der alten Buchhandlung, obgleich es draußen Tag ist. Erst als Scottie und Midge auf die Straße treten, wird es mit einem Mal wieder hell. So erzählt Hitchcock.

Anderntags folgt Scottie wieder Madeleine, abermals in die Gemäldegalerie, dann hinunter zur Bay ans Wasser. Hier, am Old Fort Point, direkt am Ufer unterhalb der Golden Gate Bridge, zupft sie erst die Blütenblätter des Blumenstraußes ab und wirft sie ins Wasser – dann springt sie selbst. Scottie rettet sie. Er ist ihr Erlöser. Zunächst. Hitchcock lässt seine Hauptdarstellerin Kim Novak wiederholt ins Wasser springen, obgleich einer der vorherigen Takes bereits gut ist. Sie ist eben zweite respektive dritte Wahl. Verlust und Ersatz. Darum geht es nicht nur in Hitchcocks Leben, sondern auch im Film: Das ungeliebte lebende Subjekt wird zum geliebten toten Objekt.

Hitchcock selbst hat *Vertigo* in einem schlichten Satz zusammengefasst, in dem ihm eigenen trockenen britischen Understatement: »Um es ganz einfach zu sagen: der Mann möchte mit einer Toten schlafen, es geht um Nekrophilie.«[11]

Die Verfolgungsgänge sind eine Odyssee durch das Unterbewusstsein, durch (Tag-)Träume. Was Scottie real zu sehen glaubt, entspricht seinen (Wunsch-)Vorstellungen, seiner Sehnsucht. Das Element des Umherwanderns, des ziellosen Umherfahrens, das eine innere Unruhe, eine haltlose Getriebenheit voraussetzt, verbindet beide Charaktere, den Scotties und den Madeleines/Judys. Beide mögen es – »wandering about«. Beide scheinen nirgendwo richtig angekommen. Anderntags, nachdem sie ihn in den Redwood Forest in den Muir Woods geführt hat, dorthin, wo die jahrhundertealten überdimensionalen Bäume stehen, »The oldest living things«, angesichts deren Alter sich der Mensch seiner Vergänglichkeit bewusst wird, erzählt Madeleine Scottie vor der tosenden Brandung des Meeres – nach dem ersten Kuss – von ihrem wiederkehrenden Albtraum.

Es ist Kim Novaks Monolog:

»Es ist, als ob ich einen langen Korridor entlanggehe, der einmal Spiegelwände hatte, und davon hängen immer noch Bruchstücke an den Wänden. Und wenn ich ankomme am Ende des Korridors, ist da nichts als Dunkelheit. Und ich weiß, wenn ich in diese Dunkelheit gehe … sterbe ich. Aber ich bin nie bis ganz ans Ende gekommen, irgendetwas hat mich bisher immer davor bewahrt. (…) Da ist ein Raum. Und ich sitze darin allein – immer allein. (…) Und ein Grab. Es ist ein offenes Grab, und ich stehe am Grabstein und schaue hinunter. Es ist mein Grab. Ich weiß es. Der Grabstein ist neu und wartet. (…).«[12]

Von nicht minder hypnotischem Surrealismus ist schließlich die berühmte Sequenz im Turm der spanischen Mission San Juan Bautista, zu der es Madeleine magisch zieht. Nachdem sie sich ihre Liebe füreinander eingestanden haben, meint Madeleine »It's too late. There's something I must do«, dabei blickt sie zur Mission, zum Turm. Sie rennt zum Gebäude, bittet Scottie, sie zu lassen, und steigt die Treppen des Turms empor. Scottie eilt hinterher, plötzlich ahnend, dass sie sich umbringen könnte. Doch seine Akrophobie steht ihm dabei im Weg, er schafft es nicht bis ganz oben, immer, wenn er hinuntersieht, verschiebt sich das alte Turmtreppenhaus. Vertigo. Kurz nachdem Madeleine das Obergeschoss des Glockenturms erreicht hat, stürzt sie sich in die Tiefe, was Scottie aus einem der Turmfenster sieht. Es ist ein Déjà-vu, wie das Erlebnis des an ihm vorbeifallenden Polizisten. Eine fatale Retraumatisierung. In der Klinik sagt der Arzt zu Midge, der apathisch dasitzende Scottie leide an einer akuten Melancholie und an einem Schuldkomplex, da er sich für den Tod Madeleines verantwortlich fühlt. Dabei ist es nicht Madeleine, die vom Turm fiel. Die Madeleine, die Scottie erlebte, heißt eigentlich Judy Barton, ist Verkäuferin in einem Kaufhaus, lebt im »Empire Hotel« mit seiner grünen Leuchtschrift und ist die Geliebte Gavin Elsters. Judy nahm Madeleines Identität an, vom Missionsturm stürzte die wahre Ehefrau. Als Scottie in Judy Madeleine erkennt und sie, einer Obsession gleich, sich mehr und mehr in diese zurückverwandeln lässt, da ist auch diese abermalige Metamorphose ein Identitätsraub. Judy/Madeleine wünscht sich, dass Scottie sie um ihrer selbst willen liebe: »Couldn't you like me, just me, *the way I am?*« Doch erst muss sie ganz Madeleine werden, damit er dazu fähig ist. Er liebt nur ihr Abbild.

Er liebt eine Tote, die er zum Leben wiedererwecken will.

Die Vergangenheit ist in *Vertigo* omnipräsent. Sie durchzieht die Gegenwart, bedingt sie. Von den »Portalen der Vergangenheit« ist eingangs zwischen Scottie Ferguson und Gavin Elster die Rede. *Vertigo* ist auch eine Abhandlung über das nie aufzulösende Dreier-Geflecht aus Vergangenheit – Gegenwart – Zukunft.

So traumatisch der Beginn, so traumatisch das Ende: Als Scottie und Judy oben im Turm angelangt sind, erst miteinander streiten, es kommt beinahe einem Kampf gleich, tritt vollkommen unvermittelt, während sie sich nun küssen, aus dem Nichts ein schwarzer Schatten auf sie zu: »I heard voices«. Judy erschrickt derart, dass sie rücklings aus dem Fensterbogen stürzt – so wie einst die wirkliche Madeleine. Der Kuss, mit dem Rücken zum Abgrund, geht ihrem Tod voraus. Liebe und Tod, dicht beieinander. Der Schatten ist eine Nonne, eine Vertreterin des Glaubens. Just sie führt den Tod herbei. Die Nonne bekreuzigt sich: »God have mercy«, und läutet die Turmglocke. Fassungslos tritt Scottie aus dem Fensterbogen vor die weiße Turmwand, als dunkle Gestalt, die seitwärts die Arme anhebt, mit offenen Handinnenflächen, voller Anklage und Hoffnungslosigkeit. Einen Moment mag es anmuten, als spiegelte er das Bildnis des Gekreuzigten wider.

Es ist der finale Moment der Hitchcockschen Apotheose.

Vertigo hat seine Premiere am 9. Mai 1958 im Stage Door Theatre in San Francisco. Die Reaktionen von Publikum und Presse sind seinerzeit verhalten, die Verrisse der Kritiker prägen die negative Rezeption. Ob *Los Angeles Times*, *Time*-Magazin oder *New Yorker*: Unverständnis überwiegt. Der 45. Hitchcock ist kein Erfolg. Die Kritik bemängelt neben vielem, der Film strecke und dehne sich endlos, dass vorzeitig die Doppel-Identität gelüftet werde, nehme alle Spannung. Das düstere Ende stört ebenso wie das offensichtliche Alter des Anti-Helden James Stewart, der in diesem Premieren-Mai seinen 50. Geburtstag begeht. Retrospektiv ist vollkommen klar: Hitchcock ist mit diesem avantgardistischen Drama der Zeit einmal mehr weit voraus.

Vertigo gehört lange zu den verkannten Arbeiten des Regisseurs, bis schließlich eine Art *Vertigo*-Renaissance beginnt. Heute gilt er – zusammen etwa mit *Rear Window* und *Psycho* – als einer seiner wichtigsten und innovativsten Filme.

»Ich glaube, Alfred Hitchcock ging dieser Film über alles. (…) ›Hitch‹ liebte diesen Film mehr als jeden anderen. Davon bin ich wirklich überzeugt«[13], sagt Kim Novak.

2012 wird *Vertigo* weitere Ehre zuteil: Das British Film Institute in London lässt weltweit unter Filmhistorikern und Kritikern im Dekaden-Turnus neu abstimmen, welcher Film der beste aller Zeiten ist. Seit dem Jahr 1962 hat Orson Welles' *Citizen Kane* (1941) diesen Status inne, nun löst ihn *Vertigo* ab.

Hitchcocks Film gilt als »Greatest Film of all Time«. Als Alfred Hitchocks Frau, Alma Reville, den Film sah, sagte sie, er gefalle ihr, bis auf die Einstellung, als Kim Novak auf die San Francisco Bay zugeht; sie fand, Kim Novak sehe auf der Leinwand zu füllig aus. Noch Jahre später, wann immer von dem Film die Rede war, beharrte Hitchcock darauf, Alma könne diesen Film nicht ausstehen:

»Madam didn't like the picture.«[14]

[1] Truffaut, François: *Mr. Hitchcock, wie haben Sie das gemacht?* München 1973 / Neuausgabe 2003. S. 241.

[2] Ebert, Roger: »Kim Novak on Hitchcock, Hollywood«. Roger-Ebert.Com, 17. Oktober 1996.

[3] Interviews mit Kim Novak, 1996 und 2008. Making Of-Dokumentation »Obsessed With Vertigo«. *Vertigo.* Blu-ray, Universal 2012.

[4] Interviews mit Kim Novak, 1996 und 2008. Making Of-Dokumentation »Obsessed With Vertigo«. *Vertigo.* Blu-ray, Universal 2012.

[5] Munn, Michael: *Jimmy Stewart. The Truth Behind The Legend.* Fort Lee, New Jersey 2006. S. 237.

[6] Boedeker, Hal: »Kim Novak. A talk with TCM's Star of the Month«. *Orlando Sentinel.* 17. April 2004.

[7] Truffaut, François: *Mr. Hitchcock, wie haben Sie das gemacht?* München 1973 / Neuausgabe 2003. S. 241 f.

[8] Coe, Jonathan: *James Stewart. Seine Filme – sein Leben. Eine Bildbiographie.* München 1994, S. 153.

[9] Interviews mit Kim Novak, 1996 und 2008. Making Of-Dokumentation »Obsessed With Vertigo«. *Vertigo.* Blu-ray, Universal 2012.

[10] Dialogauszüge aus der deutschen Synchron- und/oder Originalfassung von *Vertigo.* Blu-ray, Universal 2012.

[11] Truffaut, François: *Mr. Hitchcock, wie haben Sie das gemacht?* München 1973 / Neuausgabe 2003. S. 238.

[12] Dialogauszüge aus der deutschen Synchron- und/oder Originalfassung von *Vertigo.* Blu-ray, Universal 2012.

[13] Interviews mit Kim Novak, 1996 und 2008. Making Of-Dokumentation »Obsessed With Vertigo«. *Vertigo.* Blu-ray, Universal 2012.

[14] Hitchcock O'Connell, Pat / Bouzereau, Laurent: *Alma Hitchcock. The Woman Behind the Man.* New York 2004. S. 176.

8

Eva Marie Saint

North by Northwest

(Der unsichtbare Dritte, 1959)

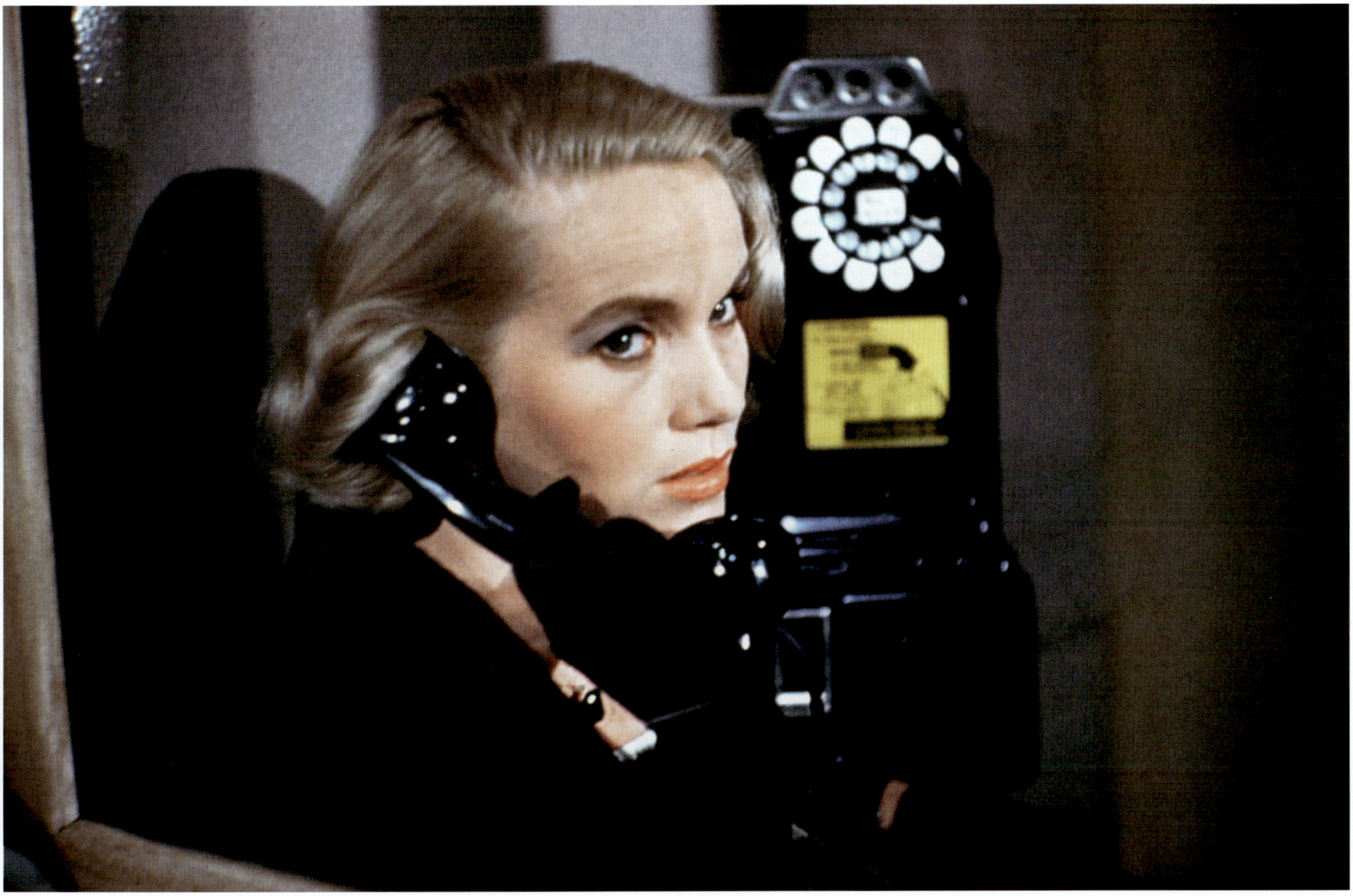

Szenenphoto aus *North by Northwest*, 1959

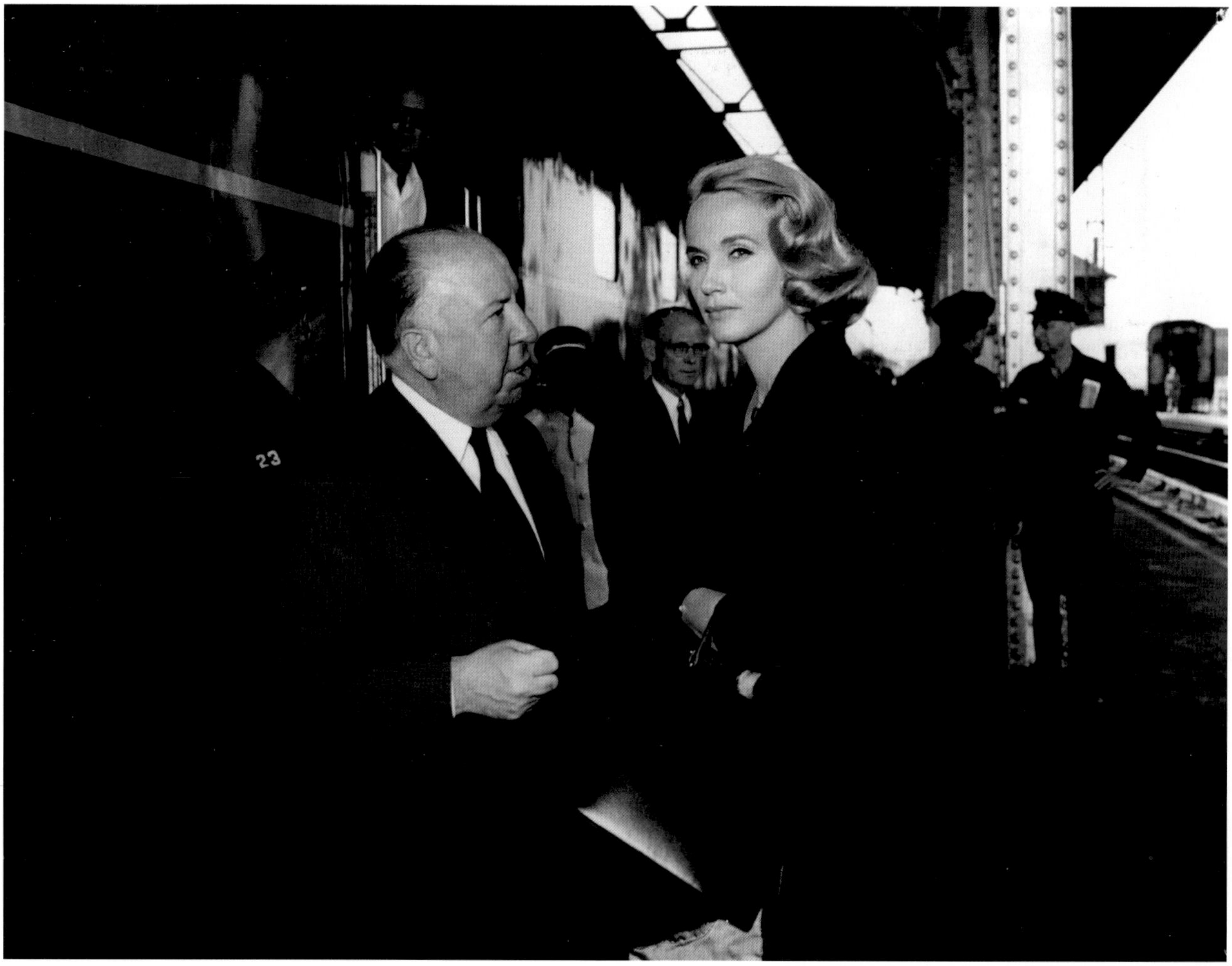

Eva Marie Saint mit Alfred Hitchcock am Set von *North by Northwest*, 1959

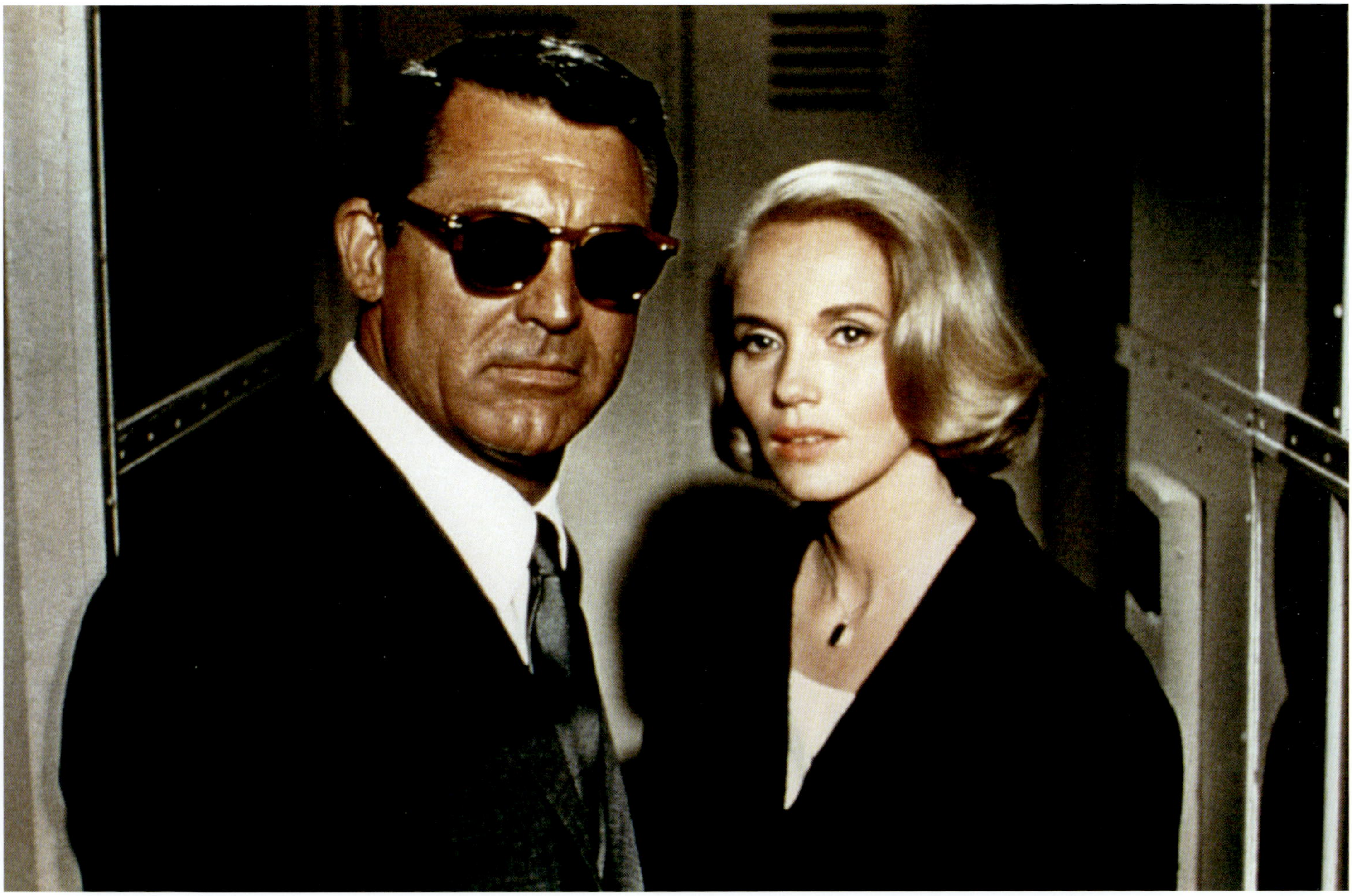

Szenenphoto mit Cary Grant aus *North by Northwest*, 1959

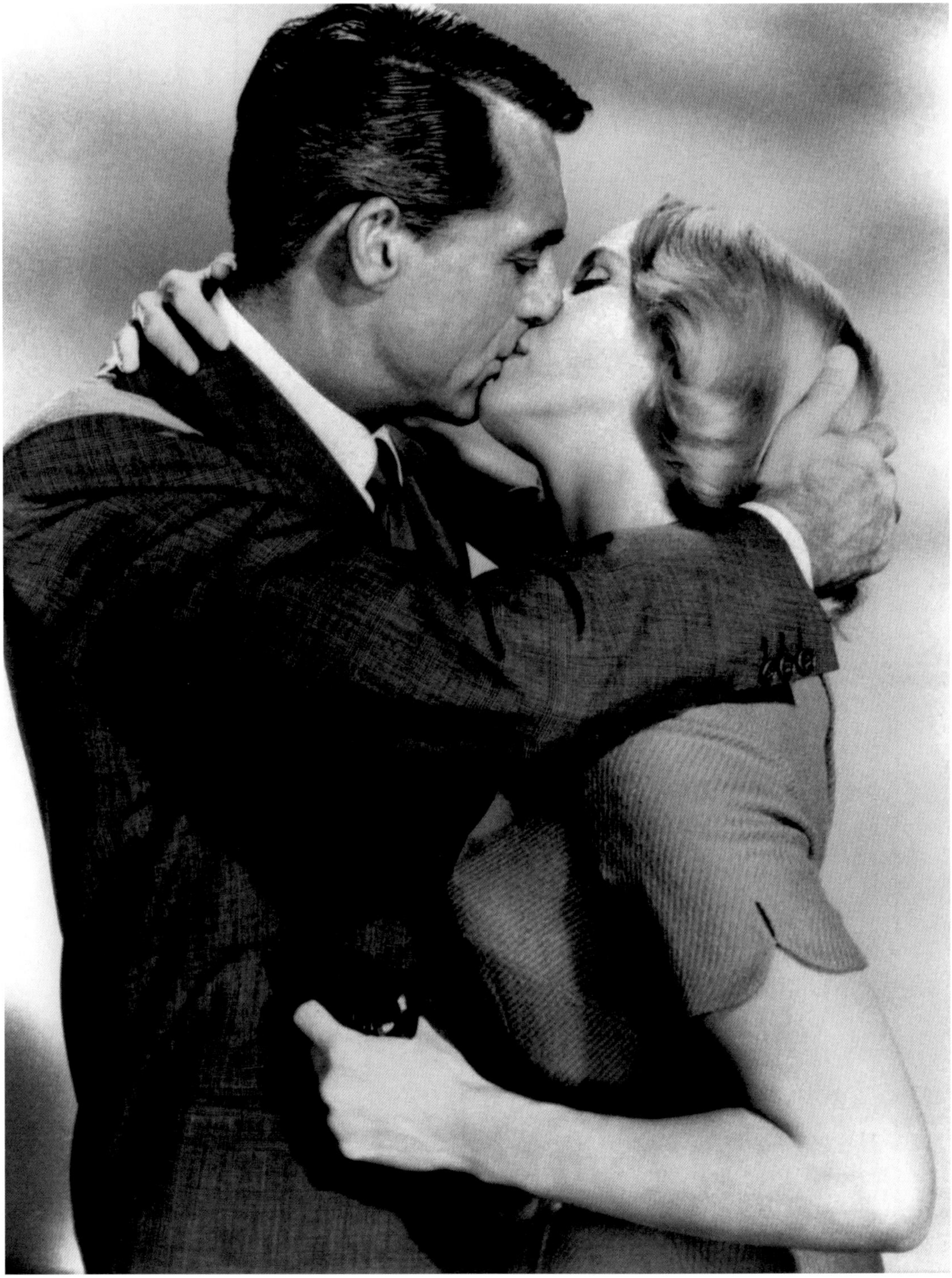

Szenenphoto aus *North by Northwest*, 1959

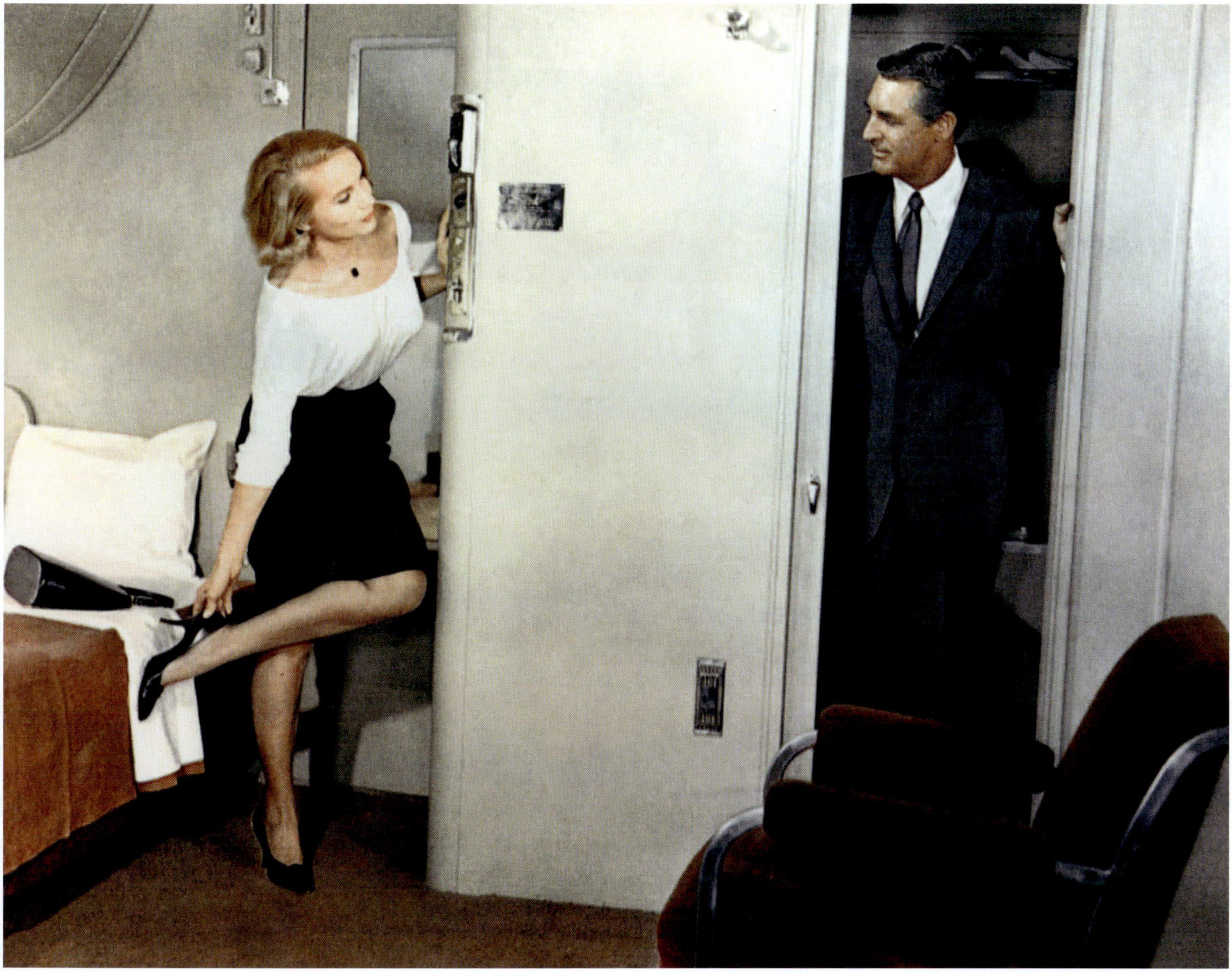

Szenenphoto aus *North by Northwest*, 1959

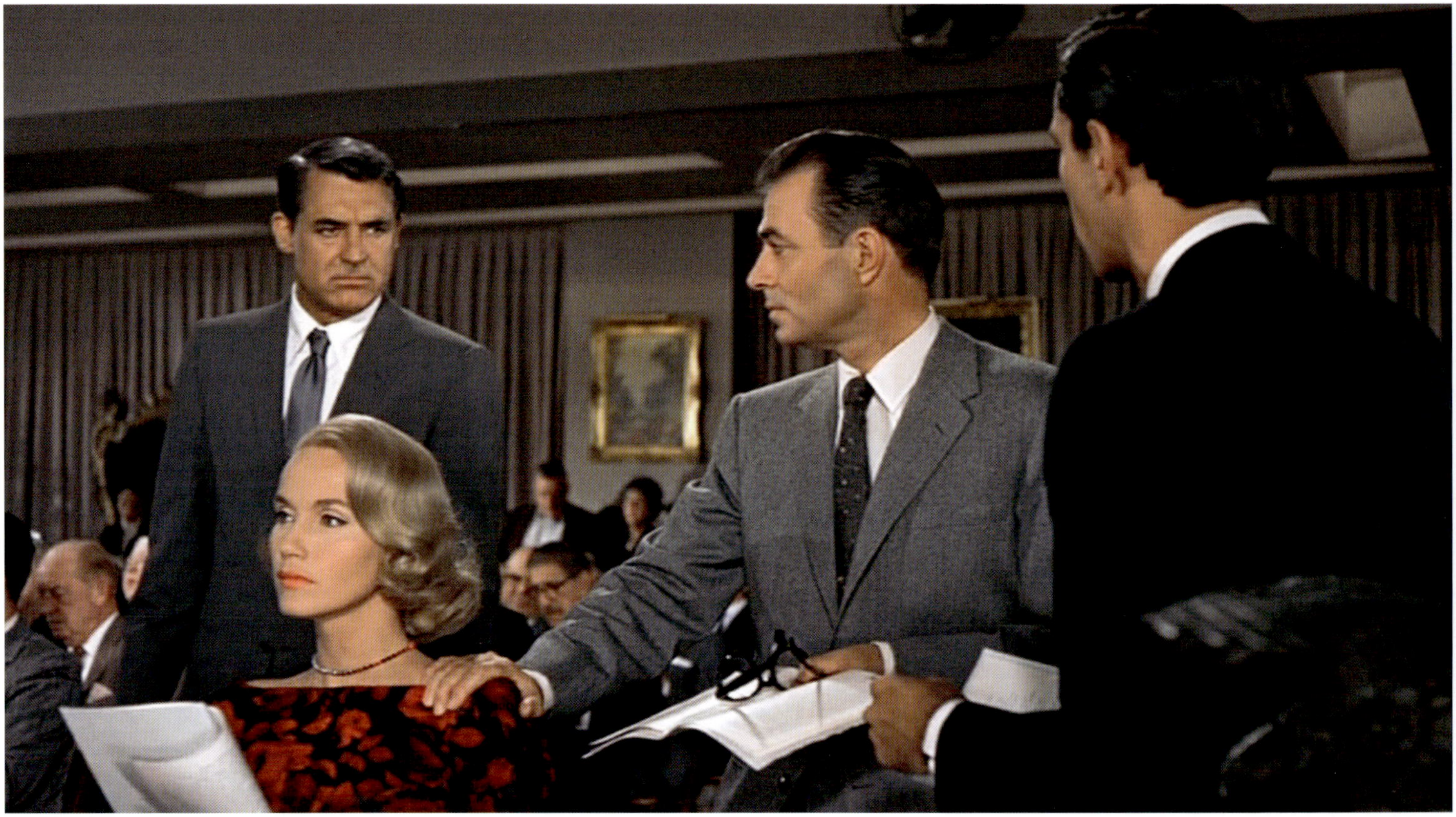

Filmstill mit Cary Grant und James Mason aus *North by Northwest*, 1959

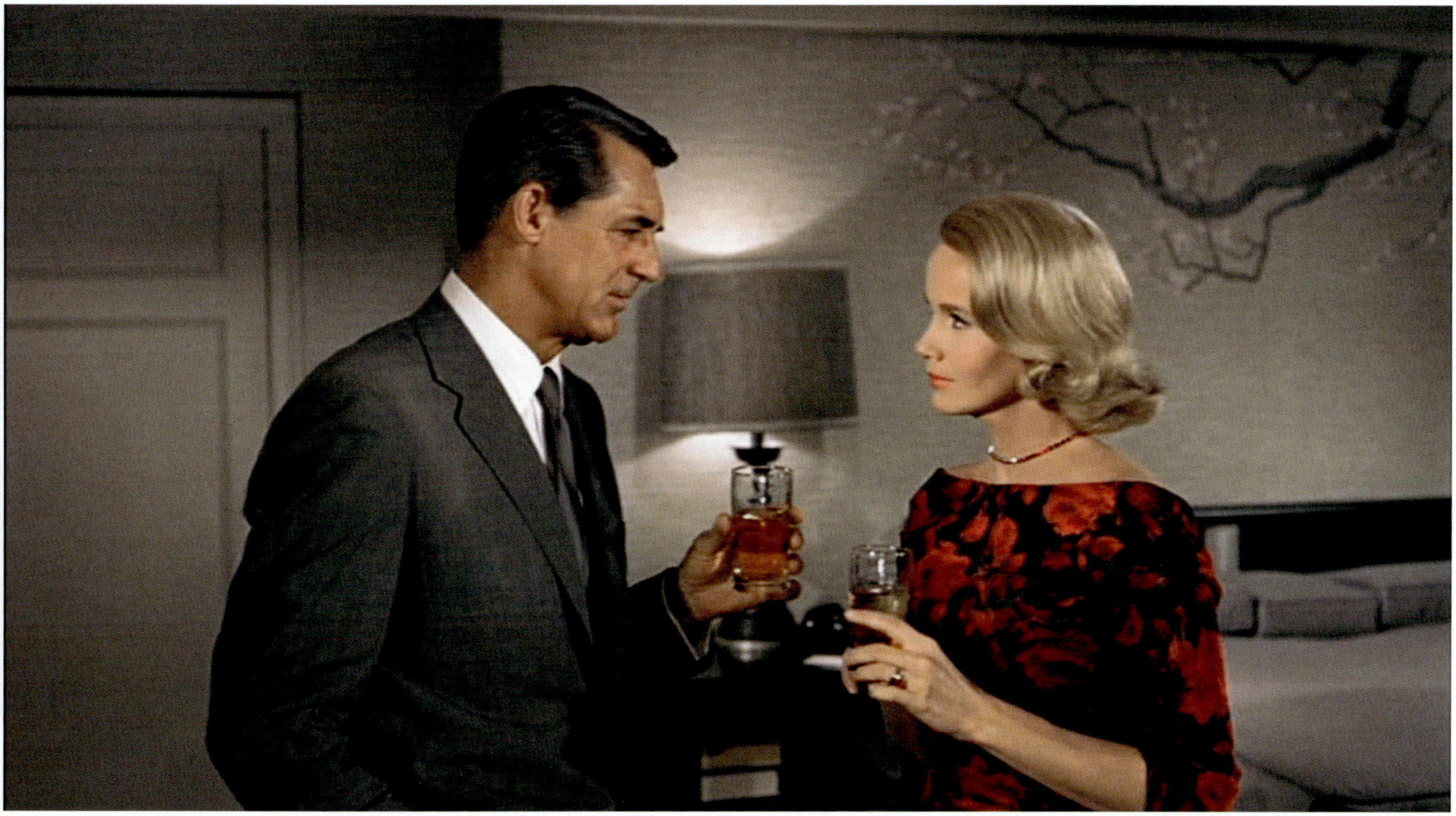

Filmstill mit Cary Grant aus *North by Northwest*, 1959

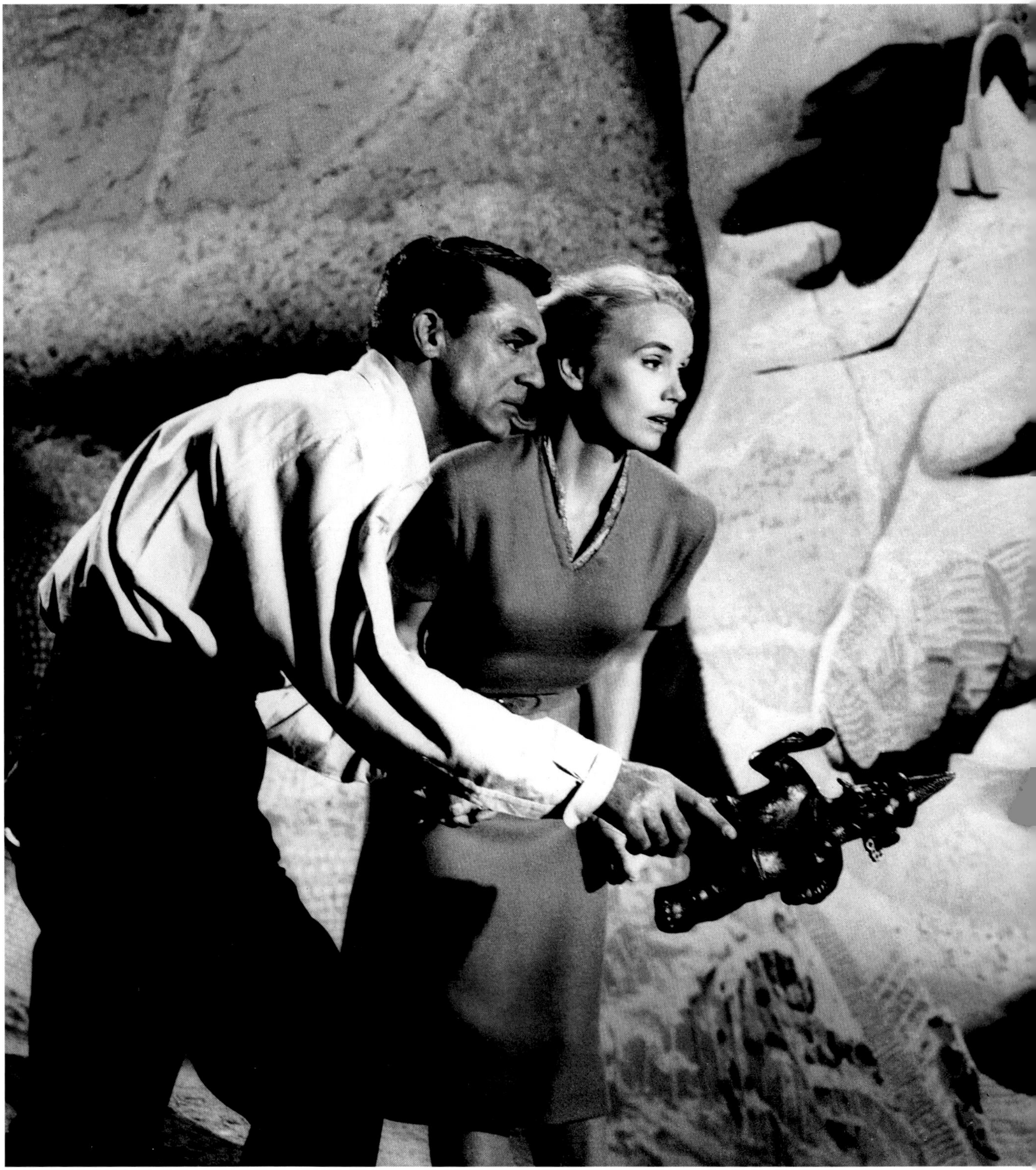

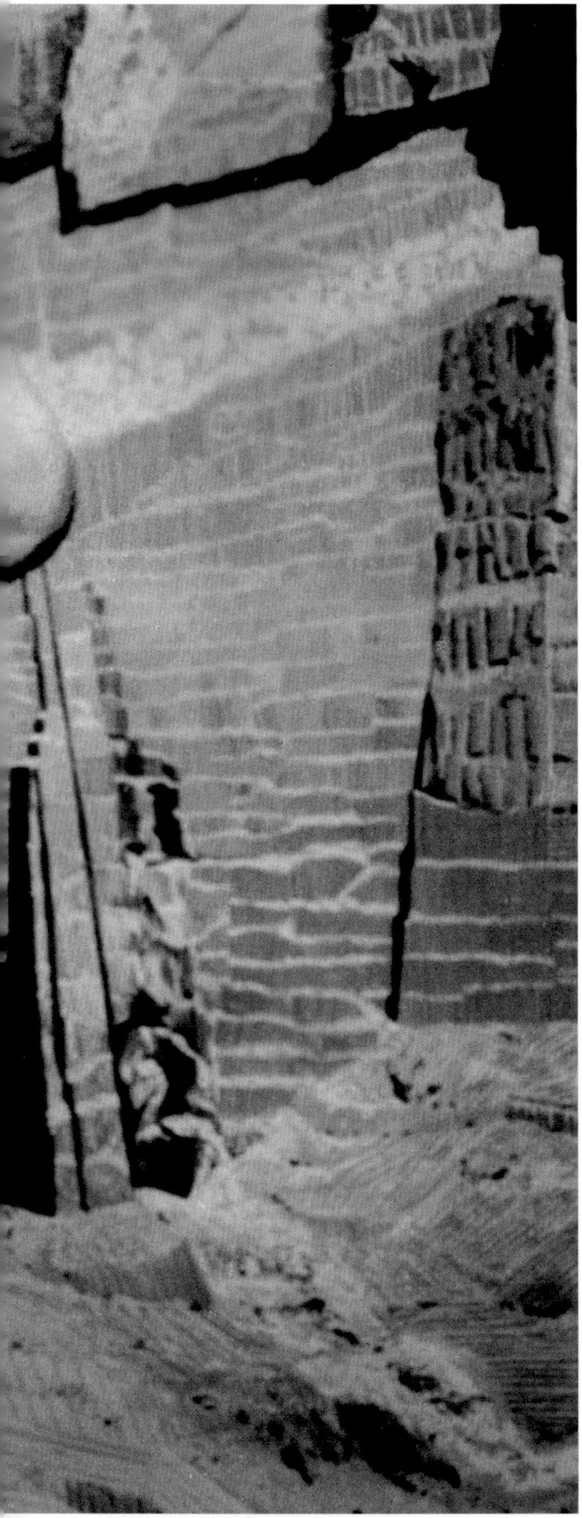

Szenenphoto mit Cary Grant aus *North by Northwest*, 1959

Eva Marie Saint

(*1924)

»She is the kind of girl that gets into a man's blood.«

Am 26. August 1958 fällt die erste Klappe zu Alfred Hitchcocks 46. Kino-Spielfilm. Die Dreharbeiten beginnen an der East Coast in New York City. Noch steht sie nicht mit vor der Kamera, die ersten Szenen mit ihr werden erst am 14. September am Bahnhof LaSalle Street Station in Chicago gedreht. In New York – in der Madison Avenue, im Plaza Hotel und vor dem ikonischen United Nations-Gebäude – ist es vor allem Cary Grant, der von Beginn an vor der Kamera von Robert Burks steht.

In der 43. Minute dieses Zweieinviertelstünders, als also ein Drittel des Films bereits vergangen ist, hat Hitchcocks neue Hauptdarstellerin Eva Marie Saint überhaupt erst ihren ersten Auftritt – es ist im Zug, im 20th Century Limited, der von New York City nach Chicago fährt.

Zwei der zentralen – und schönsten – Szenen mit Eva Marie Saint spielen sich dann auch in besagtem 20th-Century-Zug ab: Die eine ist die des Kennenlernens zwischen ihrer Figur der verdeckten US-Agentin Eve Kendall und Cary Grants unschuldig Schuldigem, des gejagten New Yorker Werbemanns Roger O. Thornhill. Die andere ist der erste Kuss. In beiden minutenlangen Sequenzen schwelgt die Kamera geradezu, wenn sie in den pastellfarbenen nachgebauten Zuginterieurs abwechselnd auf Saint und Grant hält und, wie stets bei Hitchcock, ihnen in großen Close-ups sehr nah kommt.

Die erste Begegnung zwischen Eve Kendall und dem gejagten Roger Thornhill findet – nachdem sie sich kurz zuvor im Gang des Zugs über den Weg gelaufen sind – im Speisewagen statt. Cary Grant betritt ihn mit Sonnenbrille, ist sein Konterfei als mutmaßlicher Mörder doch auf den Titelseiten aller Tageszeitungen abgedruckt. Der Ober führt den ebenso perplexen wie verunsicherten Grant nach dem Betreten des Speisewagens gezielt an einen Tisch – an dem Eva Marie Saint sitzt und ihn mit einer Mischung aus gelassener Souveränität und erwartungsvoll Forderndem ansieht. Saints Look mit blondem, keck seitengescheiteltem Haar und in schwarzem Kleid ist formvollendet elegant, stilvoll klassisch und ihre Ähnlichkeit mit Grace Kelly ist gerade in den Zug-Sequenzen ganz außerordentlich: Sie ist die kühle, nur scheinbar unnahbare Hitchcock-Blondine, die, als Cary Grant sie fragt, ob sie denn schon gegessen habe, in der ursprünglichen Dialog-Fassung, die Hitchcock und sein Drehbuchautor Ernest Lehman verfassten, erwidert: »I never make love on an empty stomach«[1], woraufhin – es ist für das Amerika des Jahres 1959 offenbar noch zu früh – das Wörtchen *»make«* später durch ein korrekteres *»discuss«* ersetzt wird. Die Szene ist durch den kleinen Worttausch jedoch nicht weniger knisternd und prickelnd. Saint und Grant sitzen sich gegenüber am Speisetisch, ihre Bewegungen sind sehr langsam, ihre mehrdeutigen Dialoge erotisch aufgeladen. Sie halten nahezu durchgehend Blickkontakt, Grant setzt irgendwann die Sonnenbrille ab. Dann erst stellen sie sich einander vor, und es hat etwas Kokettes, wenn die zu diesem Zeitpunkt 35-jährige Schauspielerin ironisch knapp sagt: »I'm Eve Kendall. I'm 26 and unmarried. Now you know everything.« Grant zündet ein Streichholz an, als Saint sich eine Zigarette nimmt, reicht es ihr über den Tisch, sie legt langsam ihre Hand auf seine, während er ihre Zigarette anzündet. Dann, als er seine Hand schon zurückziehen will, hält sie diese für Momente fest und bläst währenddessen elegant das Zündholz aus. Alles geschieht schweigend. Ihre Blicke erzählen den Subtext. Vor Drehbeginn gibt Hitchcock seiner neuen *Leading Lady* lediglich »drei grundlegende Regieanweisungen: Erstens: Senk die Stimme. Zweitens: Halt die Hände ruhig. Und drittens: Schau Cary immer direkt in die Augen.«[2]

Die zweite Sequenz im 20th Century Limited spielt in Eve Kendalls Zugabteil, ist Roger Thornhill doch inkognito und ohne Fahrschein an Bord. Ein blinder Passagier, versteckt hinter modischer Sonnenbrille und, wie immer bei Grant, in perfekt sitzendem grauen Anzug mit Krawatte. Eve Kendall haucht Roger Thornhill im Speisewagen noch ihre Abteilnummer und die Wagennummer entgegen, bevor sie verschwindet. Dann zeigt die Kamera sie, wie sie in ihrem Abteil stehen, angelehnt an eine Wand. Langsam, als bewegten sie sich in Zeitlupe, drehen sie sich umeinander, küssen sich zwischendurch, halten sich. Drehen sich wieder an der Abteilwand entlang. Es hat etwas ebenso Elegantes wie Intimes – und Hitchcock setzt das ebenso galant wie perfekt in Szene. »Sie drehen sich vor der Wand. Immer dasselbe Prinzip: Das Paar darf sich nicht trennen«, so Hitchcock zu Truffaut. »(…) Das bringt uns wieder zu *Notorious* zurück, wo sie zwischen ihren Küssen davon reden, daß sie Hühnchen essen wollen und wer hinterher das Geschirr spült und so weiter.«[3]

Eva Marie Saint erinnert sich gegenüber *Vanity Fair* an die Dreharbeiten dieser langen Einstellungssequenz und erzählt über die dreiminütige Kuss-Szene mit Cary Grant: »I was hoping I wouldn't step on his feet.«

Dann fügt sie noch hinzu: »Es war die Szene im Zug, wir mussten uns so bewegen, als würde auch der Zug sich bewegen, und wir hatten einen Set-Fotografen für die Stills mit dabei, der fotografieren sollte, während wir die Szene drehten. Er stand auf einer Leiter, 12 oder 15 Sprossen über uns, und hat sich so in die Kuss-Szene hineingesteigert, dass er von der Leiter gefallen ist. Zum Glück ist ihm nichts passiert, darum können wir jetzt darüber lachen. Danach mussten wir die Kuss-Szene noch einmal drehen – *which wasn't bad.*«

Eva Marie Saint ist für das Studio, die Metro-Goldwyn-Mayer, zunächst jedoch nicht die erste Wahl. »MGM hatte ihre Vertragsschauspielerin Cyd Charisse (*The Band Wagon / Vorhang auf!*, 1953) als Eve Kendall vorgeschlagen, aber ›Hitch‹ fand sie für die Rolle nicht geeignet und brachte mich ins Spiel«, so Saint. »Ich hatte gerade für MGM in *Raintree County* (*Das Land des Regenbaums*, 1957) gespielt, und das Studio fand, dass ich für die Rolle der verführerischen Doppelagentin nicht die Richtige bin. Hitchcock hat trotzdem darauf bestanden, und so wurde ich engagiert.«[4]

Alfred Hitchcock überrascht viele, als er Saint aus Dutzenden weiterer Kandidatinnen für die Rolle der Femme fatale in einem Film auswählt, der einmal zum Klassiker des Genres werden soll und als Prototyp der kurze Zeit später begonnenen *James Bond 007*-Reihe gilt. Hitchcock macht regelrecht Schlagzeilen damit, dass er Saint dazu bringt, für die Rolle der sinnlichen Verführerin ihre berühmten langen Locken, die sie etwa in Kazans *On the Waterfront* trägt, abzuschneiden. Außerdem arbeitet er mit ihr daran, ihre Stimme tiefer und rauchiger klingen zu lassen. Es könnte daher auch keinen größeren Unterschied geben als den ihrer beiden Rollen bei Kazan und Hitchcock.

Als es an die Kostüme für die Figur der Eve Kendall

geht, stehen neue Probleme bevor: »Als ich die Rolle bekam, hatte ich gerade meine Tochter Laurette Hayden zur Welt gebracht«, so Saint. »Nachdem ich also ein paar Kilo abgenommen hatte, machte ›Hitch‹ sich daran, mich in Eve Kendall zu verwandeln. Er hat sämtliche Details von Bill Tuttles glamouröser Makeup-Gestaltung und Sydney Guilaroffs eleganten Frisuren persönlich überwacht. Von den Kostümen, die MGM für mich vorgesehen hatte, war er allerdings nicht sehr begeistert. Das Studio ließ eine Garderobe für meine Figur entwerfen, aber die gefiel Hitchcock nicht, und er hat sie praktisch komplett verworfen. Dann ging er mit mir zu *Bergdorf Goodman* in New York, und wir haben meine restlichen Kleider direkt von den Mannequins weg gekauft.«[5]

»Als Regisseur ging es ›Hitch‹ vor allem darum, seine Vision technisch auf die Leinwand zu bringen. ›Leg die Hand hierhin. Schau da oben hin.‹ Er war ganz anders als Kazan, der einem wunderbar vertrauliche Regieanweisungen ins Ohr flüsterte. Zu seinen größten Talenten gehörte, dass er einem das Gefühl gab, die einzig Richtige für die Rolle zu sein, und einem damit ein ungeheures Selbstvertrauen beim Spielen vermittelte. Und dann ließ er einen einfach machen. Sein Set war wirklich ein wunderbarer Ort zum Arbeiten.«[6]

Die äußerst aufwendigen Dreharbeiten zu *North by Northwest* – das von Hitchcock schließlich um eine Million überzogene Budget des Films beläuft sich auf über vier Millionen US-Dollar –, die sich über einen Zeitraum von vier Monaten erstrecken, finden schließlich am 16. Dezember 1958 nach 78 Drehtagen ihren Abschluss.

Der Film, der am 17. Juli 1959 seine Premiere in Los Angeles hat und im August in die Kinos kommt, wird ein geradezu phänomenaler Erfolg. Allein in den USA spielt der jüngste Hitchcock in seiner Erstauswertung sogleich 6,5 Millionen US-Dollar ein. Die *New York Times* schreibt am 7. August 1959 nach der New Yorker Premiere: »Mit der Besetzung von Eva Marie Saint als Cary Grants romantischem Gegenpart hat Mr. Hitchcock einige Talente zutage gefördert, die die Schauspielerin bisher noch nicht zeigen konnte. Obwohl sie als harte, intrigante Frau erscheint, entpuppt sie sich ebenso als anrührende Heldin wie als glamouröse Charmeurin.« Und im Branchenblatt *Variety* ist zu lesen: »Eva Marie Saint stürzt sich kopfüber in ihre Mata Hari und zeigt dabei, dass sie ganz unerwartet und durch und durch glamourös sein kann.«[7]

Die am 4. Juli 1924 in Newark im US-Bundesstaat New Jersey als Tochter von Eva Marie und John Merle Saint geborene Eva Marie Saint besucht zunächst die Bethlehem Central High School in Delmar bei Albany. 1942 absolviert sie die High School, in deren *Hall of Fame* sie knapp 65 Jahre später, im Jahr 2006, einzieht. An der Bowling Green State University nimmt Saint ein Schauspielstudium auf, zudem geht sie in der zweiten Hälfte der 1940er Jahre in Greenwich Village ins HB Studio. Nachdem sie Anfang der 40er bei NBC ihren ersten Schritt in die Welt des Fernsehens unternommen hat, gelingt es Saint, sich ihren Lebensunterhalt als Schauspielerin zu verdienen, indem sie in zahlreichen Werbespots, Radiosendungen und Fernsehspielen auftritt.

Ihre erste Rolle überhaupt hat Eva Marie Saint in der Adaption der gleichnamigen Novelle von Charles Dickens, dem US-Fernsehfilm *A Christmas Carol* aus dem Jahr 1947. Sie ist 23, als sie ihr Bildschirm-Debüt absolviert. Zahlreiche Fernsehfilme und TV-Serien sollen in den kommenden Jahren folgen, wie Saint all die Jahrzehnte hindurch seither in vielen Fernsehproduktionen zu sehen ist, wohingegen sich die von ihr ebenso sorgsam wie sparsam ausgesuchten Kinorollen auf lediglich 20 belaufen. In den Jahren 1955 und 1956 wird Saint zweimal für die Emmy Awards nominiert.

1953 folgt das nächste Debüt, jenes auf der Theaterbühne: An der Seite der schon legendären Lillian Gish ist sie in dem Part der Thelma in Horton Footes *The Trip to Bountiful* unter der Regie von Vincent J. Donehue am Broadway zu sehen. Saint steht vom 3. November 1953 bis zum 5. Dezember 1954 in insgesamt 39 Aufführungen auf der Bühne des Henry Miller's Theatre in Manhattan. Für ihre Darstellung wird sie 1953 mit dem Drama Critics Award ausgezeichnet.

Der erste Part auf der großen Kino-Leinwand hingegen soll gleich einer ihrer wichtigsten sein: es ist der der Edie Doyle in Elia Kazans preisgekröntem Schwarzweiß-Drama *On the Waterfront* (*Die Faust im Nacken*, 1954), das längst Kultstatus genießt. Saint spielt an der Seite von Marlon Brando und Karl Malden und wird Brando später einmal als einen Kolibri bezeichnen – hochsensibel und nur schwer einzufangen. Für ihre darstellerische Leistung in Kazans Drama erhält sie am 30. März 1955 während der 27. Oscar-Verleihung den Academy Award als Best Supporting Actress. Der Film ist bei Kritik und Kasse ein durchschlagender Erfolg und legt den Grundstein für Saints Filmkarriere.

Weitere Kinoarbeiten von Eva Marie Saint sind neben anderen Fred Zinnemanns Drogen-Drama *A Hatful of Rain* (*Giftiger Schnee*, 1957), Otto Premingers dreieinhalbstündiges bildgewaltiges Historien-Epos *Exodus* (1960) mit Paul Newman, John Frankenheimers Sport-Drama *Grand Prix* (1966) mit James Garner und Yves Montand oder auch Garry Marshalls Komödie *Nothing in Common* (*Sie haben nichts gemeinsam*, 1986) mit Tom Hanks.

2005 steht Saint auch für Wim Wenders' Road-Movie *Don't Come Knocking* als Mutter von Sam Shepard vor der Kamera, sie spielt in Bryan Singers *Superman Returns* (2006) mit und ist in *Winter's Tale* (2014) zu sehen. Von einem etwaigen Ruhestand ist bei ihr nichts auszumachen.

Anfang März 2018 – im Alter von 93 Jahren – steht Saint fidel und vital und strahlend während der 90. Oscar-Verleihung auf der Bühne des Dolby Theatre in Hollywood und überreicht, nach den Standing Ovations für sie, die goldene Statuette für das Beste Kostümdesign. Was sie allerdings auf der Bühne kurz anspricht – und es ist ein bewegender Moment im großen Auditorium des Dolby Theatre –, dass sie erstmals allein hier sei, ohne ihren Mann, mit dem sie seit 1951 verheiratet war und der sie stets zu den Oscars begleitet habe. Am 24. Dezember 2016, nach 65 gemeinsamen Ehejahren, hat die Schauspielerin ihren Mann, den Fernseh-Regisseur und -Produzenten Jeffrey Hayden verloren. »I miss him«, sagt sie schließlich auf offener Bühne. Da sie in der Kategorie Best Costume Design laudatiert, erzählt sie an dieser Stelle von Elia Kazans *On the Waterfront* und von Alfred Hitchcocks *North by Northwest*. Es sind ihre beiden wichtigsten Regisseure und es sind ihre beiden wichtigsten Arbeiten. Ihr Lieblingskleid in Hitchcocks Film sei immer das schwarze mit den roten Rosen gewesen – *»do you remember that, ladies?«* fragt sie charmant lächelnd in den riesigen Saal hinein.

North by Northwest ist die Summe aller amerikanischen Hitchcock-Filme, die der Regisseur seit seiner Übersiedlung von England in die Vereinigten Staaten 1939 inszeniert hat. Zugleich schließt *North by Northwest* das Jahrzehnt der 1950er ab – das goldene, strahlende Jahrzehnt im Werk Hitchcocks.

Wie so oft bei Hitchcock ist es weniger die äußere als die innere Odyssee eines Mannes durch die weniger geographische als vielmehr seelische, auch emotionale Landkarte. Roger O. Thornhill legt nicht nur über 2000 Meilen zurück – erklimmt am Ende der langen Flucht zusammen mit Eve Kendall (in orangefarbenem Kleid, weißen Lederhandschuhen und dunkler Handtasche) sogar Amerikas Nationalheiligtum, den hochgelegenen monumentalen *Mount Rushmore* in South Dakota –, sondern wird mit zunehmender Wegstrecke offener, gefühliger, verletzlicher. Bis er sich schließlich, als zweifach Geschiedener, auf eine dritte Ehe einlässt – mit Ex-Agentin Eve Kendall. Trotz seines Tempos, seiner Landschaften, seiner narrativen Wendungen kann der sehr populäre Kassenmagnet *North by Northwest* mit seinem hohen Unterhaltungsfaktor den profunden psychologischen Tiefgang, den Hitchcocks vorherige und darauffolgende Filme haben, natürlich nicht vorweisen. Eingebettet zwischen den düsteren Schwergewichten *Vertigo* und *Psycho*, zwei der komplexesten und vielschichtigsten Hitchcock-Filme, wirkt *North by Northwest* wie reinste luftig-leichte Erholung.

Oder, wie Hitchcock selbst es auf seine unnachahmliche Art und Weise seinerzeit im US-Kino-Trailer zu *North by Northwest* sagt, in dem er in einem Reisebüro vor farbenprächtigen Landkarten mit exotischen Reisezielen steht: »Sie können diese wunderbare Urlaubsreise ganz bequem vom Kinosessel aus genießen. Ich verspreche Ihnen nichts als beste Unterhaltung. Erholung pur von all Ihren Problemen – *as it was for me* …«[8]

Über Hitchcocks Schauspielerinnen sagt Eva Marie Saint einmal: »Es gab mindestens sechs von uns Hitchcock-Blondinen (…). Und wir hatten alle einen unterschiedlichen Blick auf ihn. Jede Schauspielerin befand sich in einer anderen Phase ihres Lebens; wir waren unterschiedlich alt, einige waren verheiratet, andere nicht.«

»Ich fand es wunderbar, Eve zu spielen, weil sie sich so von *On the Waterfront* unterschied und von allem, was ich bis dahin sonst noch gespielt hatte. ›Hitch‹ sagte zu mir: ›Diesmal brauchst du nicht zu weinen, Eva Marie. Mit den Spül-Rollen ist es für dich vorbei.‹ Damit meinte er die unansehnliche Ehefrau, die in der Küche an der Spüle steht. ›Das Publikum will seine Hauptdarstellerinnen in eleganten Kleidern sehen.‹ Er hat mich auf eine Weise gesehen wie niemand sonst. – Cary fand, ich sollte für den Rest meiner Laufbahn nur noch glamouröse Heldinnen spielen. Aber ich wollte alles spielen, das Echte und das Unechte, und das habe ich im Großen und Ganzen auch geschafft.«[9]

Eva Marie Saint – die bis heute im kalifornischen Santa Monica lebt – ergänzt schließlich noch: »Ich habe ›Hitch‹ als ausgesprochen respektvoll, warm, freundlich und humorvoll erlebt, und *North by Northwest* war eine großartige Zeit in meinem Leben.«

1 Alle Dialoge aus der Original- und/oder Deutschen Synchronfassung. *North by Northwest.* DVD, Warner 2009.

2 Interview mit Eva Marie Saint, 2000. Dokumentation »Destination Hitchcock«. *North by Northwest.* DVD, Warner 2009.

3 Truffaut, François: *Mr. Hitchcock, wie haben Sie das gemacht?* München 1973 / Neuausgabe 2003, S. 255 f.

4 Interview mit Eva Marie Saint, 2000. Dokumentation »Destination Hitchcock«. *North by Northwest.* DVD, Warner 2009.

5 Interview mit Eva Marie Saint, 2000. Dokumentation »Destination Hitchcock«. *North by Northwest.* DVD, Warner 2009.

6 Interview mit Eva Marie Saint, 2000. Dokumentation »Destination Hitchcock«. *North by Northwest.* DVD, Warner 2009.

7 Maxford, Howard: *The A–Z of Hitchcock*. London 2002, S. 228.

8 US-Kinotrailer zu *North by Northwest*. Bonusmaterial/Trailer. *North by Northwest.* DVD, Warner 2009.

9 Interview mit Eva Marie Saint, 2000. Dokumentation »Destination Hitchcock«. *North by Northwest.* DVD, Warner 2009.

9

Janet Leigh

Psycho (1960)

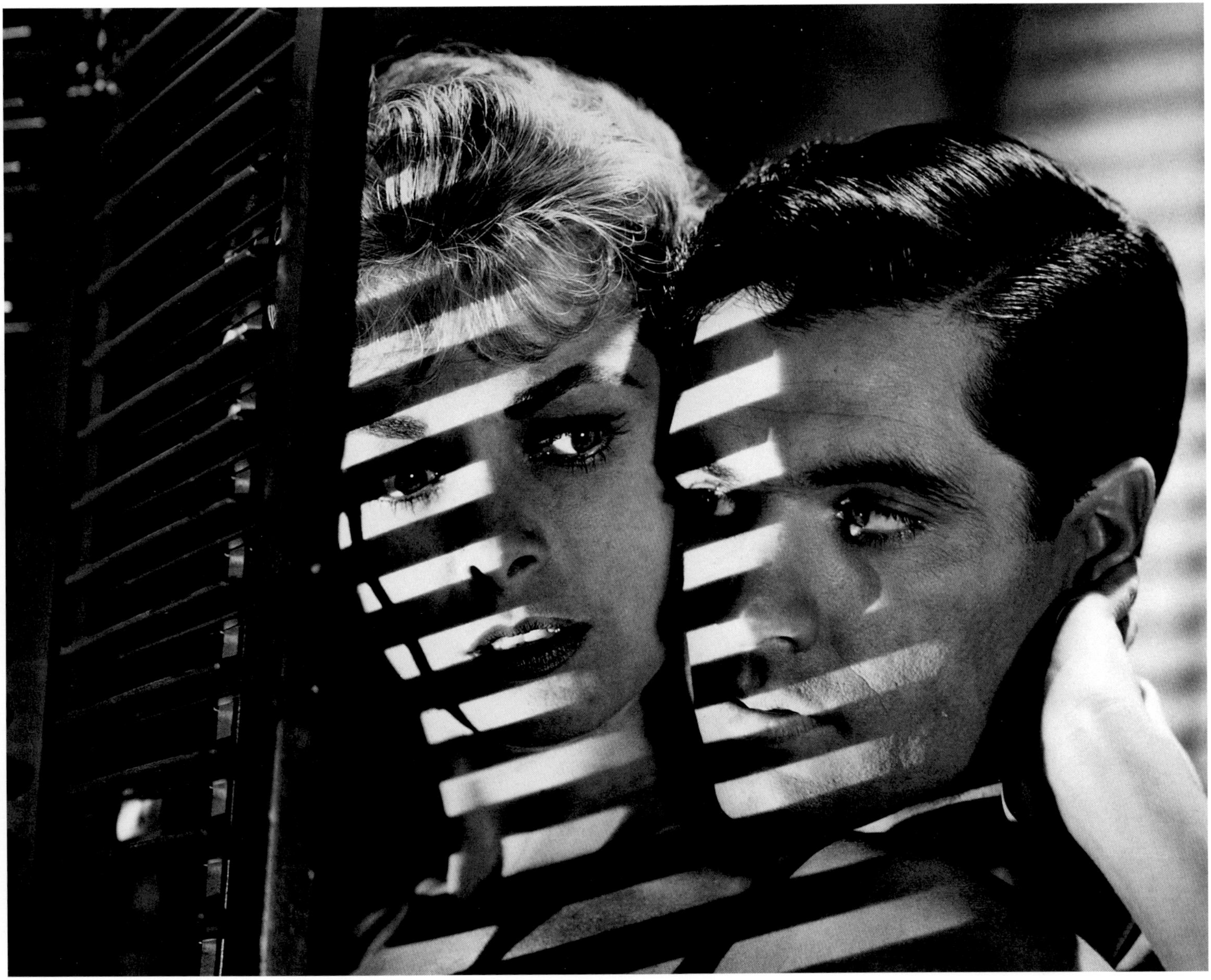

Janet Leigh und John Gavin in *Psycho*, 1960

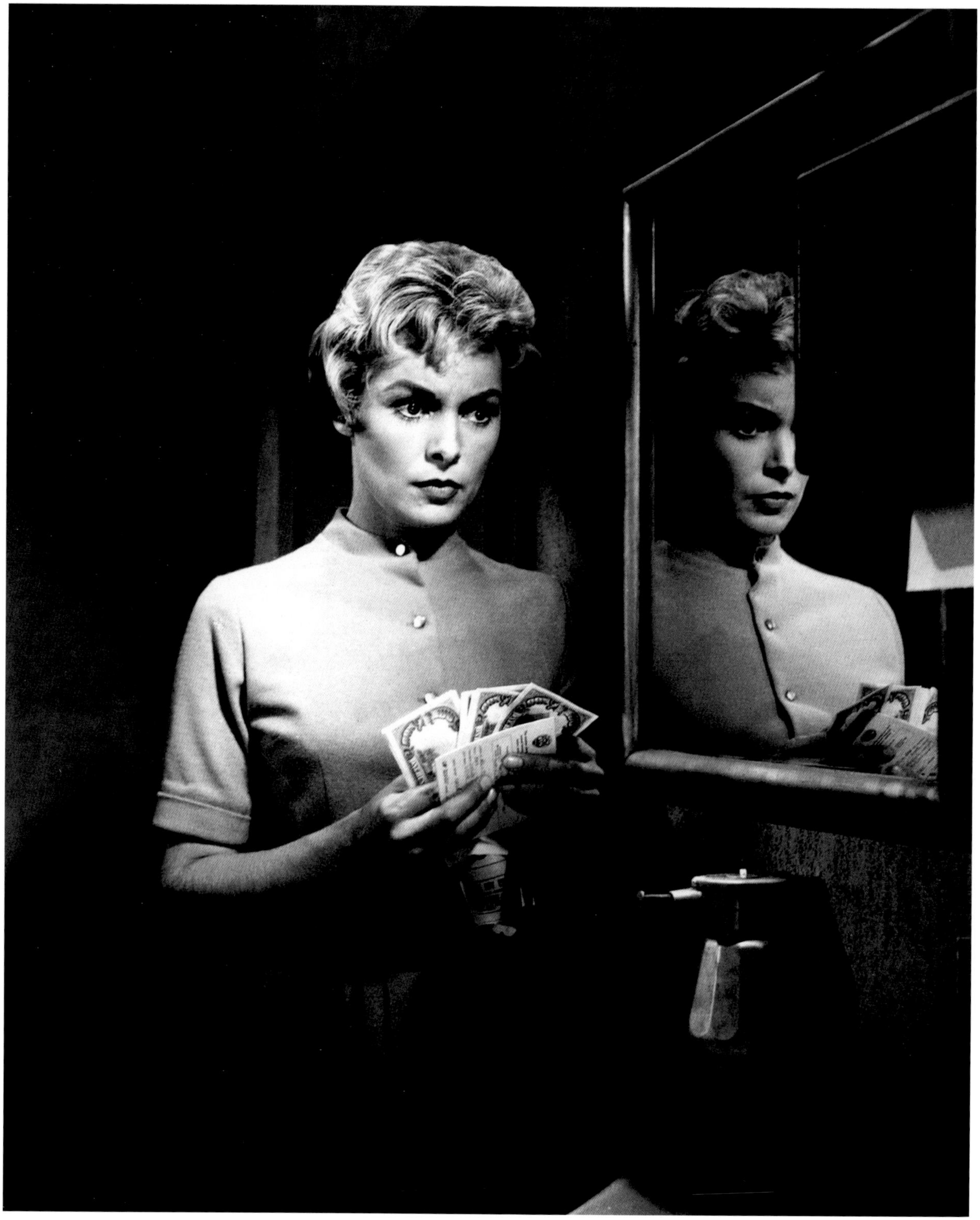

Szenenphoto aus *Psycho*, 1960

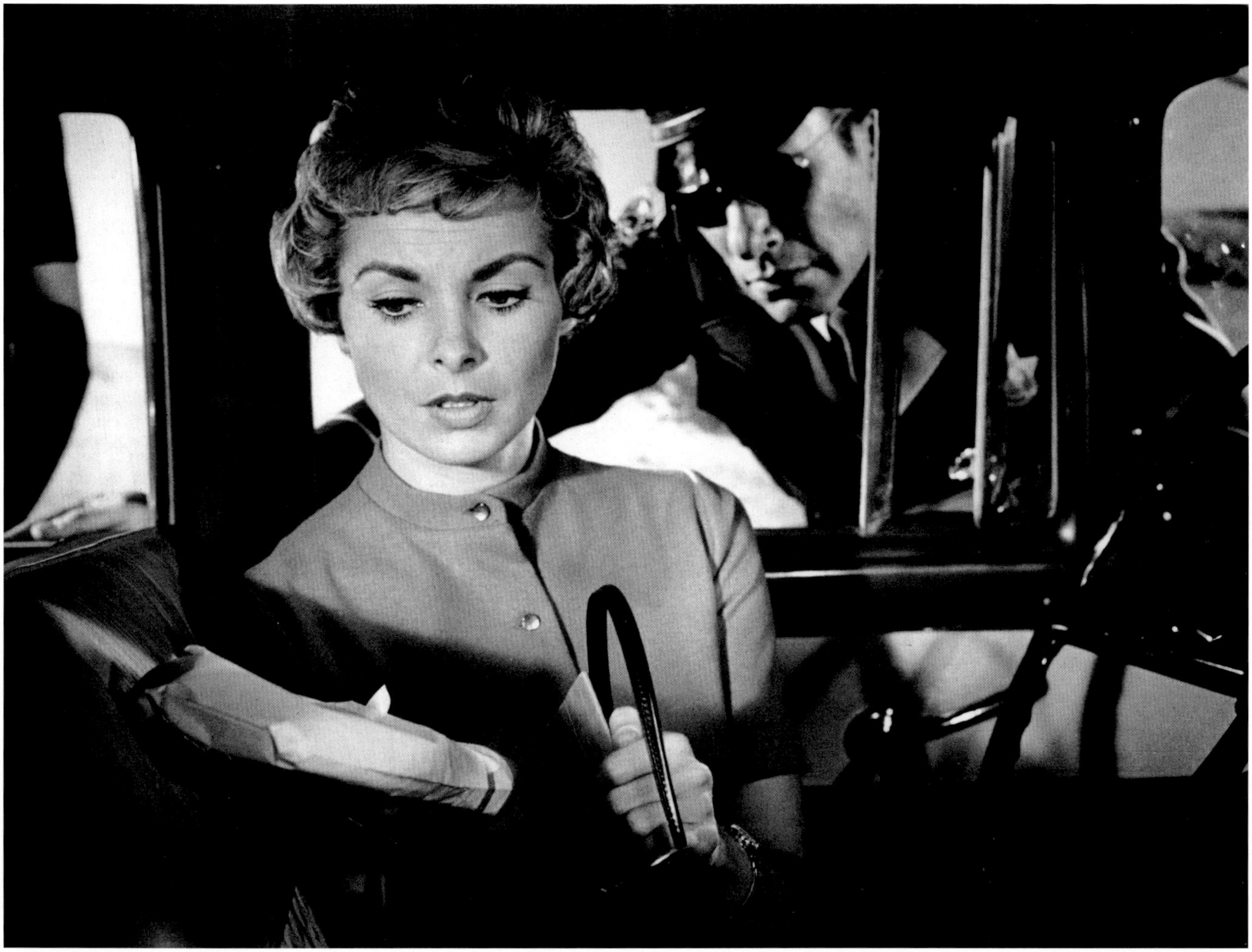

Szenenphoto aus *Psycho*, 1960

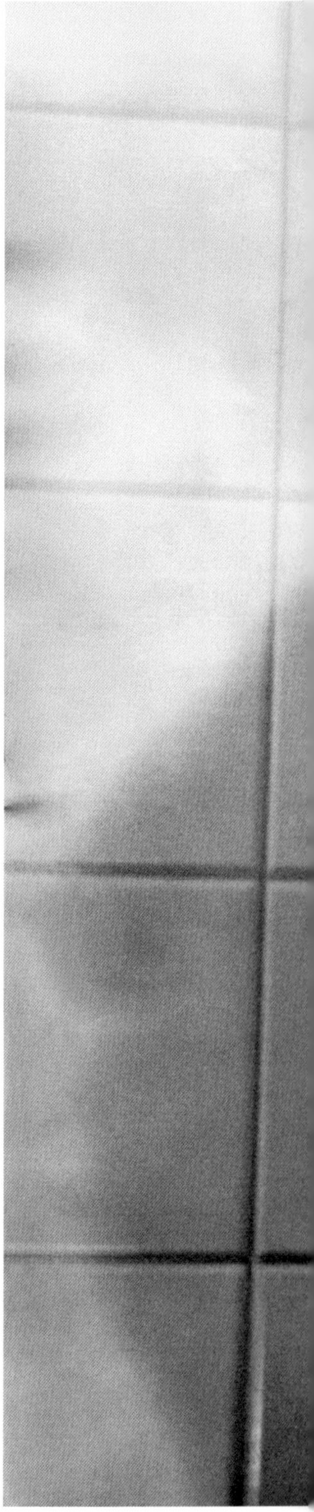

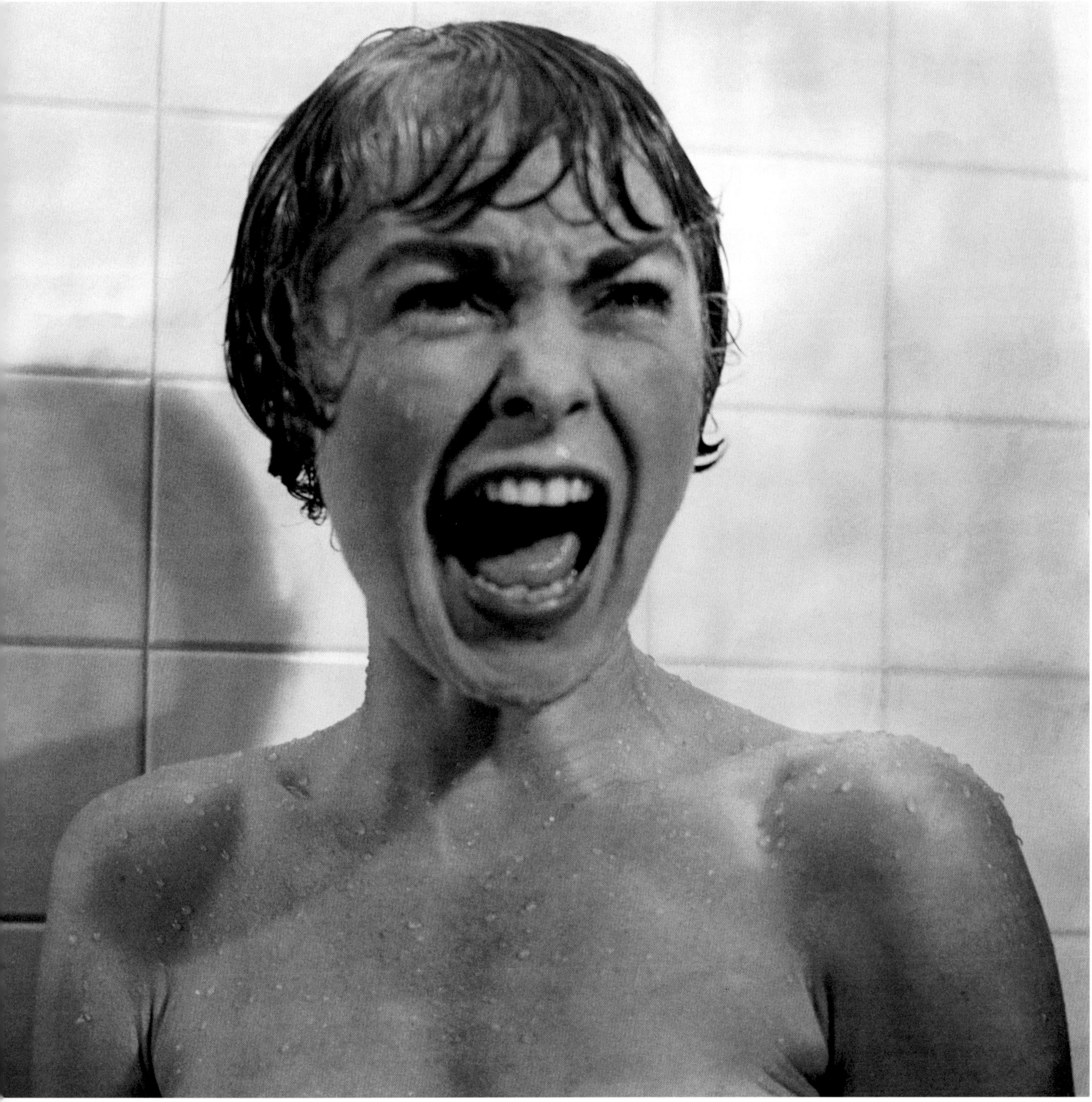

Szenenphoto aus *Psycho*, 1960

Janet Leigh

(1927–2004)

»It's rather unusual to kill the star in the first third of the film.«

Am 13. August 1959 wird Alfred Hitchcock 60. Er ist im Begriff, mit den prachtvoll strahlenden 1950er Jahren sein künstlerisch wie kommerziell erfolgreichstes Jahrzehnt abzuschließen. Mit *North by Northwest* – dem bislang teuersten Hitchcock-Film – hat er soeben einen der größten Erfolge seiner Laufbahn erreicht, als er sich in der üblichen Situation mit der Fragestellung wiederfindet: *What's next?* Was kann als Nächstes kommen, wenn die vorangegangenen Arbeiten solche wie *Vertigo* und *North by Northwest* sind – große Kinowerke in breitem VistaVision-Format und leuchtenden Technicolor-Farben, mit Stars wie Cary Grant und Kim Novak in den Hauptrollen. Hitchcock wird mit seiner Entscheidung erst alle Welt überraschen – dann alle Welt schockieren:

Psycho lautet seine Antwort.

Als Hitchcock sich an das Casting zu *Psycho* begibt, steht Anthony Perkins schnell fest. Er soll die Rolle des Norman Bates verkörpern. Es soll, ohne dass dies jemand hätte ahnen können, die Rolle seines Lebens werden. Perkins (1932–1992) – seit 1953 in Filmen wie *Fear Strikes Out* (*Die Nacht kennt keine Schatten*, 1957) oder William Wylers *Friendly Persuasion* (*Lockende Versuchung*, 1956) zu sehen – ist zum Zeitpunkt der Dreharbeiten gerade einmal 27 Jahre alt. Doch wer wird Marion Crane spielen? Eva Marie Saints Name fällt mehrfach in den Studio-Gesprächen, Hitchcocks Blondine aus *North by Northwest*. Auch Lana Turners Name fällt und der von Hope Lange.

Es soll schließlich Janet Leigh werden.

»Im Oktober 1959 schickte mir Alfred Hitchcock ein Buch von Robert Bloch mit dem Titel *Psycho*, das er als nächstes verfilmen wollte. Die Rolle, die er mir anbot, war Mary Crane – und sie sollte mein Leben für immer verändern.«[1] Am 28. Oktober 1959 unterschreibt Janet Leigh ihren Vertrag für die Rolle der Marion Crane in *Psycho*. Leigh ist 32, als sie 1959 das Angebot erhält, in Alfred Hitchcocks nächstem geplantem Film eine der Rollen zu übernehmen. Eigentlich handelt es sich um die weibliche Hauptrolle. Eigentlich.

»Im Grunde hätte Mr. Hitchcock mir gar nichts zu schicken brauchen. Allein die Aussicht, mit ihm zu arbeiten, hätte schon genügt«,[2] so die Schauspielerin. »Ich hatte nichts anderes mehr im Kopf, als dass ich mit Mr. Hitchcock arbeiten würde. Das war das Einzige!«[3]

Die am 6. Juli 1927 in der kalifornischen Kleinstadt Merced geborene Jeanette Helen Morrison wächst nach einem Umzug der Familie in Stockton, Kalifornien auf. Ihre Eltern gehören der Arbeiterklasse an, da es ihrem Vater Frederick Morrison nicht immer gelingt, die Familie von seiner Arbeit gut zu ernähren, wächst die kleine Jeanette zeitweise in Armut auf. Sie verbringt ihre Kindheit und Jugend in Stockton, absolviert die High School, singt früh schon im ortsansässigen

Kirchenchor und auch im A-Cappella-Chor des College of the Pacific, das sie ab ihrem 16. Lebensjahr in Stockton besucht. Um den Eltern zu helfen und sie finanziell zu unterstützen, nimmt die junge Jeanette immer wieder Ferienjobs in verschiedenen Geschäften an.

Im Winter 1945/46 ereignet sich schließlich etwas, das das Leben der Jeanette Morrison für immer verändern soll: Norma Shearer – schon zu Stummfilmzeiten seit 1925 eine der frühen Leinwand-Diven Hollywoods, bei Metro-Goldwyn-Mayer unter Vertrag stehend und nicht ohne Einfluss – verbringt den Winterurlaub mit ihrem Ehemann Marty Arrougé auf der Sugar Bowl Ski Lodge in der kalifornischen Sierra Nevada. Es mag eine glückliche Fügung des Schicksals sein oder aber purer Zufall, denn Jeanettes Vater Frederick Morrison arbeitet auf der Ski Lodge an der Rezeption, und, ganz stolzer Vater, hat ein Photo seiner 18-jährigen Tochter auf dem Rezeptions-Desk stehen. Dieses Foto bemerkt Norma Shearer, als sie mit dem Rezeptionisten Morrison ins Gespräch kommt. Die Diva erkundigt sich, wer denn die junge strahlende Frau sei, und fragt Morrison, ob er ihr einen Abzug des Photos mitgeben könne. Morrison ist vollkommen überrascht, doch als Norma Shearer die Koffer packt, um nach Hollywood zurückzureisen, befinden sich Abzüge des Photos in ihrem Gepäck.

Monate später, die Morrisons haben den Vorfall längst vergessen, erhält Jeanette einen Brief, *out of the blue*, in dem die renommierte Agentur Music Corporation of America ihr einen Termin auf dem Studiogelände der MGM in Culver City anbietet. Das *Milwaukee Journal Sentinel* titelt am 16. August 1947 auf Seite Eins: »›Luckiest‹ Photograph Changed Whole Life for a College Girl«. So wurde Janet Leigh entdeckt – auf einem Photo an der Rezeption einer Ski Lodge.

Ihr Leinwand-Debüt hat Jeannette Morrison, die fortan nach einer Umbenennung durch Metro-Goldwyn-Mayer Janet Leigh heißen wird, schließlich 1947, als sie zwanzig wird: Sie spielt an der Seite von Van Johnson in *The Romance of Rosy Ridge* mit, es ist der Auftakt einer Karriere, die einmal über 50 Kinofilme und etwa 40 Fernsehfilme umfassen wird. Bevor sie unter Hitchcocks Regie arbeitet, wirkt sie in *Little Women* (*Kleine tapfere Jo*, 1949), *The Vikings* (*Die Wikinger*, 1958) oder auch in Orson Welles' Film noir *Touch of Evil* (*Im Zeichen des Bösen*, 1958) mit. Gemeinsam mit Ehemann Tony Curtis steht sie in diesen goldenen Jahren insgesamt sechs Mal vor der Kamera, etwa in Blake Edwards' Komödie *The Perfect Furlough* (*Urlaubsschein nach Paris*, 1958).

Beide Schauspieler, Janet Leigh wie Anthony Perkins, sind zu dieser Zeit – 1959/60 – große Stars. Beider Popularität ist enorm. Wegen ihnen geht das Publikum ins Kino. Der schlaksige Perkins ist fünf Jahre jünger als seine blonde Kollegin Janet Leigh, die zudem durch ihre Ehe mit Tony Curtis, mit dem sie ein Jahrzehnt lang, von 1951 bis 1962, verheiratet ist, nicht selten die Klatschspalten Hollywoods füllt. Jeder US-Kinogänger, der im Sommer 1960 ins Kino geht, um sich *Psycho* anzusehen, erwartet, einen Film mit Janet Leigh und Anthony Perkins in durchgehenden, tragenden Hauptrollen zu sehen. Doch dem ist nicht so.

Psycho wird Alfred Hitchcocks letzter Film in Schwarzweiß sein – die Dreharbeiten dauern vom 30. November 1959 bis zum 1. Februar 1960. Janet Leighs Drehzeit wird drei Wochen betragen, eine ganze davon ausschließlich für die Dusch-Szene: »Durch *Psycho* bekam ich ganz runzlige Haut. Ich stand sieben Tage lang unter dieser Dusche – für 70 Einstellungen. Zumindest hat Hitchcock dafür gesorgt, dass das Wasser warm blieb.«

Der Set von *Psycho* ist ein streng geschlossener: keine Presse, keine Besucher. Hitchcock legt größten Wert darauf, dass nichts nach draußen dringt, schon gar nicht der Umstand, dass der weibliche Star nach 40 Minuten den Film verlässt. Um Verwirrung und Rätselraten der Öffentlichkeit nurmehr zu vergrößern, verkündet Hitchcock, der Schelm, dass nun auch eine Besetzung für »Mutter« gefunden sei: die beiden Kandidatinnen in der Endauswahl des Castings seien Judith Anderson – die dunkle Mrs. Danvers aus *Rebecca* – sowie Helen Hayes. Fortan lässt der Regisseur demonstrativ einen zusätzlichen der an Filmsets üblichen Canvas-Klappstühle für Regie und Schauspieler aufstellen, auf dessen Stoffrückseite »Mrs. Bates« aufgedruckt ist.

Die Stimmung am Set von *Psycho* ist entspannt – das erzählen nicht nur die vielen Set-Photographien, auf denen Hitchcock, Perkins und Janet Leigh lachend zu sehen sind, das berichten auch die an den Dreharbeiten Beteiligten von einst. Janet Leigh erinnert sich, dass »die Atmosphäre am Set sehr ruhig und angenehm« war, »in den Pausen zwischen den Einstellungen amüsierten wir uns immer großartig«.[4]

Amüsement und Witz sind am *Psycho*-Set vielfältiger Natur: »›Hitch‹ genoss es, mir einen Schrecken einzujagen«, so Janet Leigh. »Während wir *Psycho* drehten, hat er viel mit der Leiche der Mutter experimentiert und nahm mich als Maßstab. Dann kam ich zum Beispiel vom Mittagessen zurück, öffnete die Tür zu meiner Garderobe, und auf meinem Stuhl saß dieses schauerliche Monstrum. Das Entsetzen in meinem Schrei, das er auf seiner persönlichen Richter-Skala registrierte, entschied darüber, welche Puppe er für Madame verwenden würde.«

So wird auch Janet Leigh im Laufe der darauffolgenden Jahre in Interviews immer wieder die notorische Frage gestellt: »War Hitchcock ein gequälter Mann?« Und die Schauspielerin antwortet darauf: »Das kann ich nicht beantworten. Ich weiß nicht, was Hitchcock für Fantasien hatte. Aber ich glaube schon, dass er hin und wieder glücklich war. Er aß und trank sehr gerne. Er genoss seinen Erfolg. Ob er glücklich war? Schwer zu sagen.«[5]

Joseph Stefano, Drehbuchautor von *Psycho*, berichtet über seine Erfahrungen und Eindrücke mit Hitchcock: »Er war wie immer tadellos gekleidet, dunkler Anzug, weißes Hemd, eine schöne Krawatte, so saß er am Schreibtisch, bewegte sich eigentlich kaum von diesem Schreibtisch weg und war sehr warmherzig. Ich fand, er strahlte eine Wärme aus, die damals bei Regisseuren nicht an der Tagesordnung war und es auch heute nicht ist.«[6]

Es gibt wohl nur wenige Filme im internationalen Filmkanon, die von derart weitreichendem Einfluss sind wie Alfred Hitchcocks *Psycho*. Noch heute gilt *Psycho* als Mutter des modernen Schocker-Genres und ist der erfolgreichste aller Hitchcock-Filme. *Psycho* bricht radikal mit allen Normen und Regeln der Kinematographie, vor allem aber mit den tradierten Sehgewohnheiten insbesondere des prüden US-Publikums der späten 50er Jahre. *Psycho* markiert eine Zäsur. Der 1959 als schlichte *Low budget*-Produktion mit dem Team der äußerst populären wöchentlichen Fernseh-Reihe *Alfred Hitchcock Presents* für lediglich 807.000 Dollar in Schwarzweiß schnell heruntergedrehte Film – dessen Budget Hitchcock selbst finanzierte und durch seine Eigenbeteiligung schließlich Millionen Dollar verdiente – ist zu einem Klassiker seines Genres geworden und, in dieser subtilen Form, einer der ersten modernen Psychothriller überhaupt.

François Truffaut formuliert sein Seherlebnis so: »Die ganze Konstruktion des Films kommt mir vor, als steige man eine Art Treppe der Anomalie hinauf. Zuerst ein Beischlaf, dann ein Diebstahl, dann ein Mord, zwei Morde und schließlich Geisteskrankheit. Jede Etappe bringt uns eine Stufe höher.«[7]

»Phoenix, Arizona – Friday, December the Eleventh – Two Forty-Three P.M.«[8] – die Titel zeigen, wie schon in *Notorious*, nahezu dokumentarisch, wo man sich befindet, und wann. Darunter die Bilder: Eine Totale einer Stadt, über die die Kamera in der Horizontalen schwenkt; ein Hotel, dem sie sich nähert, schließlich die Fahrt auf das Fenster zu, herunter in der Vertikalen, und nahezu durch den unteren offenen Fensterspalt hindurch, voyeuristisch in das Zimmer hinein. Vom ganz Großen in das ganz Kleine, vom Öffentlichen ins Private. Die Büroangestellte Marion Crane (Janet Leigh) und ihr Geliebter Sam Loomis (John Gavin) führen eine nur wenig beglückende Beziehung miteinander – können sie sich doch nur heimlich während Marions Mittagspause im Hotel sehen, wenn Sam wieder angeblich auf Geschäftsreise aus Fairvale in Phoenix ist. Heimlich, mit gestohlener Zeit, an einem Ort des Durchgangs. Sam muss zudem sowohl mit Alimenten für seine geschiedene Frau als auch für Schulden seines verstorbenen Vaters aufkommen. Die Vergangenheit wirft stets ihre dunklen Schatten auf die Gegenwart. Beide scheinen sie in Gefängnissen zu leben, aus denen sie ausbrechen wollen. Miteinander. »Wenn man verheiratet ist, kann man alles, wenn man nicht muss«, sagt Marion zu Sam, als sie auf dem Hotelbett liegen. Janet Leigh ist hier – zu dieser Zeit einer von gleich mehreren absoluten Tabubrüchen in *Psycho* – lediglich in BH und Unterwäsche zu sehen.

Als Marions Chef sie bittet, vor dem Wochenende noch die von einem Kunden dagelassenen 40.000 Dollar Bargeld – der Hitchcocksche »MacGuffin«, der hier einzig die Aufgabe hat, Marion aus der Stadt zu bewegen und später von keinerlei Bedeutung mehr ist – zur Bank zu bringen, lässt sie sich freigeben, gibt vor, Kopfschmerzen zu haben, packt ihre Koffer, zieht sich um – war sie eben noch in weißer Unterwäsche im Hotelzimmer zu sehen und hatte eine weiße Handtasche mit im Büro, so trägt sie nun, nach dem Diebstahl, schwarze Unterwäsche und hat eine schwarze Handtasche –, und fährt mit dem gestohlenen Geld hinaus aus Phoenix. Marion hat kein konkretes Ziel – außer dem, sich und Sam in Fairvale mit dem Geld die Freiheit zu erkaufen, nach der sie sich so sehnen. Nachdem sie nachts am Rand des Highways in ihrem Wagen übernachtet hat, sich anderntags ein neues Auto mit kalifornischem Kennzeichen kauft, ihr eigenes dagegen eintauscht, kommt sie abends in einem abgelegenen, schlecht besuchten Motel unter – in *»Bates Motel«*.

Direkt hinter dem flachen, einem horizontalen Block gleichenden Motel mit seinen 12 Apartments – einer biblischen Zahl – steht auf einem Hügel ein altes, einem vertikalen Block ähnelndes viktorianisches Haus. Zusammen ergeben sie ein Kreuz. Ein Haus, von Edward Hoppers Gemälde *House by the Railroad* (1925) inspiriert. Der junge Motelbetreiber Norman Bates (Anthony Perkins) scheint dort mit seiner alten Mutter zu leben – Marion hört sie beide vom Fenster aus miteinander streiten. Im amerikanischen Original wird die eigenwillig verfremdete Stimme von »Mother« von drei Sprechern synchron eingesprochen, einem Mann und zwei Frauen.

»My mother, she isn't quite herself today«, entschuldigt er sich nervös, mit dem Tablett in der Hand, draußen auf dem die Apartments miteinander verbindenden überdachten Gang. Auf dem Tablett ein großer weißer Krug, der das strahlend weiße Milchglas assoziieren mag, das Cary Grant, als er langsam die Treppe heraufsteigt, Joan Fontaine in *Suspicion* zum Trinken bringt. Bei einem Abendbrot, das Norman Marion aus dem Wohnhaus herunterbringt, kommen sie miteinander ins Gespräch. Das Zimmer, in dem sie sitzen, befindet sich zwischen dem Empfangsbüro und Apartment Nummer eins, in dem Marion untergekommen ist. Es ist klein und eng, und überall an den Wänden hängen Vögel aller Arten, ausgestopfte Vögel, die Marion beim

Betreten sogleich bemerkt. »You eat like a bird«, sagt Norman zu ihr.

Bevor Marion vor dem Zubettgehen eine Dusche nimmt, beobachtet Norman Bates sie beim Ausziehen durch ein in die Trennwand zwischen Büro und Apartment eingefügtes Loch, das von einem alten Gemälde, dem biblischen Motiv *Susanna im Bade*, verdeckt wird. Norman wird zum Voyeur – und mit ihm der manipulierte Zuschauer. Kurz darauf wird Marion in der Dusche von einer alten Frau, die plötzlich hinter dem Duschvorhang auftaucht, mit einem Dutzend Messerstiche brutal umgebracht. Es ist eine Sequenz von ungeheurer, abrupt einsetzender Brutalität und nackter Gewalt. Das Messer berührt dabei nie den Körper.

»Bei *Psycho* glaubt man während der ersten 35 Minuten, man sähe die Geschichte einer Frau, die Geld veruntreut hat. Und eine halbe Stunde später ist sie dann tot, kommt gar nicht mehr im Film vor. Hitchcock raubt einem jeden Halt, indem er seinen Star umbringt«[9], so Regisseur und Hitchcock-Jünger William Friedkin.

Die Duschsequenz dauert insgesamt etwa zwei Minuten, der Mord selbst lediglich 45 Sekunden. Diese 45 Sekunden werden in 78 Kameraeinstellungen in einer extrem schnellen Schnittabfolge gezeigt, wodurch – ergänzt von den stakkatohaft peitschenden und schreienden Streichern aus Bernard Herrmanns bezwingender musikalischer Komposition – die Gewalt erst als Synthese im Kopf des Zuschauers entsteht, der die visuellen und akustischen Eindrücke rezipiert. Der Dreh allein dieser Sequenz dauerte eine ganze Woche, vom 17. bis zum 23. Dezember 1959. Das Storyboard dieser komplexen Sequenz entwarf, wie auch das Design der Vorspann-Titel zu *Psycho*, *North by Northwest* und *Vertigo*, Saul Bass.

Es ist jedoch nicht Janet Leigh, auf die das große Küchenmesser von Norman Bates einzustechen scheint, es ist der Körper von Marli Renfro. Das *Body Double* für die Schauspielerin Leigh hat die langen siebentägigen Dreharbeiten zu der technisch wie visuell hochkomplexen Sequenz damals als 21-jähriges Pin-up-Model erlebt. Lediglich in den Close-ups des Gesichts ist Leigh zu sehen – in den Einstellungen, in denen man ihr Gesicht nicht erkennen kann, sieht man ihr *Body Double*. Renfro, in Dallas geboren, arbeitete als Stripperin in Las Vegas und gehörte zu den allerersten *Playboy*-Bunnies. In der September-Ausgabe 1960 ist sie auf dem Cover zu sehen – just wenige Wochen nach dem US-Kinostart von *Psycho*. Außer in *Psycho* hat sie nur in einem weiteren Film mitgespielt, in Francis Ford Coppolas Softporno-Westernkomödie *Tonight for Sure* (*Nackt im Wilden Westen*, 1962).

Dass Hitchcock anstelle von Kunstblut für den Schwarzweiß-Film *Hersheys Sirup* verwendet, ist gemeinhin eher bekannt, weniger aber, dass er für die vielen Einstiche, die akustisch auf der hochgezogenen Tonspur laut und deutlich zu hören sind, Melonen testen lässt. Mit den Messereinstichen in die Casaba-Melone, einer Unterart der Honigmelone, ist der gewichtige Meister schließlich zufrieden. Die Melonen-Einstiche sind es, die bis heute zu hören sind. Laut. Scharf. Schneidend.

Als Norman die Tote entdeckt, ist er schockiert, putzt und säubert das blutverschmierte Bad auf sorgfältig penible Weise und versenkt schließlich Marions Wagen im Sumpf – im Kofferraum ihre Leiche, ihr Gepäck, ihre Kleider und das in eine Zeitung eingerollte gestohlene Geld, von dem er nichts weiß. Der alte abgestorbene verknöcherte Baum, der unmittelbar neben ihm steht, mit seiner vertikalen und horizontalen Ausprägung, hat dabei die Anmutung eines Kreuzes. Als der Wagen für einen Moment aufhört, weiterzusinken, hält der Zuschauer zusammen mit dem nervösen Norman die Luft an. Als das Auto schließlich mit einem Schmatzen des Sumpfes ganz versinkt, ist ein Zucken in Normans Mundwinkel zu sehen, huscht ein diabolisches Lächeln für Sekunden über sein Gesicht – und der Zuschauer atmet erleichtert auf, ist zum Komplizen geworden. Ein Voyeur ist er bereits.

Spätestens hier hat das Publikum die Seiten gewechselt, ist in seiner eigenen Zerrissenheit, wem es denn seine Sympathie schenken soll, schließlich von der ihm genommenen vermeintlichen Protagonistin Janet Leigh zu Anthony Perkins übergelaufen. Hitchcock hat den ausgelieferten Zuschauer ganz in seiner Hand und spielt virtuos mit dessen Emotionalität und Wahrnehmung: »Worauf es mir ankam, war, (…) das Publikum zum Schreien zu bringen. (…) In *Psycho* habe ich das Publikum geführt, als ob ich auf einer Orgel gespielt hätte.«[10]

Auf Marions Verschwinden reagieren gleich mehrere Menschen, die sie vermissen: Ihre Schwester Lila Crane (Vera Miles), ihr Chef sowie ihr Geliebter Sam, der von Marions Verschwinden erst durch Lila erfährt. Schließlich der Versicherungsdetektiv Milton Arbogast (Martin Balsam), der im Auftrag von Marions Chef ermittelt, geht es doch um 40.000 Dollar. Arbogast, der bei einem Gespräch mit Norman im Büro des Motels misstrauisch geworden ist und im Gästebuch die Handschrift Marions entdeckt, will Normans Mutter im Haus aufsuchen und sprechen – und wird von dieser auf der in den ersten Stock führenden Treppe, die er rücklings herunterfällt, erstochen. Arbogasts Fall mutet dabei an wie ein Gleiten.

Als Lila schließlich im Keller auf den skelettierten, ausgestopften Leichnam von Mrs. Bates stößt, stürzt der als seine Mutter verkleidete Norman mit erhobenem Messer auf sie zu, und Sam kann ihn im letzten Moment zurückhalten. Norman windet sich in Sams Umklammerung und kämpft, es ist ein Kampf mit und gegen sich selbst, mit seinen verschiedenen Ichs, bei dem er markdurchdringende, gequälte Schreilaute ausstößt. Eine groteske, erschütternde Szene, bis heute.

Die Schlusssequenz zeigt Norman, in einer Gefängniszelle in eine Decke eingehüllt, auf einem Stuhl sitzend, wie er als Mutter Bates einen inneren Monolog führt. Es ist nunmehr ausschließlich *Mother*, die hier spricht und von Norman vollständig Besitz ergriffen hat: »(…) Als ob ich etwas anderes tun könnte als sitzen und starren, wie seine ausgestopften Vögel. Oder wissen die da draußen nicht, dass ich keinen Finger bewegen kann?«

Psycho ist letztlich keine filmische Erzählung mit einem wirklichen narrativen Handlungsraum und realen Figuren – *Psycho* ist die subtile, präzise, transzendente Visualisierung eines Seelenzustandes, einer Geistesverfassung. Hitchcocks Bilder sagen deutlich mehr, als sie zeigen. So ist die viktorianische Villa hinter *»Bates Motel«* denn auch die sinnbildliche Verkörperung der Freudschen Strukturlehre: Das »Ich« wohnt im Parterre – dort verhält sich Norman, hält er sich dort auf, normal und ruhig. Das »Über-Ich« wohnt im ersten Stock – dort »lebt« Mutter, und geht Norman die Treppe hoch, so ist es ein merkwürdiger, fahrig-nervöser, gehemmter Gang. Das »Es« schließlich wohnt im Keller – dort, wohin Norman Mutter auf den Armen die Treppe hinunter trägt, runter zum Obst, obgleich sie, wie sie schimpfend sagt, doch nicht *»fruity«* (deutsch: verrückt) sei. Die Kamera begibt sich dabei in einen Winkel, der keiner menschlichen Sichtweise entspricht, höchstens einer transzendenten, einer göttlichen: Ähnlich wie bei dem Mord an Arbogast geht sie von der Treppe mit einem Schwenk nach oben unter die Decke, um sodann in der Vertikalen senkrecht nach unten zu blicken, auf den Treppenabsatz, die Treppe, und die offenstehende Tür zu Mutter Bates' Zimmer. Es ist ein zutiefst verstörender Blickwinkel. Während dieses Gangs von Norman, dieses Tragens, sind alle drei Ebenen miteinander verbunden, stehen in Interaktion miteinander. Das »Ich« ist hier keineswegs mehr Herr im eigenen Haus. Je mehr Norman / der Zuschauer dem »Über-Ich« gehorcht, umso schuldiger fühlt er sich.

Alles in *Psycho* ist im Grunde innerlich, spielt sich im Innen ab, ist die ins Außen verlagerte, visuell veranschaulichte Introspektion einer Seele. So ist Alfred Hitchcocks von Joseph Stefano besorgte Adaption des Romans von Robert Bloch – der wiederum auf realen Begebenheiten des Falls um den 1957 in Wisconsin enttarnten Serienmörder Ed Gein beruht –, einer seiner Filme, in denen die visuelle Deskription eines mentalen Vorgangs ihre künstlerische Kulmination erfährt. Ähnliches ist insbesondere über *Shadow of a Doubt*, über *Strangers on a Train*, über *Rear Window*, über *Vertigo* und über *The Birds* zu sagen. So wie es in *The Birds* nur auf der oberflächlichsten aller Deutungsebenen um scheinbar aggressive Angriffe von Vögeln auf scheinbar unschuldige Menschen geht, um den Racheakt der Natur, der Schöpfung am Menschen, so geht es in *Psycho* nur auf den allerersten Blick um einen psychopathischen Motelbetreiber und Frauenmörder. Das Wesentliche ist auch hier nicht real sichtbar, es ist vielmehr intuitiv spürbar, es liegt wie ein mentaler Schleier über allem. Über dem ganzen – diesmal nicht von Robert Burks, sondern von John L. Russell photographierten – Film liegt eine Atmosphäre des Unfassbaren, des Ungreifbaren. Ein unerklärlicher Sog geht von diesen kühlen, klaren, sterilen, geometrisch angeordneten Bildern aus. Ein Sog, der bereits mit dem Vorspann einsetzt. Vertikale und horizontale Linien und Schnitte gehen mit dem Peitschen und Schneiden der Violinen einher. So nimmt selbst die hypnotische Herrmannsche Musik motivisch das zustechende Messer vorweg, die Zerrissenheit und Ambivalenz der beiden »Hauptfiguren« Marion und Norman.

Letztendlich ist *Psycho* eine Abhandlung über Dualität und Dualismus.

Als Alfred Hitchcocks neuester Film *Psycho* im Hochsommer des Jahres 1960 am 16. Juni seine Weltpremiere in New York hat und anschließend in den USA in die Kinos kommt, stehen die Menschen draußen Schlange. Jeder will ihn sehen, diesen neuen Film. In Drive-in-Kinos etwa wird der zweite Film gestrichen, Autos stehen über eine Länge von drei Meilen an. Hitchcock kann über das Studio sogar bewirken, dass die Filmtheater-Betreiber nach Filmbeginn niemanden mehr einlassen. Kämen die Kinogänger zu spät, wie in den USA durchaus üblich, würden sie sich womöglich wundern, wo denn Janet Leigh geblieben sei. »*You must see it from the beginning!*«, ist überall in großen Lettern in den Kinofoyers zu lesen, mit einem lebensgroßen Hitchcock-Aufsteller aus Pappe, der mahnend auf die Armbanduhr zeigt. Zudem ertönt Hitchcocks Stimme aus den Lautsprechern.

Als die Menschen in den USA im Kino sitzen und *Psycho* erstmals sehen und etwa nach dem ersten Drittel des Films die Hauptdarstellerin Janet Leigh unter der Dusche vollkommen unerwartet umgebracht wird, rennen viele schreiend und entsetzt aus den Kinosälen heraus: »In dem Moment, in dem der Vorhang sich öffnet und er zusticht, kam ein lang anhaltender Schrei aus dem Publikum«, erzählt etwa Regisseur und Autor Peter Bogdanovich (*What's Up, Doc?*, 1972), wie François Truffaut ein glühender Hitchcock-Verehrer, sich an jenen Sommer 1960 erinnernd. »Zum ersten Mal in der Geschichte des Films war es im Kino nicht sicher. Als ich mittags auf den Times Square hinaustrat, hatte ich das Gefühl, vergewaltigt worden zu sein«,[11] so Bogdanovich weiter, der sich noch heute nachhaltig beeindruckt zeigt.

In Interviews und Talkshow-Auftritten konterkariert Hitchcock die Schockwirkung seines neuesten Films geflissentlich mit Aussagen wie: »What is funny? Making a picture like *Psycho*. That's hilarious to me.«[12] Oder: »To me *Psycho* was a big comedy. Had to be.«

Zeit ihres Lebens wird Janet Leigh – die nach der Scheidung von Tony Curtis 1962 bis zu ihrem Tod 32 Jahre mit dem Börsenmakler Robert Brandt verheiratet ist – darauf angesprochen, was es mit ihrer kolportierten Aversion gegen Duschen auf sich habe. Kein Interview ohne diese Frage. »Mit dem Duschen habe ich aufgehört, ich bade nur noch, gehe ausschließlich in die Badewanne«, sagt sie. Tatsächlich gerät die einstige Star-Schauspielerin regelrecht in Panik, wenn sie einmal in einem Hotel oder bei Freunden übernachten muss, wo es nur eine Dusche gibt. »Dann überzeuge ich mich, dass alle Türen und Fenster im Haus fest verschlossen sind, ich lasse die Badezimmertür offen und den Duschvorhang auch. Und ich stehe immer mit dem Gesicht zur Tür, egal, wo der Duschkopf ist, und behalte sie im Blick.«[13] Leigh weiter: »Das stimmt wirklich und wahrhaftig. Und es kam nicht von den Dreharbeiten. Es kam vom *Sehen*. Vorher ist mir nie klar geworden, wie wahrhaft verletzlich wir sind. Aber das war es, was Alfred Hitchcock gemacht hat. Eine Dusche. Ein Vogel. Solche ganz normalen Dinge, und er hat sie zu etwas Abnormalem gemacht.«

Den Moment, in dem sie *Psycho* erstmals überhaupt sieht, beschreibt Janet Leigh wie folgt: »Ich habe den Film zum ersten Mal in einem Vorführraum gesehen, mit Hitchcock und etlichen anderen. Ich wusste nicht, was mich erwartet, und als ich ihn dann sah, war ich überwältigt. Durch den Schnitt, den Rhythmus und die Musik war es, als würde man die Messerstiche tatsächlich spüren. Als gingen sie direkt in mich hinein. Das war sehr, sehr emotional.«[14] Und an anderer Stelle: »Obwohl ich ja wusste, was kommt, habe ich geschrien. Und obwohl ich wusste, dass ich heil und lebendig in dieser Vorführung saß, war es doch eine höchst emotionale Erfahrung, das eigene Ableben zu sehen.«[15]

Währenddessen steht Anthony Perkins zum Zeitpunkt des Kinostarts von *Psycho* bereits mit Ingrid Bergman für die Françoise Sagan-Verfilmung *Aimez-vous Brahms?* (*Lieben Sie Brahms?*, 1961) im Paris der Existentialisten und Rollkragenpulloverträger unter Anatole Litvaks Regie vor der Kamera und wird von dem massiven Hype, der nun einsetzt, vollkommen überrollt.

Alfred Hitchcock wird in den darauffolgenden Jahren fortan in Interviews auf die ihm eigene humorige Art trocken zum Besten geben, dass er überraschend viele Briefe erhalte von Kinogängern, die sich nicht mehr trauen, unter die Dusche zu gehen, nachdem sie gesehen haben, was Janet Leigh dort widerfährt.

Am treffendsten beschreibt er dieses Massenphänomen mittels einer Anekdote, als er im Juni 1972 in der legendären *Dick Cavett Show* auftritt:

»Einmal erhielt ich einen Brief von einem Herrn, der mir schrieb: Meine Tochter hat den französischen Film *Les Diaboliques* (*Die Teuflischen*, 1955) gesehen und weigert sich seither, ein Bad zu nehmen, weil in einer Szene des Films ein Mann aus der Badewanne steigt und sich die Augen herausnimmt und so weiter, eben eine Horror-Szene (…). Jetzt hat sie *Psycho* gesehen und will auch nicht mehr duschen – mit dem Ergebnis, dass man sich nur noch äußerst ungern in ihrer Nähe aufhält. (*Lautes Gelächter im Studio-Publikum*). – Ich habe ihm daraufhin geantwortet: ›Dear Sir, am besten schicken Sie sie in die Reinigung!‹«[16]

Tatsächlich löst Hitchcocks 47. Film in den USA bei vielen Menschen so etwas wie eine Dusch-Phobie aus. *Psycho* stellt einen veritablen Schock dar: Einen Kulturschock. Einen Sehschock. Einen Zivilisationsschock. Noch heute, Jahrzehnte nach seiner Kinopremiere, geht von Hitchcocks hochmanipulativem, raffiniertem Meisterwerk eine bezwingende hypnotische Wirkung aus, insbesondere, wenn das Schwarzweiß-Drama auf einer großen Kino-Leinwand zu sehen ist. *Psycho* mit seiner ikonischen Dusch-Szene ist in das kollektive Gedächtnis der Menschen eingegangen. Und mit ihr Janet Leigh.

Auf ihre Arbeit unter Alfred Hitchcocks Regie zu *Psycho* angesprochen – den Film, mit dem sie aufgrund seiner globalen Wirkung ähnlich wie Anthony Perkins ihr Leben lang identifiziert wird und für den sie 1960 eine Oscar-Nominierung als Best Supporting Actress sowie den Golden Globe erhält –, bekennt Janet Leigh Jahrzehnte später gegenüber der *New York Times*: »Ich habe in sehr vielen Filmen mitgewirkt, aber ich denke, als Schauspielerin hat man großes Glück, wenn man mit einer Rolle wirklich in Erinnerung bleibt. Und dieses Glück hatte ich, mit Hitchcock.«[17]

[1] Leigh, Janet / Nickens, Christopher: *Psycho. Hinter den Kulissen von Hitchcocks Kultthriller*. München 1996, S. 43. (Anmerkung: Mary Crane heißt die Protagonistin in Robert Blochs Roman. Im Film heißt Janet Leighs Figur Marion Crane, da die Produktion 1959 feststellte, dass in Phoenix zwei Frauen mit Namen Mary Crane lebten.)

[2] Rebello, Stephen: *Alfred Hitchcock and the making of Psycho*. London 1998, S. 61.

[3] Skerry, Philip J.: *Psycho in the Shower. The History of Cinema's Most Famous Scene*. New York 2009, S. 16.

[4] Leigh, Janet / Nickens, Christopher: *Psycho. Hinter den Kulissen von Hitchcocks Kultthriller*. München 1996, S. 64.

[5] *The New York Times*: Bernard Weinraub, »›Psycho‹ in Janet Leigh's Psyche«. 1. Mai 1995.

[6] Interview mit Drehbuchautor Joseph Stefano, 1997. Dokumentation »The Making of Psycho«. *Psycho*. Blu-ray, Universal 2010.

[7] Truffaut, François: *Mr. Hitchcock, wie haben Sie das gemacht?* München 1973 / Neuausgabe 2003, S. 275.

[8] Alle Dialoge entstammen der deutschen Synchron- und/oder Originalfassung. *Psycho*. Blu-ray, Universal 2010.

[9] Interview mit Regisseur William Friedkin, 1997. Dokumentation »In The Master's Shadow: Hitchcock's Legacy«. *Psycho*. Blu-ray, Universal 2010.

[10] Truffaut, François: *Mr. Hitchcock, wie haben Sie das gemacht?* München 1973 / Neuausgabe 2003, S. 275 u. 264.

[11] *78/52. Hitchcock's Shower Scene*. Regie/Buch: Alexandre O. Philippe. Dokumentarfilm 2017.

[12] *The Dick Cavett Show*. ABC, 8. Juni 1972. DVD, Sony BMG 2006.

[13] *The New York Times*: Bernard Weinraub, »›Psycho‹ in Janet Leigh's Psyche«. 1. Mai 1995.

[14] *The New York Times*: Bernard Weinraub, »›Psycho‹ in Janet Leigh's Psyche«. 1. Mai 1995.

[15] Maxford, Howard: *The A – Z of Hitchcock*. London 2002, S. 139.

[16] *The Dick Cavett Show*. ABC, 8. Juni 1972. DVD, Sony BMG 2006.

[17] *The New York Times*: Bernard Weinraub, »›Psycho‹ in Janet Leigh's Psyche«. 1. Mai 1995.

10

Tippi Hedren

The Birds (Die Vögel, 1963)

Marnie (1964)

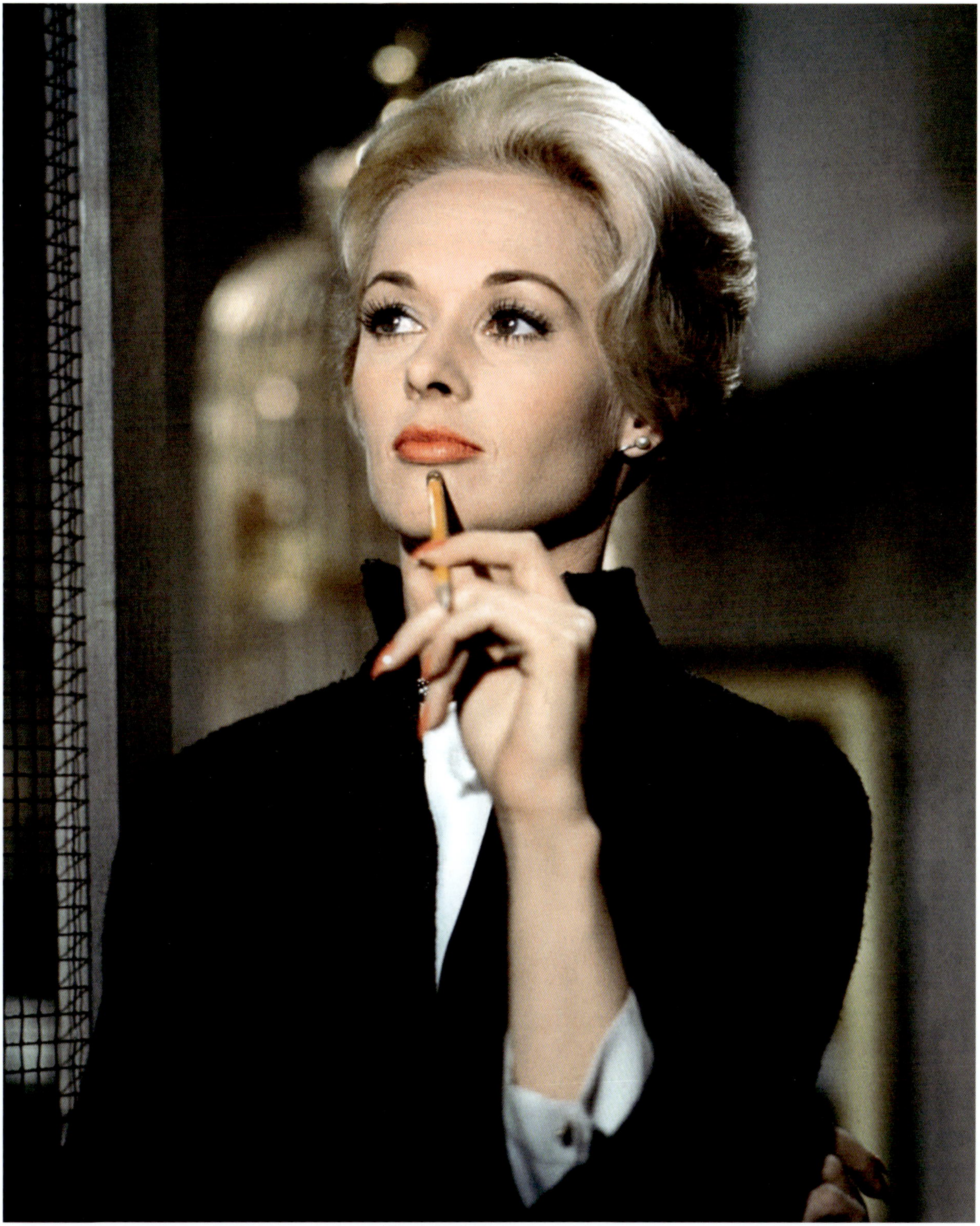

Szenenphoto aus *The Birds*, 1963

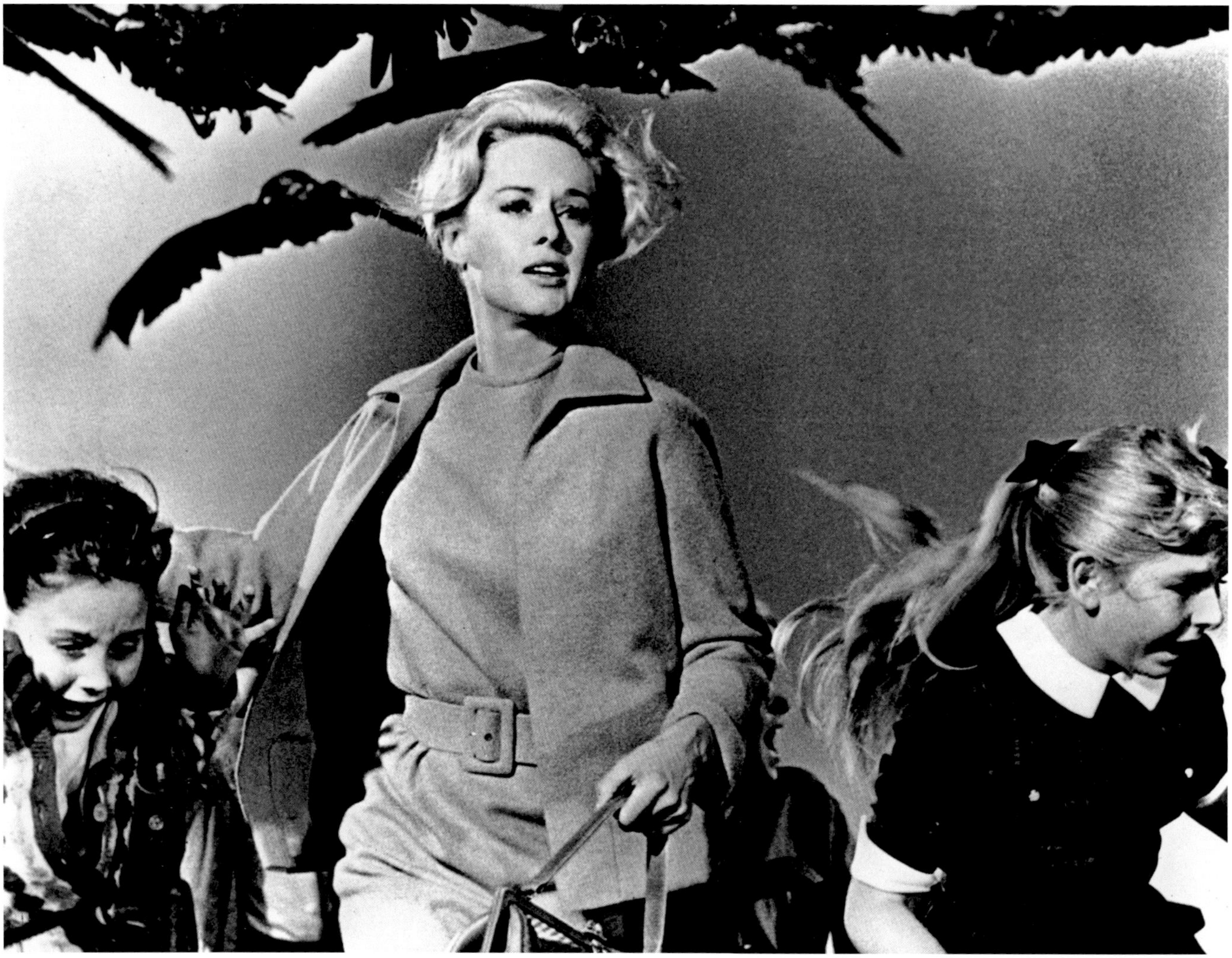

Szenenphoto aus *The Birds,* 1963

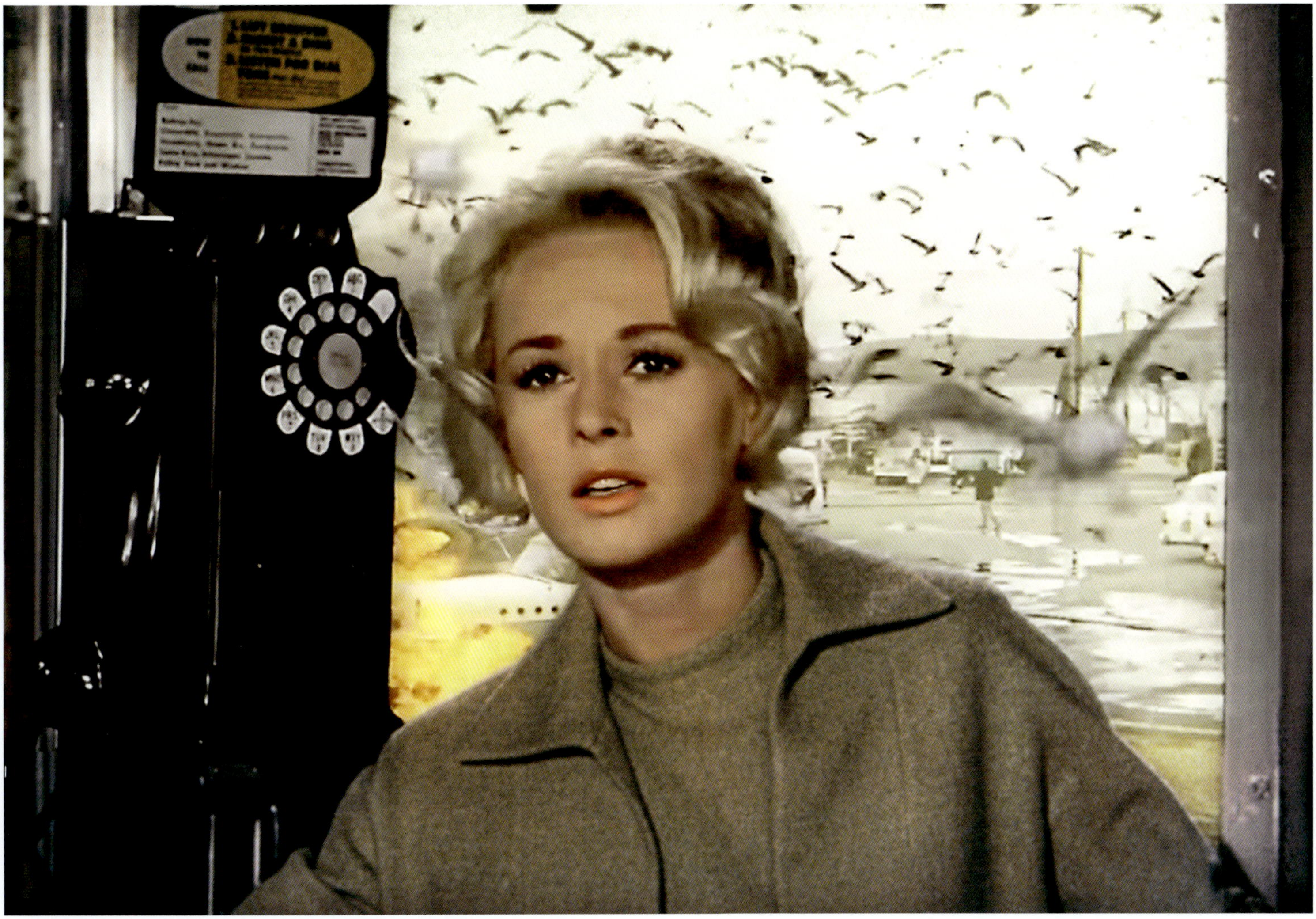

Szenenphoto aus *The Birds,* 1963

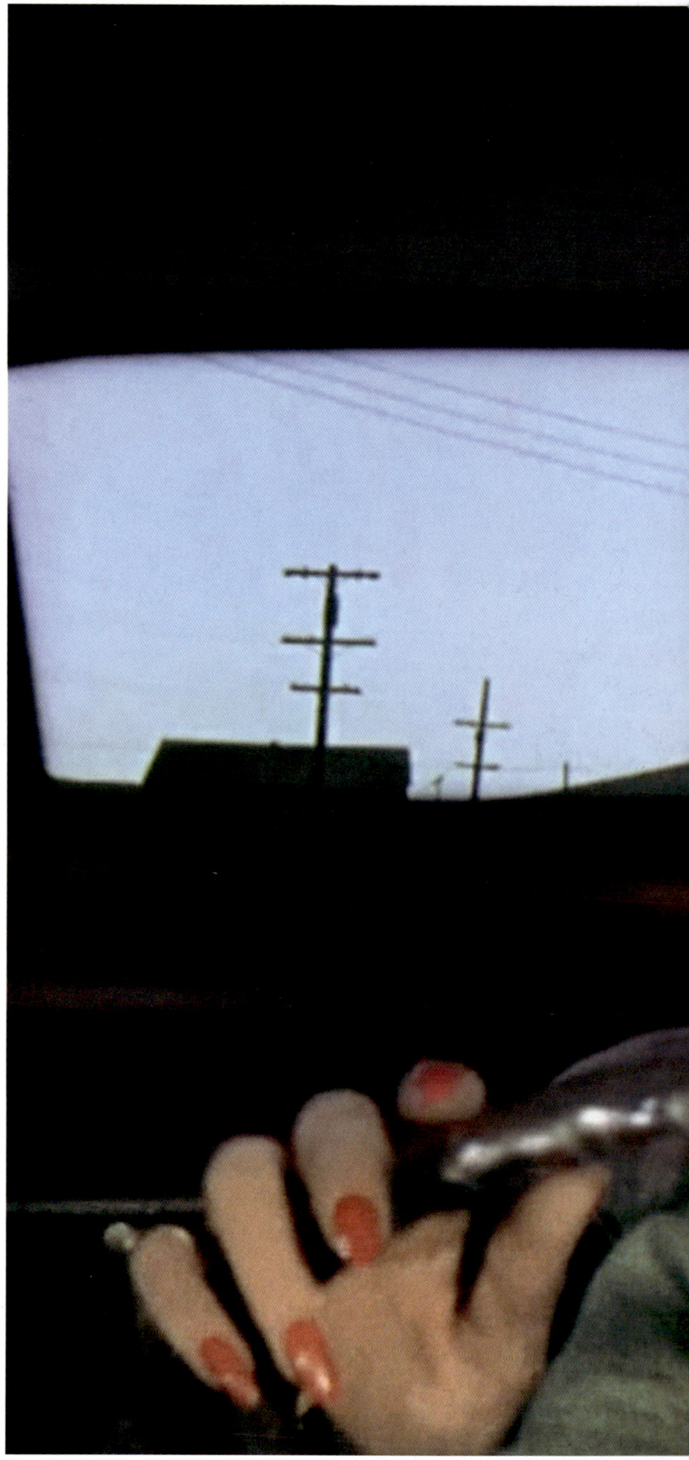

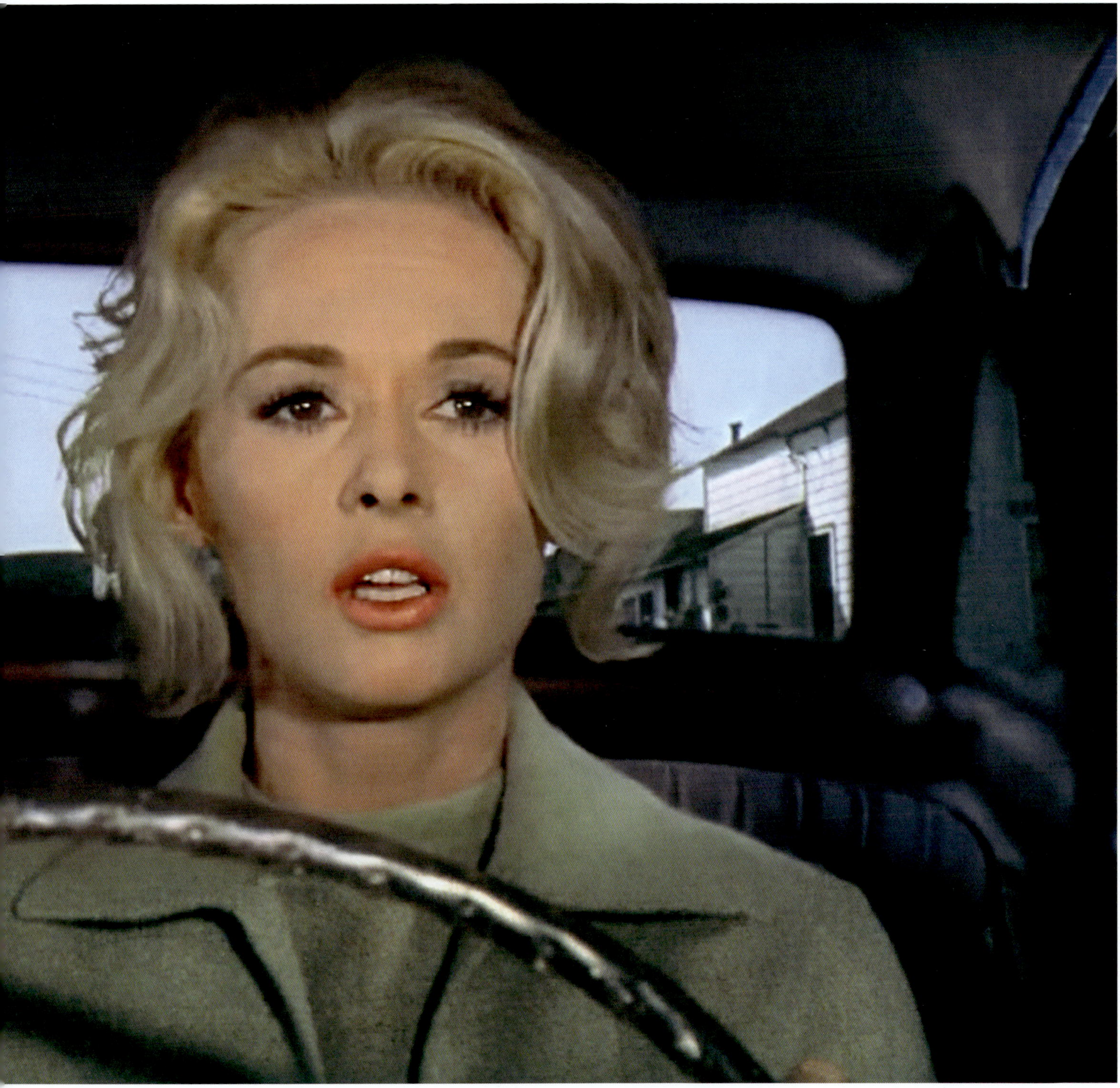

Szenenphoto aus *The Birds*, 1963

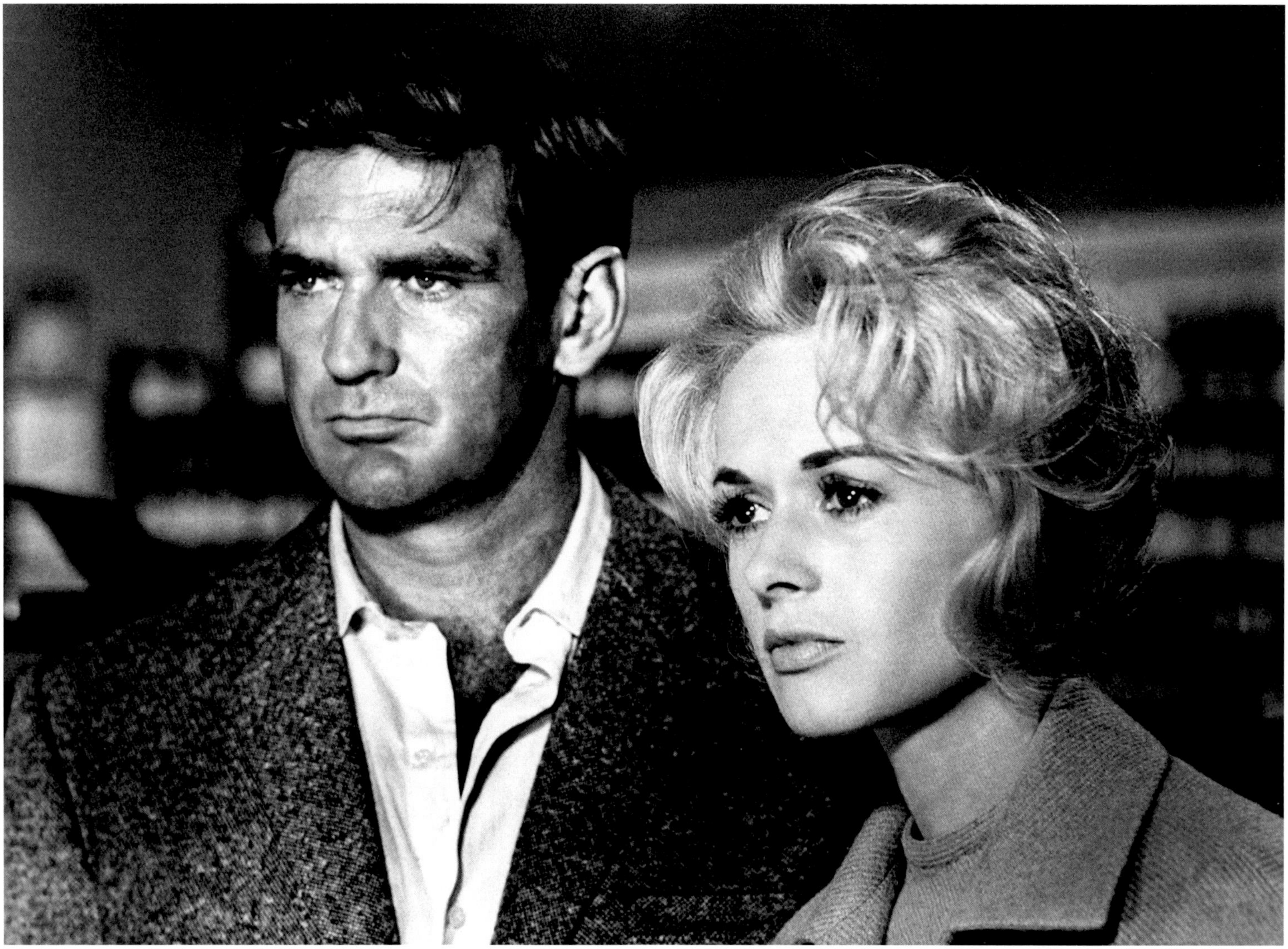

Szenenphoto mit Rod Taylor aus *The Birds,* 1963

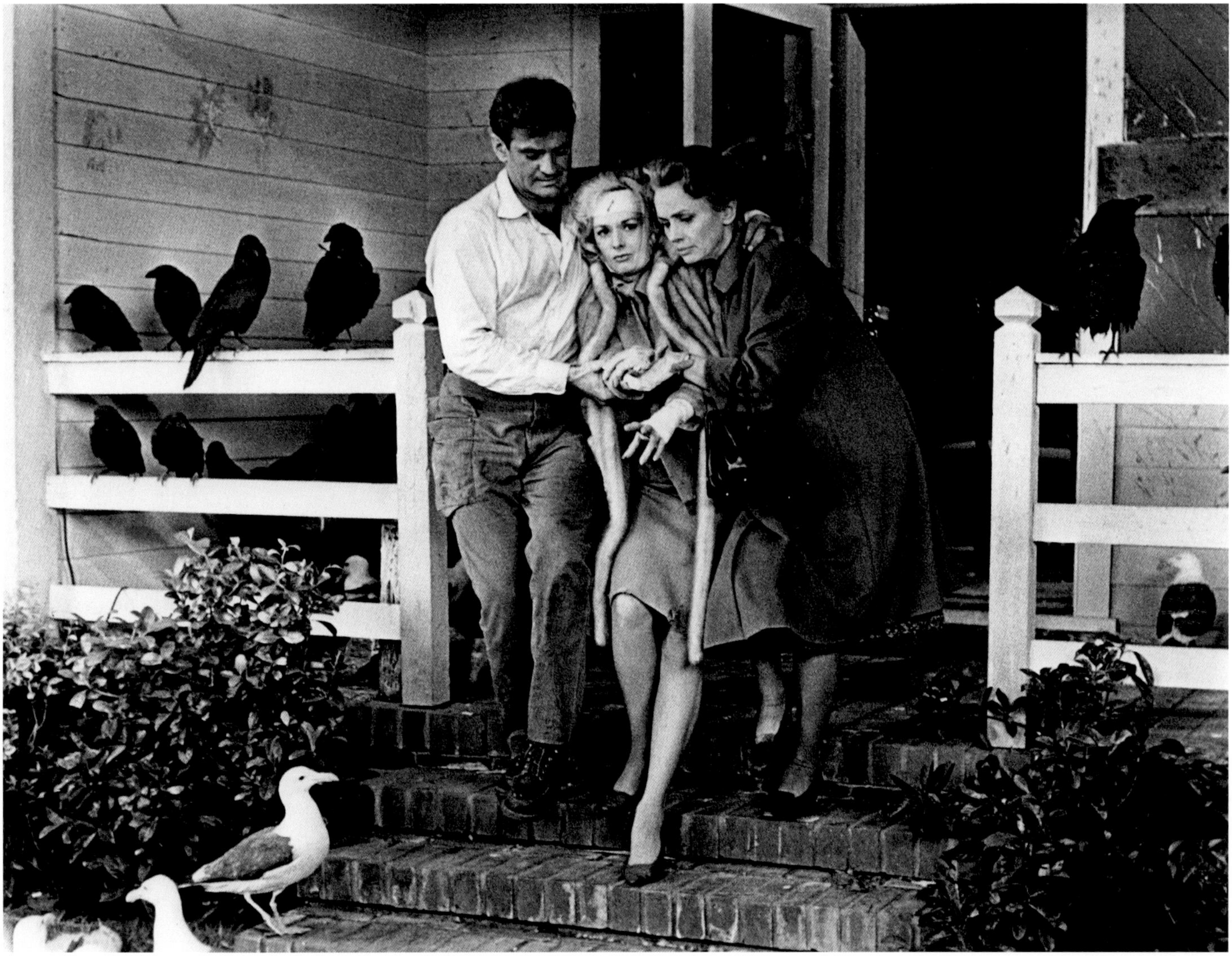

Szenenphoto mit Rod Taylor und Jessica Tandy aus *The Birds,* 1963

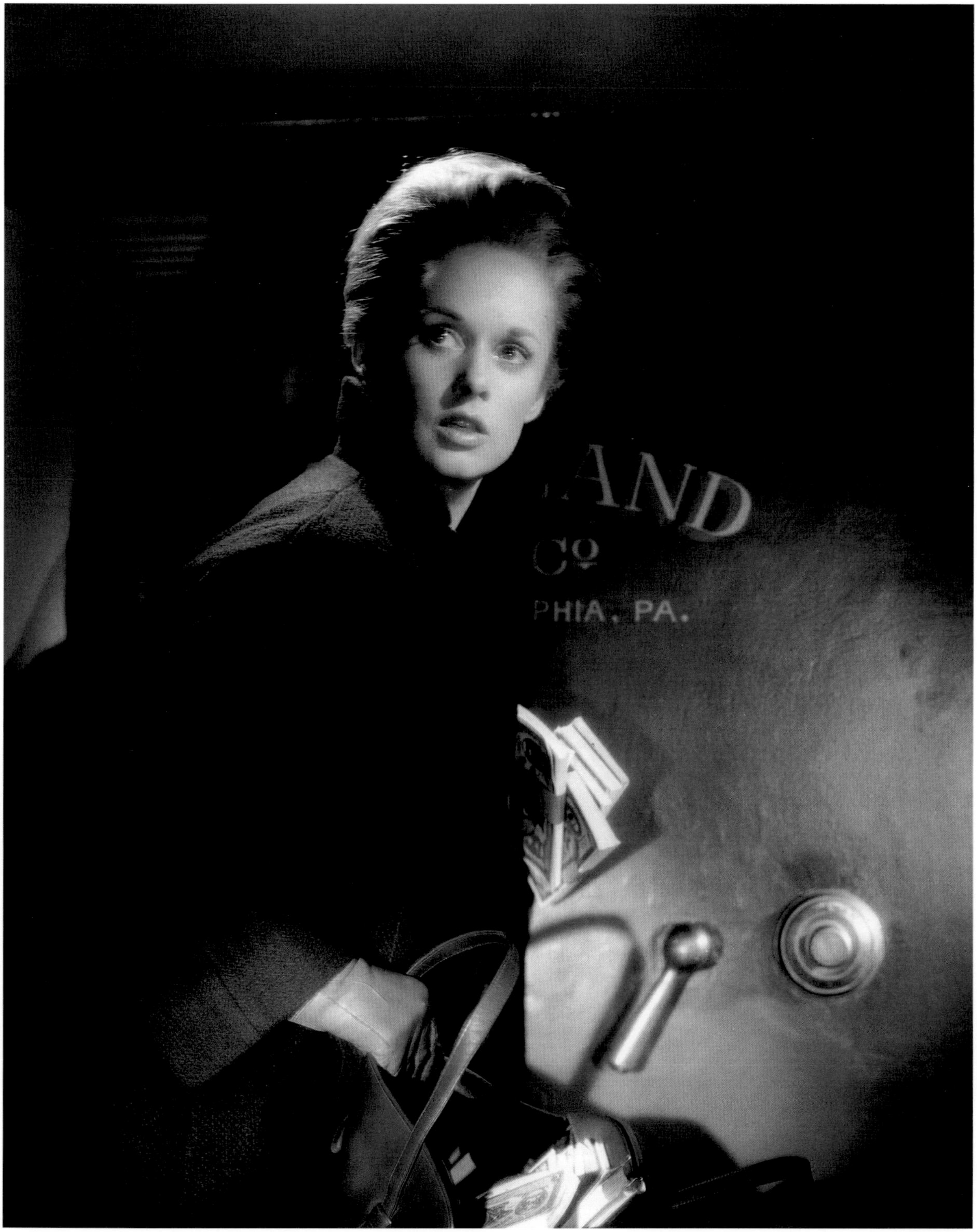

Szenenphoto aus *Marnie*, 1964

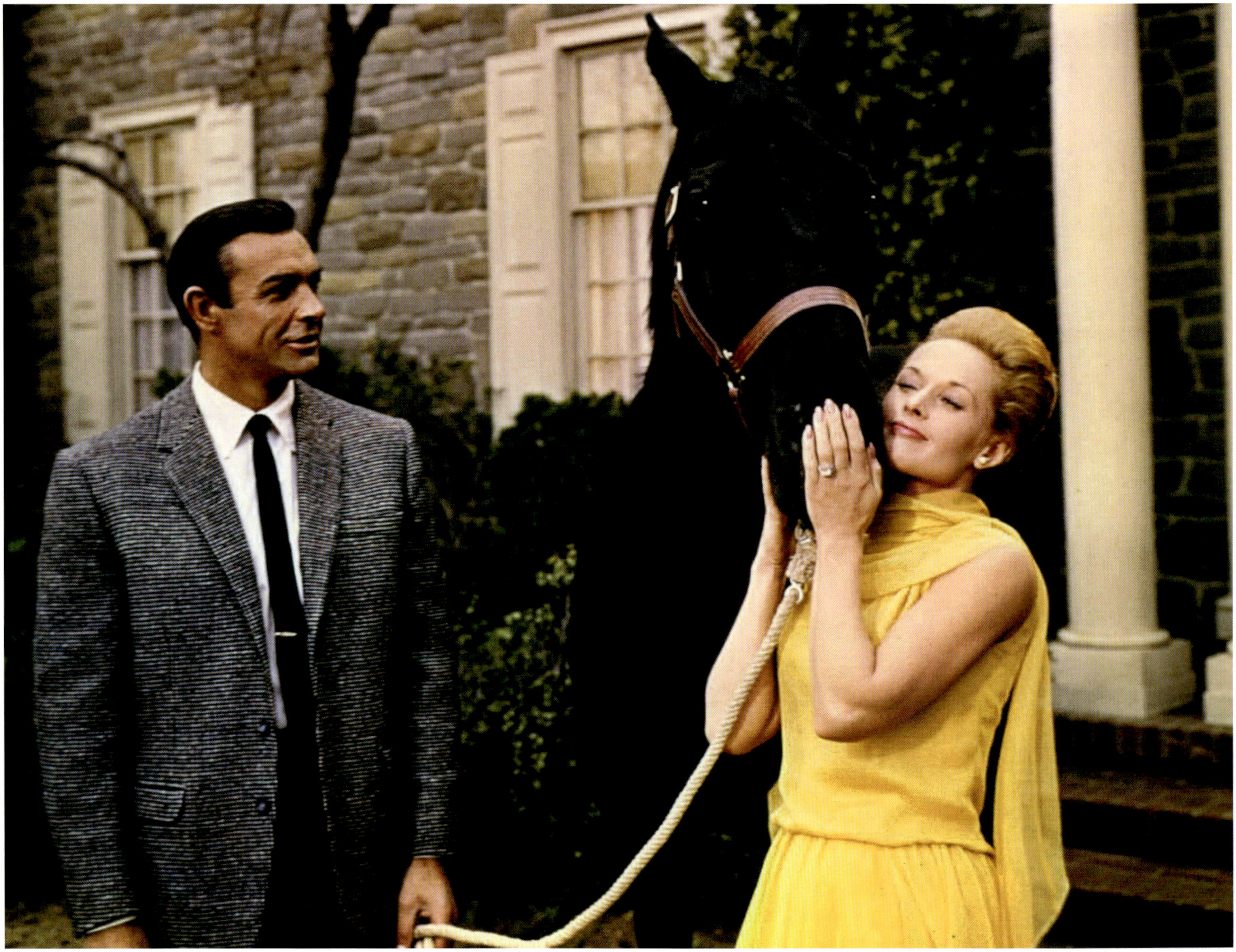

Szenenphoto mit Sean Connery aus *Marnie*, 1964

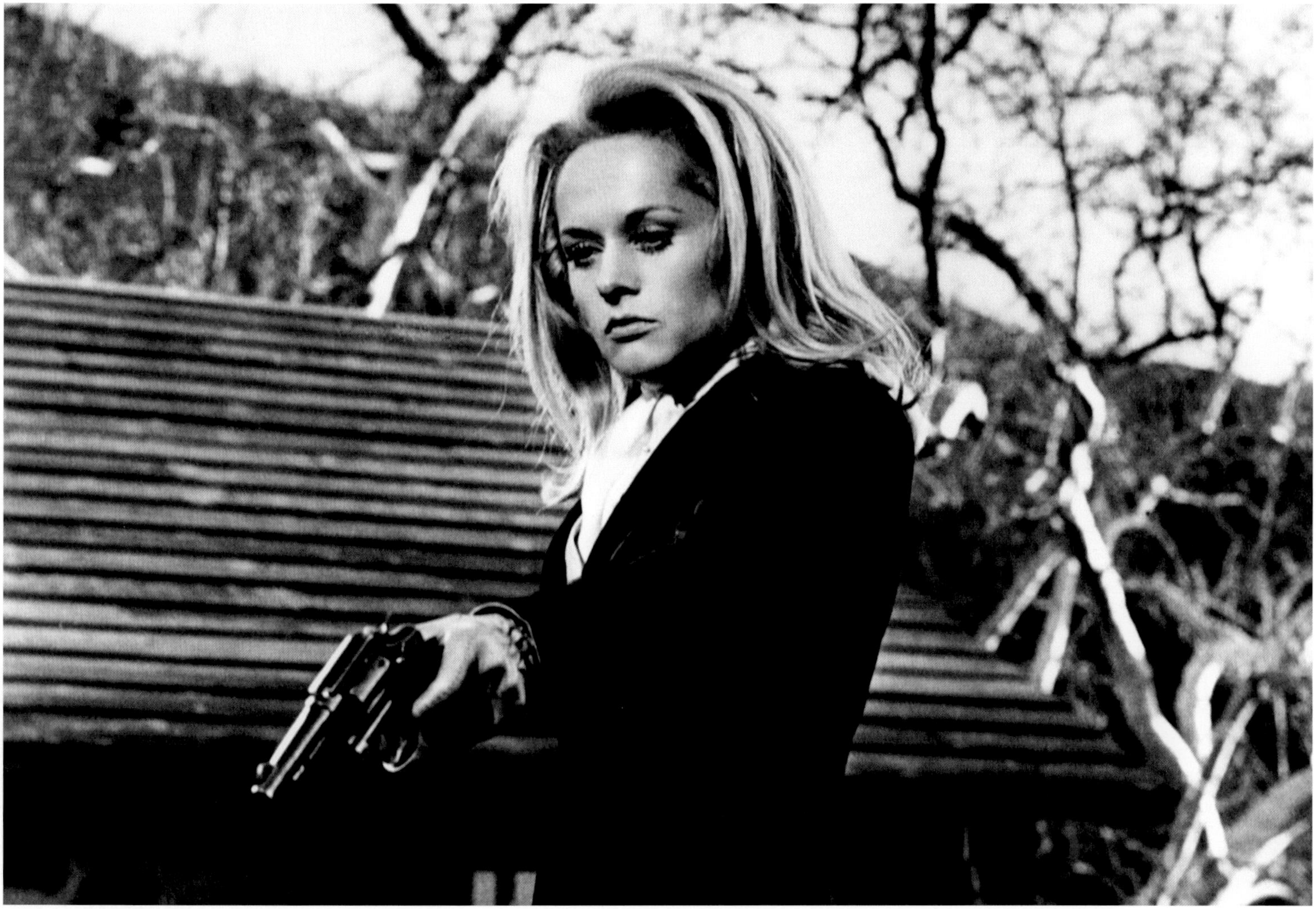

Szenenphoto aus *Marnie*, 1964

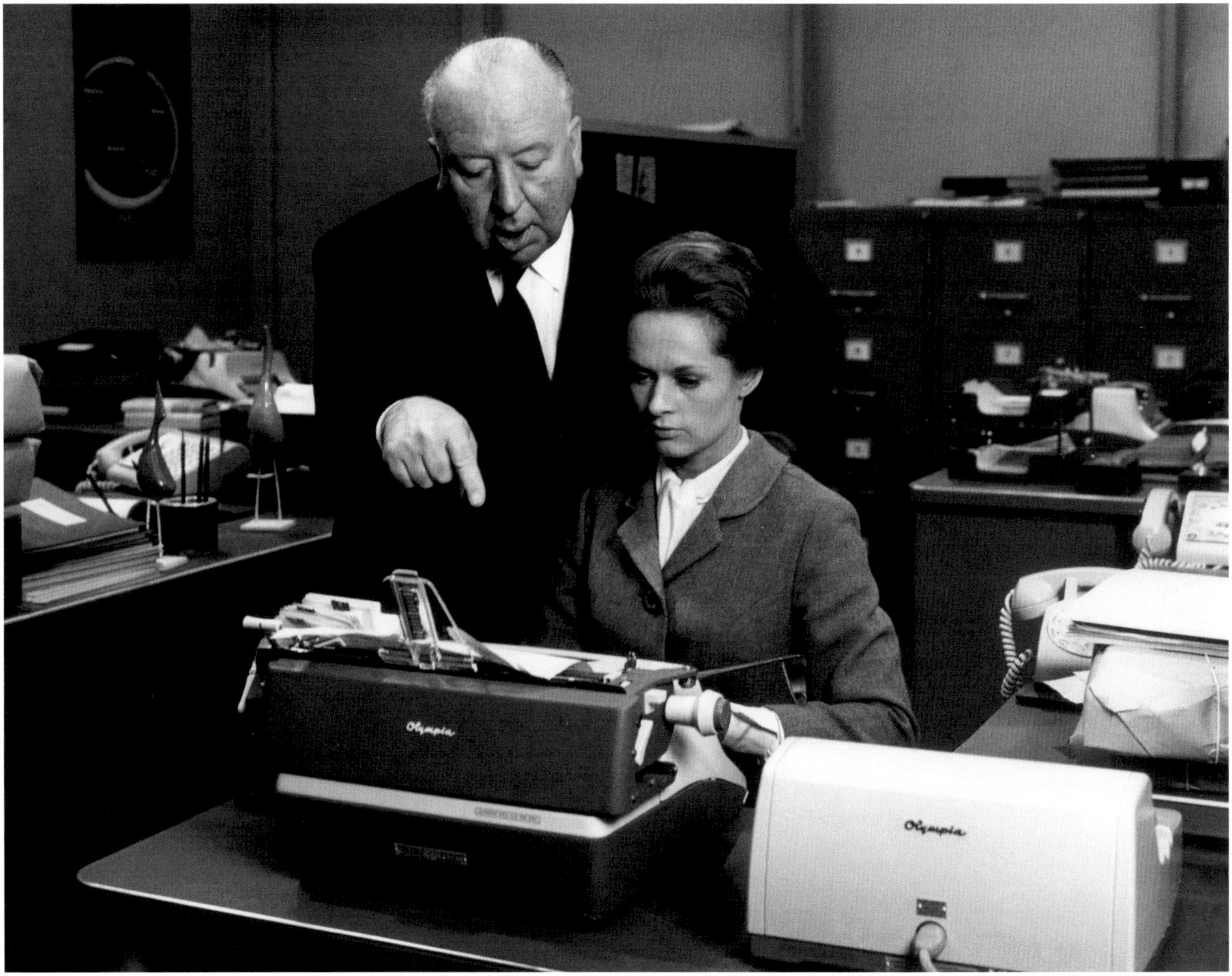

Tippi Hedren und Alfred Hitchcock am Set von *Marnie*, 1964

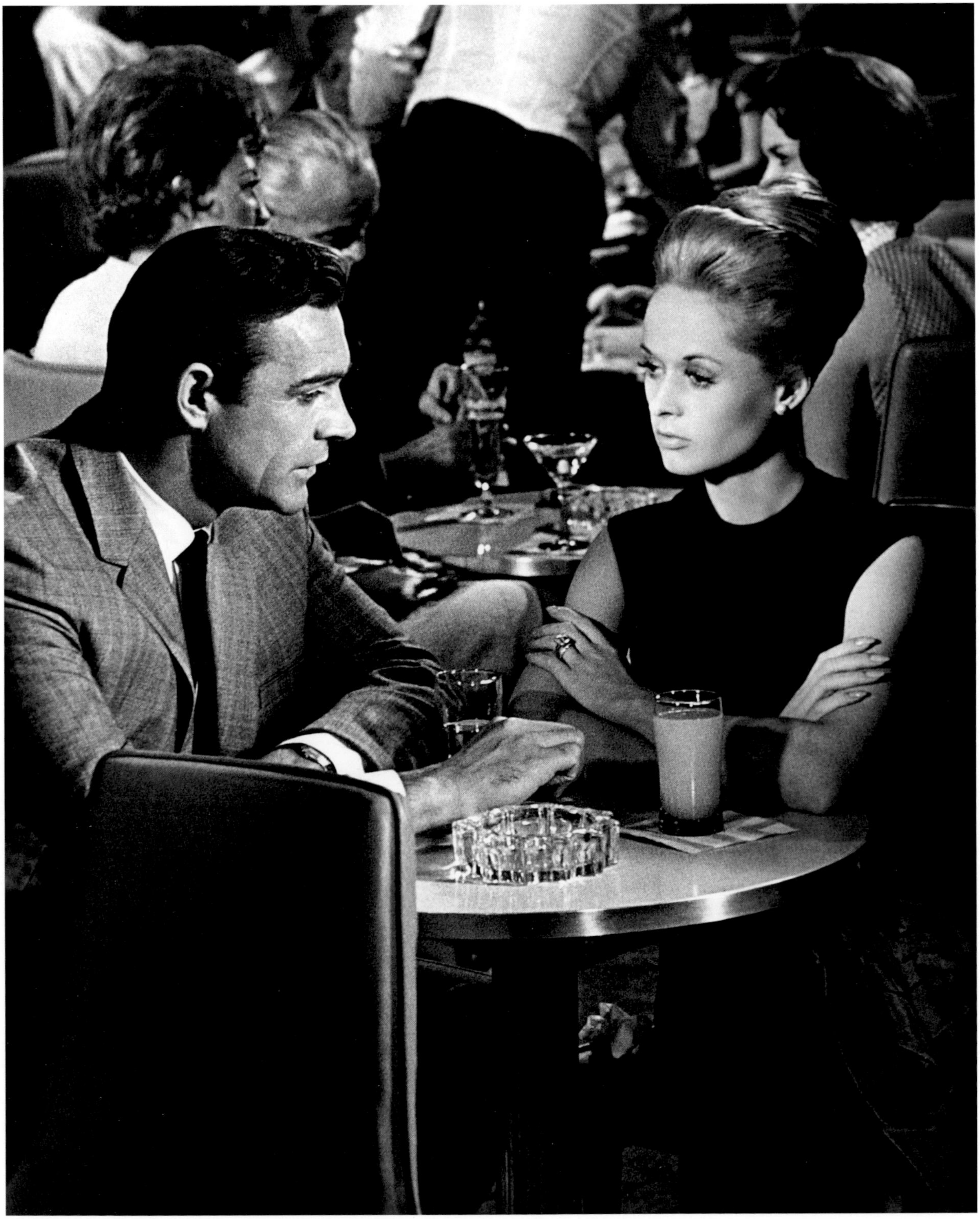

Szenenphoto mit Sean Connery aus *Marnie*, 1964

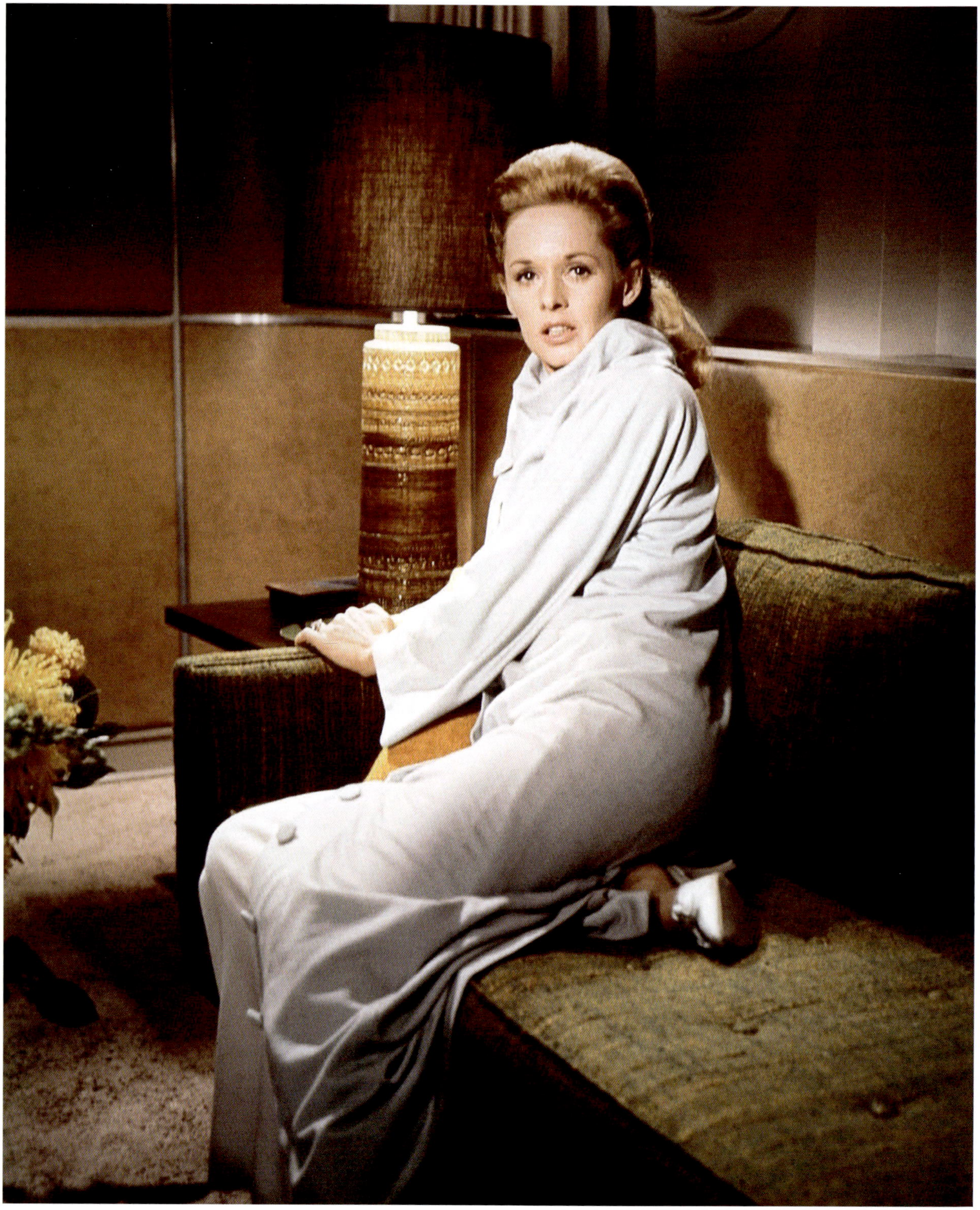

Szenenphoto aus *Marnie*, 1964

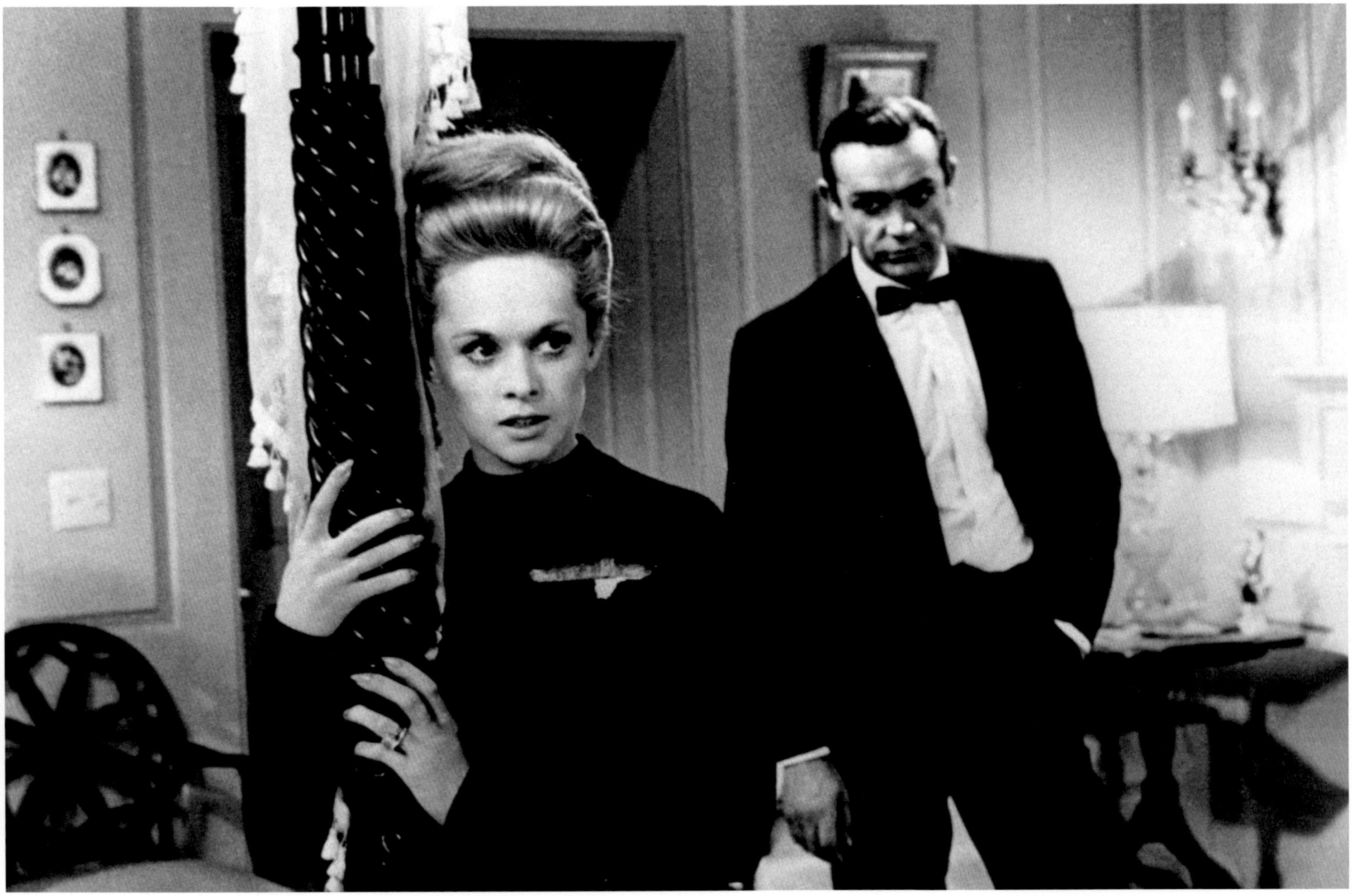

Szenenphoto mit Sean Connery aus *Marnie*, 1964

Tippi Hedren

(*1930)

»Tippi Hedren is really remarkable.
She's already reaching the lows and highs of terror.«

Es ist ein Morgen wie jeder andere auch. Alma Reville und Alfred Hitchcock sitzen beim Frühstück in ihrem Haus in der Bellagio Road 10957 in Bel Air, Beverly Hills. Es mag purer Zufall sein, als sie an diesem Freitag, dem 13. Oktober des sonst für sie so ruhigen Jahres 1961 – der weltweite Kinostart von *Psycho* mit seinen diversen Kino-, Werbe- und Interview-Touren liegt hinter ihnen – auf einmal im Frühstücks-Fernsehen auf jemanden aufmerksam werden. Sie sehen die populäre *Today Show* auf NBC, gerade läuft ein Werbespot: die Hitchcocks sehen eine kühl wirkende, schlanke Blondine, und sofort ist ihnen beiden klar – das ist die neue Hitchcock-Heroine, das ist die Nachfolgerin von Grace Kelly.

In einem Schwarzweiß-Spot macht ein ihnen unbekanntes, hochattraktives Model Werbung für »*Sego*«, einen Diät-Trunk mit Schokoladen-Geschmack. Sie trinkt ihn, geht die Straße entlang und sogleich pfeift ihr auf dem Bürgersteig ein Junge keck hinterher – und sie dreht sich mit kokettem Lächeln zu ihm um. Ganz ähnlich wird einmal der Film in San Francisco beginnen, auf dem Bürgersteig vor einer Tierhandlung, in dem sie mit ihren dann 32 Jahren ihre erste Rolle überhaupt spielt.

Robert Boyle, Production Designer bei mehreren Hitchcock-Produktionen, kommentiert die überraschend wirkende Wahl Hedrens durch den Regisseur so: »Hitchcock mochte immer schon Frauen, die sich wie wohlerzogene Damen benahmen. Diese Qualität konnte Tippi bei sich herstellen. Er war sehr angetan von ihrer Art zu gehen.«[1]

Tippi Hedren ist gerade erst von New York City nach Los Angeles gezogen, zusammen mit ihrer vierjährigen, im August 1957 geborenen Tochter Melanie Griffith. Sie hat ein Haus in Westwood unterhalb des Sunset Boulevard gemietet, unweit von Beverly Hills und an Bel Air angrenzend, dem Viertel der Hitchcocks. Und sie befindet sich in Trennung von ihrem ersten Ehemann, Peter Griffith, dem Vater ihrer Tochter Melanie, mit dem sie seit 1952 verheiratet ist. Sie ist nun alleinerziehend, vorerst, und sie muss ihre Tochter und sich durchbringen. So geht Tippi Hedren davon aus, dass sie auch hier, an der West Coast, weiter modeln wird, wie die Jahre zuvor in New York.

»Ich hatte ja keine Ahnung, dass ich bei *The Birds* dabei sein würde«, bekennt Tippi Hedren einmal. »Ich wusste, dass der Film gedreht werden sollte, aber ich wäre nie auf die Idee gekommen, dass ich darin mitspielen würde. Selbst als ich schon auf dem Studiogelände war, hat mir niemand verraten, wer der Produzent ist.«

Am Dienstag, dem 17. Oktober steht Tippi Hedren erstmals auf dem Studiogelände der Universal in Hollywood. Hier, bei all den großen Studiohallen, hat Alfred Hitchcock seine Produktionsfirma und seinen Bungalow, an dessen Außenwand sein sich aus acht Strichen zusammensetzendes Profil-Portrait angebracht ist. Hitchcock empfängt die 31-jährige Newcomerin, die noch gar nicht ahnt, weswegen er sie überhaupt sprechen will. Die Vermittlung lief über mehrere Agenten. Sie reden über Essen, über gute Weine und über das Reisen. Eine typische Hitchcock-Konversation, wenn es doch eigentlich um etwas ganz anderes geht. Am Ende dieser Oktober-Woche hat Tippi Hedren ihren ersten Vertrag unterzeichnet, der kein Model-Vertrag mehr ist. Fortan steht sie bei den Alfred J. Hitchcock Productions unter Vertrag, mit einem der bei den Studios üblichen Sieben-Jahres-Verträgen.

Drei Wochen nach der Begegnung mit Hitchcock, am Donnerstag, dem 8. November, nur wenige Tage nach dem katastrophalen Flächenbrand in Bel Air, ganz in der Nähe der Hitchcocks, wird Tippi zu ausführlichen Farb-Probeaufnahmen in die Revue Studios eingeladen, die zwei Tage dauern und 25.000 $ kosten sollen. Martin Balsam wird aus New York eingeflogen, um ihren männlichen Gegenpart zu spielen. Edith Head entwirft Tippis Kostüme für die Probeaufnahmen, darunter auch mehrere Cocktail- und Ballkleider, und Helen Hunt, die Hairstylistin von Columbia, wird beauftragt, sie zu frisieren. Am Nachmittag vor den Probeaufnahmen probt Hitchcock mit Tippi, geht mit ihr den Text durch, so dass sie nicht nervös ist. Sie hat das Buch zu *Rebecca* bekommen, da sie eine der Szenen daraus spielen soll: »Ich habe eine ganze Woche lang an meinem Text gearbeitet und das Buch von Daphne du Maurier noch einmal ganz gelesen, um mich möglichst tief in die Stimmung der Rolle hineinzuversetzen.« Bei den Aufnahmen wird Tippi Hedren schließlich Szenen aus *Rebecca*, *Notorious* und *To Catch a Thief* spielen.

Am 29. November 1961 schließlich, als die Presse von den Vorgängen Wind bekommt, steht erstmals im *Hollywood Reporter* zu lesen: »Tippi Hedren ließ die lästigen Pflichten der Zigarettenwerbung kurz hinter sich, um in die Fußstapfen von Grace Kelly zu treten. Fürs Erste mit 20.000 $ teuren Farb-Probeaufnahmen für Alfred Hitchcock.«[2]

Noch am selben November-Tag sind die Hitchcocks im »Chasen's«, ihrem bevorzugten Stamm-Restaurant in Hollywood, wo sie jeden Donnerstag zu essen pflegen und ihren angestammten Tisch haben, zusammen mit Hitchcocks Agenten Lew Wasserman von der MCA, zugleich Chef der Universal Studios, und Tippi Hedren zum Dinner verabredet. Hitchcock eröffnet Hedren – während er ihr eine bei »Gumps« in San Francisco gekaufte Brosche überreicht, die sie noch heute trägt –, dass er sie für die Hauptrolle der Melanie Daniels in seinem nächsten, auf *Psycho* folgenden Kinofilm besetzen möchte – in *The Birds*.

Tippi Hedren verstand zunächst nicht, was an diesem Vierer-Tisch geschieht.

Sie öffnet die Schachtel und findet darin eine schöne Brosche mit drei Vögeln im Flug, aus Gold, mit winzigen Perlen besetzt. Sie bedankt sich, glaubt sie doch, Hitchcock wolle ihr auf diese Weise mitteilen, dass ihre Probeaufnahmen gut gewesen seien. Dann sagt Hitchcock: »Schau noch einmal genau hin, was ist das?« Tippi schaut die Brosche noch einmal an. »Birds«, sagt er.

Tippi hebt den Kopf, sieht Hitch an, und er sagt: »We want you to play Melanie in *The Birds*.«[3]

Natürlich hat Tippi da bereits von dem Projekt gehört und weiß, dass Evan Hunter das Drehbuch dazu verfasst. Seit mehr als einem Monat hört sie schon, wie im Studio darüber gesprochen wird, hätte sich aber nie träumen lassen, dass man sie für eine Rolle darin auch nur in Erwägung ziehen würde. Hitchcock erklärt später, er sei sich schon nach dem Nachmittag, an dem sie die Szenen miteinander geprobt hätten, sicher gewesen, dass sie die Richtige für die Rolle sei.

Tippi Hedren – die nach elf Jahren als New Yorker Mode-Model über keinerlei Schauspiel-Erfahrung verfügt und zuvor lediglich zwei Jahre Coaching bei Claudia Franck in New York hatte – ist vollkommen sprachlos und überwältigt: »Ich habe geweint, und Alma, ›Hitchs‹ Frau, hat auch geweint. Sogar Lew Wasserman liefen die Tränen über die Wangen. Es war ein wunderschöner Moment.«[4]

Nicht nur dieser schicksalhafte, alle berührende Moment an jenem November-Abend, auch die Wochen und Monate, die ihm folgen, müssen sich für die junge Frau und Mutter, die ebenso unverhofft wie unbedarft vor ihrer ersten großen Leinwand-Rolle steht, märchenhaft irreal anfühlen. »Es war wie das Märchen vom Aschenbrödel. Ganz genau so. (...) Mir wurde da diese Traumkarriere einfach auf dem Silbertablett serviert. (...) Und Alfred Hitchcock wurde nicht nur mein Regisseur, sondern auch mein Schauspiellehrer«[5], so Tippi Hedren einmal in späteren Jahren.

Es beginnen daraufhin die Vorbereitungen zu *The Birds*, einem der bis dahin aufwendigsten und kompliziertesten Hitchcock-Projekte überhaupt. Die ganze Zeit über coacht Hitchcock Tippi, arbeitet mit ihr am Drehbuch, macht Stimmübungen mit ihr. Sie ist bei allen wichtigen Besprechungen dabei, die die Produktion betreffen.

Die männliche Hauptrolle des Mitch Brenner besetzt Hitchcock erst, nachdem er für die Rolle der Melanie Daniels Tippi Hedren gefunden hat. Im Januar 1962 – nachdem es zuvor Gespräche darüber gab, Hitchcocks *Leading Man* Cary Grant erneut zu casten, der jedoch, schon immer eines seiner Markenzeichen, viel zu viel Gage verlangt – lädt Hitchcock den Australier Rod Taylor in seinen Universal-Bungalow zu Gesprächen ein. Rod Taylor, zuvor vor allem aus der H.G. Wells-Verfilmung *The Time Machine* (*Die Zeitmaschine*, 1960) bekannt und kein wirklicher *Big star*, bekommt den Part des Mitch Brenner.

Die Dreharbeiten zu Alfred Hitchcocks 48. Kinofilm beginnen schließlich am 5. März 1962 und sollen bis zum 10. Juli andauern. »Melanie Daniels ist ganz seine Figur«, so Tippi Hedren über ihre erste Kinohauptrolle. »Er lässt seinen Schauspielern nur wenig Spielraum. Er hört einem zu, hat aber selbst schon einen sehr konkreten Plan im Kopf, wie seine Figuren sich verhalten sollen. Bei mir war das ja auch verständlich, weil ich keine gestandene Schauspielerin bin. Ich war ihm dankbar für die Führung.«[6]

Tippi Hedren wird am 19. Januar 1930 als Nathalie Kay Hedren in New Ulm, Minnesota als Tochter von Bernard Carl und Dorothea Henrietta Hedren geboren. Ihre Großeltern väterlicherseits stammen aus Schweden, mütterlicherseits stammt ihr Großvater aus Deutschland und ihre Großmutter aus Norwegen. Ihr Vater, der in Lafayette einen kleinen Laden betreibt, nennt sie bald schon kurz »Tippi« – dem schwedischen »Tupsa« entsprechend, »kleines Mädchen«. Als sie vier Jahre alt ist, zieht die ganze Familie mit Tippis älterer Schwester Patricia nach Minneapolis. Sie ist zwölf und besucht die High School, als sie ihren ersten Job als Model gewinnt und schließlich in einem Laden als Teenager-Model engagiert wird. Die frühe Berufung, sie scheint bereits festzustehen. Währenddessen führt der nächste Umzug die Familie schließlich nach Kalifornien, nach Huntington Park.

Henry Levines Komödie *The Petty Girl* (*Das skandalöse Mädchen*, 1950) mit Elsa Lanchester und Robert Cummings ist schließlich Tippi Hedrens erster Film. Zum Zeitpunkt der Dreharbeiten ist sie 19. In der abschließenden Musiknummer ist sie dort für wenige Sekunden als »*Miss Ice Box*« zu sehen. Tippis Name wird hier nicht in den Abspann-Credits aufgeführt, erstmals überhaupt auf der Leinwand wird sie im Vorspann zu *The Birds* genannt, ihrem eigentlichen Kinodebüt.

Am 22. September 1964 heiratet Hedren ihren damaligen Agenten Noel Marshall, der später drei ihrer

Filme produzieren wird. Das Paar lässt sich 1982 nach 18 gemeinsamen Jahren wieder scheiden. Charles Chaplin besetzt sie für eine kleine Rolle in seinem letzten Film *A Countess from Hong Kong* (*Die Gräfin von Hongkong*, 1967), der jedoch ein Flop wird. Im Anschluss beginnen Tippi und ihr Mann Noel Marshall, Großkatzen und andere Wildtiere für den Film *Roar* (*Die Löwen sind los*, 1981) zu sammeln, in dem sie selbst mitspielen und den sie auch produzieren. Der Film wird einmal elf lange Jahre bis zur Fertigstellung benötigen und 17 Millionen Dollar kosten, spielt weltweit aber lediglich 2 Millionen wieder ein. Dennoch markiert *Roar* einen Wendepunkt in Tippi Hedrens Leben: Sie engagiert sich seither aktiv für den Tierschutz und setzt sich für weitere humanitäre und ökologische Anliegen ein. 1985 heiratet sie ihren dritten Mann, den Unternehmer Luis Barrenecha, lässt sich aber zehn Jahre später wieder von ihm scheiden – »Ich bin Einzelgängerin.«

Immer wieder steht Hedren für US-Fernsehfilme und -Fernsehserien vor der Kamera, einen wirklich großen Kinofilm hat sie seit ihrer Arbeit mit Hitchcock und Chaplin jedoch nie wieder gedreht. In der misslungenen TV-Fortsetzung *The Birds II – Land's End* (1994) spielt sie überraschenderweise erneut mit. Bis heute lebt die Schauspielerin und Tierschützerin Tippi Hedren allein auf ihrer Farm in Acton nördlich von Los Angeles, auf dem großen Reservat Shambala Preserve mit seiner 1983 ins Leben gerufenen »Roar Foundation«, umgeben von Tigern und Löwen und anderen Wildkatzen. Sie sei glücklich, sagt sie.

The Birds ist einer der komplexesten Filme Alfred Hitchcocks. Ohne Zweifel ist es sein technisch innovatives Meisterstück. *The Birds* ist stilistisch-visuelle Avantgarde. Ein Klassiker, zeitlos modern. Seine Wirkung ist noch heute geradezu atemraubend. An praktisch keiner anderen Arbeit lässt sich derart klar und deutlich ablesen wie in der sehr freien Adaption von Daphne du Mauriers 1952 in einem Sammelband erschienener gleichnamiger Kurzgeschichte, wie sehr Hitchcock seiner Zeit voraus ist. Nicht nur, dass er ganz ähnlich wie mit dem unmittelbaren Vorgänger *Psycho* ein ganzes Genre revolutioniert, wenn nicht gar neu definiert, nein, er zeigt Dinge, die in dieser Art und Weise noch nie zuvor auf der Leinwand oder dem Bildschirm zu sehen waren.

Wie *Psycho* ist auch *The Birds* längst in das kollektive Gedächtnis der Menschen eingegangen.

In Davidson's Pet Shop – zentral an einem Platz in San Francisco gelegen, über dem sich ein Schwarm Vögel kreisend versammelt –, aus dem Hitchcock, seinen Cameo-Auftritt absolvierend, mit seinen eigenen beiden weißen Terriern – Geoffrey und Stanley – herauskommt, lernt der geerdet wirkende Anwalt Mitch Brenner (Rod Taylor) die etwas arrogant-snobistisch auftretende Melanie Daniels (Tippi Hedren) kennen, eine junge Frau aus der gehobenen Gesellschaft. Wenngleich er ihr eher sarkastisch begegnet, als es gilt, einen im Laden umherflatternden Vogel wieder einzufangen, hat Mitch doch einen Eindruck bei der verwöhnten Society-Lady hinterlassen. So kauft sie als Vorwand just zwei *Love Birds* für seine kleine elfjährige Schwester Cathy (Veronica Cartwright) und fährt mit dem goldenen Käfig und den beiden Liebesvögeln im offenen Cabriolet hinaus ins nördlich gelegene Bodega Bay, wo die Brenners wohnen. In Bodega Bay trägt Tippi Hedren – für die Dreharbeiten in mehrfacher Ausführung angefertigt – ein von Edith Head entworfenes grünes Kleid. Head bezeichnet den Grünton des Kostüms, das Tippi trägt, als »*Eau de Nil*«.

Als sie mit einem kleinen Motorboot innerhalb der Bucht von einem Ufer zum anderen übersetzt, wird sie urplötzlich von einer Möwe attackiert und an der Stirn verletzt. Es ist, als sei es ein den Eindringling warnender Vorbote, einer von Apolls Propheten, wie es bei

Aristophanes steht. Hitchcock zeigt Hedren in diesem Moment in einem Close-up: ihr filigranes Gesicht, ihr strahlend blondes Haar, ihre weiße Perlenkette, am Hals der Pelzkragen ihrer eleganten teuren Garderobe. Ihre kecke Selbstgewissheit strahlt aus, dass ihr die Überraschung gelungen ist. Ihr Gesichtsausdruck hat dabei fast etwas Provokatives. Dann greift die Möwe abrupt an. Das blonde Haar wird aufgewühlt, die Stirn blutet, Entsetzen steht ihr ins Gesicht geschrieben. Der am Bootssteg wartende Mitch sieht den Angriff und bringt die blutende Melanie ins nahe Restaurant »Tides«, um sie zu verarzten. Melanie entschließt sich spontan, über Nacht zu bleiben, und kommt bei Annie Hayworth (Suzanne Pleshette) unter, der Lehrerin an der Dorfschule – und ehemaligen Geliebten Mitchs. Annie, die die Zuneigung zwischen Melanie und Mitch spürt, warnt ihre potentielle Nachfolgerin vor Mitchs dominant-possessiver Mutter. Am darauffolgenden Tag kommt es auf Cathys Kindergeburtstag, der im Garten der Brenners stattfindet und bei dem mit verbundenen Augen Blinde Kuh gespielt wird, zum ersten größeren Angriff der Vögel, zunächst nur durch Seemöwen. Unmittelbar davor – es dürfte der Auslöser der ersten Attacke sein – haben sich Mitch und Melanie auf einem dem Garten nahegelegenen Hügel während der Kinderfeier unterhalten.

Das Motiv des abgelegenen Hügels findet sich in mehreren Hitchcock-Filmen: Paare, die sich in Gesellschaft anderer befinden, gehen auf abseits gelegene kleine Hügel, um eine Konflikt-Diskussion unter sich auszutragen – so etwa Joan Fontaine und Cary Grant in *Suspicion*, Ingrid Bergman und Cary Grant in *Notorious*, Julie Andrews und Paul Newman in *Torn Curtain*.

Es ist im Übrigen während der Dreharbeiten zur Hügel-Sequenz, dass Tippi Hedren schließlich von Hitchcock gefragt wird, ob sie die Hauptrolle in *Marnie*, seinem nächsten Film, übernehmen wolle: »Als ›Hitch‹ mir sagte, dass ich die Rolle bekomme, waren wir gerade beim Außendreh zu *The Birds*. Ich war sprachlos. Ich konnte gar nicht fassen, dass er mir diese unglaubliche Rolle anbot und offenbar so viel Vertrauen in mich hatte. (…) Ich fand, dass *Marnie* eine hochspannende Rolle war und eine einmalige Lebenschance für mich.«[7]

Melanie und Mitch reden auch über ihre beiden Mütter: Melanie hat ihre Mutter seit vielen Jahren nicht mehr gesehen – seit sie elf ist, wie sie Mitch an diesem Tag erzählt, an dem Mitchs jüngere Schwester gerade ihren elften Geburtstag feiert. Mitch hingegen verbringt jedes Wochenende bei seiner Mutter. Umgekehrt wendet sich Melanie in vielem telefonisch an ihren Daddy, einen einflussreichen Zeitungsmacher in San Francisco. Mitchs Vater hingegen ist seit vier Jahren tot, hinterließ somit eine große Lücke, was wiederum die ödipale Situation zwischen Mitch und seiner Mutter Lydia (Jessica Tandy) – die er im Original mit *Darling* anredet – nurmehr verstärkt. *The Birds* setzt dieses Sub-Thema aus *Psycho* fort, welches im darauffolgenden *Marnie* seinen vorläufigen, und in *Frenzy* seinen endgültigen Abschluss findet. Der Schatten der Eltern, die Macht, die Eltern, ob tot oder lebendig, selbst noch über ihre erwachsenen Kinder haben.

Fortan intensivieren sich die Angriffe der Vögel, sei es durch Massen an Spatzen, die durch den Kamin in das Haus der Brenners eindringen – wo Melanie inzwischen untergekommen ist, sehr zum Missfallen von Mitchs argwöhnischer Mutter Lydia –, sei es durch einen Angriff von Krähen auf die die Schule verlassenden Kinder, sei es auf einem zentralen Dorfplatz bei der Tankstelle, wo ein Großbrand ausbricht. Bei einer der Attacken kommt Annie, die Cathy schützen wollte, ums Leben. Die Sequenz, die Tippi Hedren in einer gläsernen Telefonzelle nahe der Tankstelle und des Restaurants zeigt, ringsherum attackiert von Seemöwen, aus der Seiten- und der Aufsicht gefilmt, steht hier stellvertretend für Hitchcocks Gefängnis-Szenen, die er oftmals in seinem Werk einsetzt. Die Telefonzelle ist die Gefängniszelle ist die Duschzelle Marion Cranes aus *Psycho* ist der Menschenkäfig.

Bei einem weiteren Angriff im Brennerschen Haus wird Melanie auf dem Dachboden – wieder eine in sich hermetisch abgeschlossene Zelle – schwer verletzt und traumatisiert. Der Dreh der Sequenz auf dem Dachboden dauert – darin ist er jenen Drehs von zentralen, meist in rasanten Schnitten gehaltenen Schlüssel-Sequenzen etwa in *Dial M for Murder*, *Psycho* oder *Frenzy* ähnlich – eine ganze Woche: von Montagmorgen bis Freitagnachmittag, letzte Mai-Woche 1962. Hitchcock hat den Dreh in das letzte Drittel der Dreharbeiten gelegt. »Eigentlich glaube ich ja, ›Hitch‹ war wirklich sehr rücksichtsvoll zu mir. Er hat mir erzählt, sie würden für die Szene mechanische Vögel nehmen. Es lag ja auf der Hand. Ich dachte die ganze Zeit, wie wollen sie das bloß machen? Und dann: kein Problem, mechanische Vögel. Da dachte ich mir: Das wird ein Kinderspiel.«[8] Was Tippi Hedren während der ganzen Drehzeit zuvor nicht ahnt – während es das ganze Team offenbar zu wissen scheint – ist, dass es keine künstlichen mechanischen Vögel sein werden, die sie angreifen, sondern echte. Echte Vögel, an deren Krallen zudem teils lose Drähte und elastische Gummibänder befestigt sind, die mit Hedrens grünem Kostüm verbunden sind, sodass sie sie immer wieder erneut angreifen. Einmal hackt einer der Vögel Hedren dabei in die Nähe eines Auges. »Angst hatte ich eigentlich keine, ich war nur erschöpft. Es hat eine ganze Woche gedauert, diese Szene zu drehen.«[9] Nach dieser Woche erleidet sie, in völliger Erschöpfung, einen Nervenzusammenbruch und wird in der Folgewoche von den Dreharbeiten beurlaubt, um sich zu erholen.

»Das ganze Team hat mich angelogen, monatelang. Ich hatte keine Ahnung davon«, so Tippi Hedren. »(…) Fünf Tage lang wurden Vögel auf mich geworfen. Manchmal glaube ich, dass genau diese Szene der Grund war, weswegen ›Hitch‹ eine unbekannte Schauspielerin engagiert hat. Ich glaube nicht, dass irgendeine etablierte Schauspielerin diese Szene gedreht hätte.«[10]

Tochter Patricia Hitchcock erklärt 1997 zur umstrittenen, kontrovers diskutierten Sequenz: »Ich muss zugeben, dass Tippi Hedren sich etwas über meinen Vater aufregte, und wahrscheinlich hatte sie Recht. Denn für die Schlussszene von *The Birds* ließ er die Vögel wirklich auf sie los. Sie hatte wohl Nervenzusammenbrüche, und das wäre in dieser Situation jedem so gegangen – mir auch.«[11]

Rita Riggs, neben Edith Head für Costume Design und Garderobe bei *The Birds* und *Marnie* verantwortlich und am Set stets in nächster Nähe der Hauptdarsteller präsent, bekundet: »Die Sadismus-Gerüchte – das ist wie bei der Zeitung, es verkauft sich eben, aber ich habe trotzdem nie geglaubt, dass es ihm ernst damit ist. Er war ein Witzbold, ein Faxenmacher, und ich habe an die gesamten Dreharbeiten zu *The Birds* nur gute Erinnerungen.«[12]

Das erste Todesopfer der Vögel, vor Annie noch, ist ein Farmer aus dem Ort. Dem getöteten Nachbarn, den Mitchs Mutter Lydia bei ihm zuhause im Schlafzimmer entdeckt, wurden die Augen ausgehackt – er ist nicht mehr sehend und ähnelt hierin den ausgestopften Vögeln des Norman Bates und dessen konservierter Mutter Mrs. Bates im Keller. Der stumme Schrei Lydias beim Hinausrennen durch Haus und Garten lässt Edvard Munchs grotesk-wahnhaftes Gemälde *Der Schrei* assoziieren – ein Bild der völligen Nicht-Kommunikation, Lydia Brenner vermag es nicht einmal mehr, ihren Schock lauthals herauszubrüllen. Als die Vögel schließlich mehrfach und in ganzen Scharen massiv angreifen, ist das Geschrei derart schrill und intensiv, dass nichts anderes mehr zu hören ist. Sämtliche Vogelschreie und

Geräusche sind künstlich erzeugt, entstammen dem elektronischen Soundtrack, den die beiden Deutschen Remi Gassmann und Oskar Sala nach Entwürfen von Hitchcock und Bernard Herrmann am »Trautonium« ausführen. Nichts mehr sehen können, nichts mehr sagen/schreien können, nichts mehr hören können: Die Sinne der Menschen scheinen existentiell eingetrübt, mehr noch, sie sind ihrer regelrecht beraubt. *The Birds* ist, wie zuvor schon *Psycho*, voller solcher symptomatischer unguter Anzeichen.

Das wirklich grandiose finale Schlussbild von *The Birds* kommt einem tiefdunklen pastosen Gemälde gleich, einer Apokalypse à la Hieronymus Bosch oder Bruegel: Die vier Protagonisten verlassen langsam das Haus, nehmen das Auto und fahren dem Ungewissen entgegen. Alles geschieht ganz langsam, beinahe wie in Trance. Das Haus, die Geländer, die Dächer, die Wege, die Böden, die Bäume, sowie die einsehbare Landschaft am schwarz-violetten Horizont sind von dräuender Dunkelheit und schwerer Düsternis eingefärbt – überall sitzen wartende, lauernde, gurrende Vögel. Zweiunddreißig einzelne Aufnahmen respektive Kamera-Einstellungen hat Hitchcock hier übereinander legen lassen. Er selbst nennt die Schlusseinstellung von *The Birds* einmal »*my most complicated shot ever*«.

Den abschließenden Titel »*The End*« hat Hitchcock hier bewusst weggelassen, was prompt für Kritik und Protest sorgt: Der verunsicherte, beunruhigte Zuschauer weiß nicht, was aus den Brenners und Melanie wird, ihr Schicksal ist vollkommen offen. Einzig Cathy darf ihre beiden *Love Birds* mitnehmen, denn »sie haben doch keinem etwas getan« …

Vor Festivalpremiere und Kinostart von *The Birds* bringt das *Look*-Magazin Tippi Hedren erstmals auf seinem Cover: »*Hitchcock's new Grace Kelly.*« In dieser Ausgabe vom 4. Dezember 1962 preist Hitchcock in der Cover-Geschichte stolz seinen neuen Star an. *The Birds* feiert am 28. März 1963 erst in New York seine US-Premiere und kurz darauf, am 9. April, als Eröffnungsfilm der Internationalen Filmfestspiele von Cannes seine glanzvolle Weltpremiere.

In Cannes lassen Alfred Hitchcock und Tippi Hedren aus eigens aufgestellten Vogelkäfigen Dutzende von Tauben losfliegen. Ein skuriller Werbegag, der Meister hat sichtlich Spaß dabei. Auf bestechend schönen Schwarzweiß-Photographien, aufgenommen vor dem Hotel Carlton, an der Croisette und vor dem damaligen alten Palais du Festival sind Regisseur und *Leading Lady* ausgelassen zu sehen, stets begleitet von Hitchcocks Frau Alma Reville. Die Aufmerksamkeit der versammelten Weltpresse ist ihnen und dem Film sicher.

Variety findet in ihrer Rezension lobende Worte für Tippi Hedrens Leistung: »Abgesehen von den Vögeln gehört der Film Tippi Hedren, die einen vielversprechenden Leinwandeinstand gibt. Die erste Dreiviertelstunde hindurch muss sie den Film praktisch alleine stemmen, bis es zur ersten Angriffswelle der organisierten Angreifer vom Himmel her kommt. Miss Hedren besitzt Starqualitäten, und Hitchcock hat ihr für ihren Karrierestart zu einem wirkungsvollen Vehikel verholfen.«

Hedren wird mit dem Golden Globe Award als »New Star of the Year« ausgezeichnet, zusammen mit Ursula Andress für *Dr. No* (*James Bond 007 jagt Dr. No*, 1962) und Elke Sommer für *The Prize* (*Der Preis*, 1963). Hedrens Part der Melanie Daniels wird zudem vom *Premiere*-Magazin als eine der »großartigsten Filmfiguren aller Zeiten« bezeichnet.

Am 13. August 1962, es ist Alfred Hitchcocks 63. Geburtstag, trifft der französische *Nouvelle Vague*-Regisseur und Autor François Truffaut mit der Dolmetscherin Helen Scott in Hollywood ein, um über einen Zeitraum von sechs Tagen am Stück sein Marathon-Interview mit dem von ihm und den anderen französischen Jungregisseuren verehrten Meister in dessen Universal-Bungalow zu führen.

Es werden in dieser ersten einwöchigen Sitzung zunächst 36 Stunden Tonbandmaterial aufgenommen, das es später abzutippen gilt. Truffaut sieht in einer Sondervorführung auch *The Birds* vorab, in einer Fassung, bei der noch Vorspann und einige Trickaufnahmen fehlen. Bis zum ersten Erscheinen des Buches *Hitchcock/Truffaut* im November 1966 – das einmal zu den bekanntesten Werkstattgesprächen und Filmbüchern weltweit zählen wird und heute als ein Klassiker seines Genres gilt – finden im Laufe von vier Jahren weitere Treffen der beiden mit insgesamt 50 Stunden Tonaufnahmen statt.

Es ist das Frühjahr 1962, im Monat März, als Alfred Hitchcock Grace Kelly die Titelrolle in seinem nächsten Film *Marnie* anbietet und ihr ein erstes Treatment zuschickt. Grace Kelly sagt sofort begeistert zu. Sie ist außer sich vor Freude. Hitchcock hat lange auf den richtigen Zeitpunkt gewartet, seiner Lieblings-Aktrice einen neuen Film anzubieten. Sechs Jahre sind nunmehr seit der Hochzeit von Grace und Fürst Rainier III. von Monaco vergangen, Zeit genug, so hofft Hitchcock, um sie wieder vor die Kamera holen zu können.

Autor Joseph Stefano, der zuvor das Drehbuch zu *Psycho* verfasste, hat für Hitchcock zunächst das Treatment zu *Marnie* geschrieben. Ein fertiges Drehbuch liegt zu diesem Zeitpunkt noch längst nicht vor. Grace ist fest entschlossen, die Hauptrolle in Hitchcocks nächster Adaption zu spielen: Es ist die Verfilmung des 1961 in England gerade neu erschienenen Romans *Marnie* des britischen Schriftstellers Winston Graham, Autor zahlreicher Kriminalromane sowie der im Cornwall des späten 18. Jahrhunderts spielenden historischen *Poldark*-Roman-Reihe, erschienen zwischen 1945 und 2002. Die Handlung soll von England in die USA verlegt werden, just nach Philadelphia, Graces Heimat (und auch der Joseph Stefanos). Dieser geographische Transfer ist kein Zufall – Hitchcock lässt *Marnie* in Philadelphia und Umgebung sowie an der US-Ostküste ansiedeln, um Grace und ihrer Familie den Aufenthalt in ihrer alten Heimat zu ermöglichen respektive zu vereinfachen. Nach ihrer Zusage steht für Hitchcock fest, dass *Marnie* das Comeback der Schauspielerin Grace Kelly auf die große Leinwand werden wird.

Das Drehbuch zu *Marnie* wird schließlich Evan Hunter schreiben, der zuvor den zu dieser Zeit noch unverfilmten Stoff von Daphne du Mauriers Kurzgeschichte *The Birds* für Hitchcock adaptiert hat. Es ist damit der zweite Autor, der an dem Projekt arbeitet, nachdem Hitchcock Joseph Stefano davon entbunden hat. Während Hunter an dem Drehbuch sitzt, so erzählt er dem *Daily Express* in einem Interview, steht auf seinem Schreibtisch die ganze Zeit über ein Photo von Grace Kelly.[13]

Hitchcock und Hunter sind sich diesmal allerdings ob der Charaktere und des Plots inhaltlich uneins, Hunter ist mit der angedachten Direktheit der Vergewaltigungsszene zwischen Marnie und ihrem frisch gebackenen Ehemann Mark Rutland an Bord des Dampfers während ihrer Flitterwochen nicht einverstanden, er hat Bedenken wegen der expliziten Gewalt. Und sieht sich, ebenso wie zuvor Stefano, sodann kommentarlos und ohne Rücksprache vor die Tür gesetzt. Hitchcock beauftragt daraufhin die unerfahrene Autorin Jay Presson Allen mit dem scheinbar von Anfang an unglückseligen *Marnie*-Stoff. Für Hitchcock sollen sich die Probleme und Schwierigkeiten mit *Marnie* durch das gesamte langwierige Projekt ziehen, bis hin zum schwierigen Kinostart im Juli 1964. Der Film kommt beim Publikum nicht gut an, die Kritiken sind überwiegend negativ bis vernichtend, die Dreharbeiten zuvor anstrengend und schwer belastet.

Marnie wird für Alfred Hitchcock ein einziges Desaster werden.

Doch zunächst steht ganz zu Beginn dieses Hitchcock-Projekts die große Freude zweier Menschen, endlich wieder miteinander arbeiten zu können. Die Dreharbeiten seien, so heißt es, kurzfristig für Spätsommer und Herbst 1962 vorgesehen. Es muss sich zu diesem Zeitpunkt für Grace Kelly und Alfred Hitchcock so anfühlen, als stünden sie vor der Erfüllung eines lange gehegten Wunschtraums.

Am 18. März 1962 schließlich lässt der Fürstenpalast in Monaco mittels eines offiziellen Kommuniqués an die Presse die Weltöffentlichkeit wissen, dass Grace Kelly auf die Leinwand zurückkehren werde, dass sie unter der Regie von Alfred Hitchcock in dessen nächstem Film *Marnie* die titelgebende Hauptrolle spielen werde: »Ein Sprecher des Fürsten von Monaco hat heute bekannt gegeben, dass Fürstin Gracia Patricia während ihres Sommerurlaubs in einem Film unter der Regie von Mr. Alfred Hitchcock in den Vereinigten Staaten mitwirken wird. Die Fürstin hat bereits in drei Filmen von Mr. Hitchcock die Hauptrolle gespielt. Der Film, der im Spätsommer gedreht werden soll, beruht auf einem Kriminalroman von Winston Graham. Fürst Rainier wird sich in Abstimmung mit seinen Verpflichtungen teilweise am Drehort aufhalten, und Fürstin Gracia Patricia wird unmittelbar nach dem Ende der Dreharbeiten mit ihrer Familie nach Monaco zurückkehren.«[14]

Die Nachricht schlägt in diesen angespannten März-Tagen ein wie eine Bombe. Eine Welle der Entrüstung geht durch Monaco. Binnen kürzester Zeit ist in dem Fürstentum von einem zu befürchtenden Skandal die Rede. Die Fürstin würde bei einer Annahme dieser Rolle das Land beleidigen. Man würde den Respekt vor ihr verlieren, ginge sie nach Hollywood zurück. Monaco würde sie an Amerika verlieren. Zu diesem Zeitpunkt wäre *Marnie* der erste Hitchcock-Film direkt nach *Psycho*.

Es vergeht keine allzu lange Zeit nach der – voreiligen und unbedachten – Veröffentlichung des monegassischen Kommuniqués, und Grace Kelly muss auf Druck von außen wie von innen die folgenschwere Meldung widerrufen und ihre Mitwirkung bei *Marnie* absagen. Am 18. Juni 1962 schreibt Grace ihrem »Hitch« den Brief mit der Absage – es breche ihr das Herz, schreibt sie ihm.

Es ist eine schwere Entscheidung, eine gegen ihren eigenen Willen. Sie zieht sich nach der abgerungenen Absage zu *Marnie* für Tage in ihre Räume im Palast zurück und zeigt sich nicht. Es heißt, sie habe sich eine Woche lang eingeschlossen und geweint.[15] Nachts läuft sie, von Unruhe getrieben, allein durch die endlosen Gänge des Fürstenpalasts. Es geht ihr, die bis dahin noch voller Hoffnung und Zuversicht war, nach sechs Jahren der Leinwand-Absenz nun endlich wieder als Schauspielerin arbeiten zu können, überhaupt nicht gut. Sie muss schmerzlich erkennen, dass sie nie wieder vor eine Filmkamera treten wird, dass sie nie wieder spielen wird. Ein Lebenskapitel wird geschlossen. Ihre Zeit als Schauspielerin ist unwiderruflich vorbei. Grace muss ihren Traum beerdigen. Die *Marnie*-Absage wird für sie zur nachhaltig traumatischen Erfahrung.

Marnie markiert eine tiefe Zäsur auch im Leben Grace Kellys.

»Sie [Grace Kelly] hätte diese Rolle sicher gerne gespielt«, so Tippi Hedren. »Aber aus Gründen der Staatsräson musste sie ablehnen. Man kann nicht gleichzeitig die Fürstin von Monaco und eine zwanghafte Diebin sein, und sei es auch nur im Kino. Das geht einfach nicht.«[16]

Der Verleger Mark Rutland (Sean Connery) heiratet die junge Marnie Edgar (Tippi Hedren). Kennengelernt hat er sie, als sie sich in seinem Verlagshaus als Sekretärin bewirbt. Zuvor war sie auch bei Rutlands Geschäftspartnern angestellt, denen sie schließlich den Tresor leer räumte und verschwand. Marnie ist Kleptomanin. Nach jedem vollzogenen Diebstahl wechselt sie ihre Identität: sie färbt sich die Haare, nimmt einen anderen Namen an, und sie wechselt die Stadt. Stets tritt die kühle Blonde sehr elegant auf, sie ist, äußerlich, eine Frau mit Stil und Klasse. Mark Rutland hat es sich zum Ziel gemacht, die Beweggründe für Marnies Handeln herauszufinden. Ähnlich obsessiv wie ihr manischer Zwang zum Stehlen, mit dem sie zugleich ihre Frigidität kompensiert, ist Marks Zwang, sie zu analysieren. Beide, Marnie wie auch Mark, folgen obsessiv-fetischistischen Verhaltensmustern. Der Weg führt schließlich zu Marnies Mutter Bernice Edgar (Louise Latham), die früher als Prostituierte in ihrer am Hafen gelegenen Wohnung arbeitete. Hier erlebte Marnie als Mädchen in einer stürmisch lauten Gewitternacht, wie ihre Mutter vermeintlich von einem Freier, einem der Matrosen (Bruce Dern, 1976 in Hitchcocks letztem Film *Family Plot* in der Hauptrolle) aus dem nahen Hafen, bedroht wurde, dieser sich jedoch nur um das Mädchen kümmern, es beruhigen wollte. Daraufhin stößt die Mutter den Freier erst zu Boden, und die kleine Marnie bringt den bösen großen Mann mit einem Feuerhaken um. Und alles ist voller Blut, alles ist rot. Eine gemeinsame, eine geteilte Schuld. Ein verdrängtes Trauma, das sie Zeit ihres Lebens in ihrem Unterbewusstsein mit sich trägt. Seither hat sie Angst vor Gewittern und vor der Farbe Rot. Als die erwachsene Marnie zum ersten Mal darüber spricht, im Beisein Marks, in der Wohnung ihrer Mutter, vor dieser kniend, da durchlebt sie alles noch einmal. Und erstmals streicht die Mutter, die ihre Tochter über all die Jahre nie anfassen, nie in den Arm nehmen konnte, ihr über das Haar. Sie sagen sich, dass sie sich lieben. Es ist eine sehr bewegende Sequenz von emotionaler Tiefe. Ein kathartischer Moment, in dem vieles aufbricht, der vielleicht auch die Chance zu etwas Neuem in sich birgt. Vielleicht. Das Ende ist offen: Als Marnie und Mark das Wohnhaus der Mutter verlassen, in dieser trostlosen Hafenstraße, die sonst immer menschenleer und verregnet war, spielen dort nun Kinder. Sie singen dabei ein altes englisches Kinderlied.

Marnie sei ein »auch in der Inszenierung antiquiert wirkender Hitchcock-Film mit psychoanalytischen Ambitionen, kühl und trotz seiner ausgeklügelten Farbdramaturgie weitgehend spannungslos inszeniert«[17], heißt es seinerzeit in der zeitgenössischen Kritik. Eine Sichtweise, veraltet und überholt.

Heute gilt *Marnie* als einer der bedeutenden Hitchcock-Filme. Das Drama ist voller expliziter wie subversiver Elemente der Psychologie, des Traums sowie des Halluzinatorischen. Freudsche Symbolik findet sich im gesamten Film: Marnie reitet ihr Pferd Forio immer dann, wenn sie gestohlen hat (dass sie Forio nach einem Reitunfall den Gnadenschuss geben muss, ist dabei kein Zufall); ihre Handtasche – das erste Bild des Films – ist eines ihrer wichtigsten Utensilien; es gibt mehrere Gewitter-Sequenzen mit Blitz und Donner. Die Narration hat etwas poetisch Traumhaftes, etwas Unstrukturiert-Elliptisches. Wirft die zeitgenössische Kritik seinerzeit Hitchcock die vermeintlich dilettantische Machart des Films vor – mit allzu deutlich erkennbaren Rückprojektionen, vor denen Tippi Hedren etwa auf einem Pferd (im Universal-Studio) reitet; oder die als gemalt erkennbare Hafenlandschaft jenseits der Straße, in der das Haus der Mutter steht –, so sind gerade diese Elemente heute umso mehr als bewusst eingesetzte Metaphern des allegorisch Traumhaften anerkannt. In *Marnie* – wo, ähnlich wie im Äquivalent *To Catch a Thief*, das Stehlen an die Stelle des Liebens rückt – sind Sequenzen enthalten, die von einem undefinierbaren latenten Sog, von einer großen suggestiven Kraft sind. Die Farbgebung in Robert Burks Photographie – der besondere Einsatz der Farbe Rot – fällt in diesem Film ebenso aus dem Rahmen wie die Montage; die hypnotische Musik von Bernard Herrmann hat in ihrer aufgeladenen Dramatik etwas ähnlich Romantisierendes und Soghaftes wie jene in *Vertigo*. Neben Hitchcocks früherer Arbeit *Spellbound* zählt *Marnie* in den beginnenden 1960er Jahren zu den wenigen expliziten filmischen Abhandlungen der Psychoanalyse Sigmund Freuds.

»Vor allem hat mir die Vorstellung Spaß gemacht, eine fetischistische Liebe zu zeigen. Ein Mann will mit einer Diebin schlafen, weil sie eine Diebin ist, wie andere mit einer Chinesin oder einer Schwarzen schlafen wollen«[18], so Hitchcock selbst. Viele Jahre nach seiner Entstehung kommt es zu einer Mischform aus Renaissance und Rehabilitation dieses verkannten psychologischen Films. Eine Frage jedoch wird sich nie beantworten lassen: Wie würde Alfred Hitchcocks Seelenportrait *Marnie* aussehen, hätte Grace Kelly die Titelfigur verkörpert – nicht Tippi Hedren?

Hedren schätzt sich sehr glücklich, diese »so komplizierte, unglückliche, tragische Frau« spielen zu dürfen, und erklärt später: »Ich würde mein Spiel zwar nicht unbedingt als Method Acting bezeichnen, aber ich greife dabei doch sehr auf meine eigenen Gefühle zurück.« Sie äußert zunächst Zweifel an ihrem Können für diesen sehr anspruchsvollen Part, aber Hitchcock versichert ihr, dass sie es schaffen würde. Anders als bei *The Birds*, wo sie nur wenige Anweisungen bekam, studiert sie bei *Marnie* jede einzelne Szene zusammen mit Hitchcock ein.

«Während der Dreharbeiten zu *Marnie* lief alles bestens, bis ungefähr zum letzten Viertel des Films«, erzählt Tippi Hedren. »Wir haben fünf Monate lang gedreht, und irgendwann war ein Punkt erreicht, an dem ich die Kontrolle beziehungsweise die Kontrollversuche nicht mehr ertragen konnte, und meine Abneigung wuchs so sehr, dass ich ihm irgendwann gesagt habe, ich käme nicht mehr dagegen an. Es wurden Forderungen an mich gestellt, in die ich unmöglich einwilligen konnte, und dann sagte ich, ich wolle nur noch raus ... Und er hat wortwörtlich zu mir gesagt: ›Dann zerstöre ich deine Karriere.‹«[19]

Interessant ist in diesem Zusammenhang, was François Truffaut zur Causa Hitchcock-Hedren zu sagen hat: »Ich bin übrigens ganz sicher, daß Hitchcock nach *Marnie* nicht mehr derselbe war und daß er da einen großen Teil seines Selbstvertrauens verlor, nicht so sehr wegen des finanziellen Mißerfolgs des Films – schließlich hatte er schon ganz andere eingesteckt – als wegen des Fehlschlagens seiner beruflichen und privaten Beziehung zu Tippi Hedren, die er in einem Fernsehspot entdeckt und aus der er, zwei Filme lang, geglaubt hatte, eine ›neue Grace Kelly‹ machen zu können. – Hier ist daran zu erinnern, daß er zwischen den Dreharbeiten zu *The Birds* und zu *Marnie*, bevor er Tippi Hedren eine zweite ›Chance‹ bot, Probeaufnahmen mit verschiedenen schönen Frauen machen ließ, auch mit einigen europäischen Models.«[20]

Hedren erinnert sich an *Marnie* als ihren Lieblingsfilm unter den beiden Arbeiten mit Hitchcock – während der Dreharbeiten wird Hitchcock mit der Aussage über Tippi Hedren zitiert: »Hier entsteht eine Oscarreife Leistung.«

Zum Kinostart – die Premiere in New York findet am 22. Juli 1964 statt, die in Los Angeles am 5. August 1964 – erhält *Marnie* durchwachsene Kritiken und schlechte *Box office*-Ergebnisse und bekommt nicht eine einzige Oscar-Nominierung. Über Tippi Hedrens Darstellung schreibt *Variety*: «Hedren kehrt mit einer besonders anspruchsvollen Rolle auf die Leinwand zurück. Miss Hedren, hier in einer Rolle, die ursprünglich als Kino-Comeback für Grace Kelly vorgesehen war, verleiht dieser niemals sympathischen Figur Glaubwürdigkeit. Eine schwierige Aufgabe, die sie zufriedenstellend meistert.«[21]

Marnie, so Hedren später, sei «seiner Zeit voraus gewesen«, weil «damals noch niemand über die Kindheit und ihre Auswirkungen auf das Erwachsenenleben sprechen wollte. Sexualität und Psychologie wurden als Themen tabuisiert, und es war ein Schock, das alles in einem Film zu vereinen.« Trotz der anfangs sehr zurückhaltenden Resonanz wird dem Drama später zunehmend große Anerkennung zuteil, wird es schließlich als eines der verkannten Meisterwerke in Hitchcocks Werkkörper gepriesen, und auch Hedrens Leistung wird nun als eine der besten in einem Hitchcock-Film überhaupt gewürdigt. 2016 schreibt Richard Brody in seiner neuen Rezension des Films für den *New Yorker*: «Hedrens Leistung gehört zu den besten der ganzen Kinogeschichte.«

Alfred Hitchcock mag Schauspieler mit süffisanter Ironie als Vieh bezeichnet haben – *»all actors are cattle«* – respektive, dass diese doch vorzugsweise als solches zu behandeln seien, doch hat er sie meist gefördert, gepflegt, protegiert und gerne wiederholt besetzt. Mit einigen von ihnen unterhält er langjährige Freundschaften. Bei den *Leading Men* sind es James Stewart und Cary Grant, die er beide jeweils bei vier Filmen engagiert, bei den *Leading Ladies* sind es Grace Kelly und Ingrid Bergman mit jeweils drei Hauptrollen, sowie Joan Fontaine und Tippi Hedren mit zwei Engagements.

Tippi Hedren – dies wird seit Jahr und Tag in der langen Rezeptionsgeschichte von Hitchcocks Leben und Werk immer wieder neu, dabei meist einseitig diskutiert und relativ unkritisch dargestellt – äußert sich bis heute als einzige Hitchcock-Aktrice ambivalent, abwertend und letzten Endes widersprüchlich über ihre zweimalige Zusammenarbeit mit Hitchcock bei *The Birds* und *Marnie*. Unterstützt wird sie hierin einzig und unter Vorbehalt von Diane Baker, die in *Marnie* die Rolle von Sean Connerys schwarzhaariger aparter Schwester Lil spielt. Baker konstatiert, es sei »schwierig gewesen, zwischen ›Hitch‹ und Tippi zu stehen«. Sämtliche noch lebende Schauspielerinnen und Schauspieler, Crew-Mitglieder am Set, Zeitzeugen, geschweige denn Freunde oder Familienangehörige haben dem widersprochen und tun dies, teils vehement, weiterhin mit großer Empörung über Tippi Hedrens und die von Biograph Donald Spoto erstmals 1983 im von Familie und Freunden unautorisierten Buch *The Dark Side of Genius* initiierte despektierliche posthume Nachrede.[22] Spoto – ohne jeden Zugang zum Familienarchiv – hat mit der Publikation genau drei Jahre nach Hitchcocks Tod gewartet.

Einer der vielen Zeitzeugen, der sich hierzu äußert, ist Hitchcocks Regieassistent aus dieser Zeit, James H. Brown: »Wenn sie Streit hatten, dann nicht am Set – das war nach Drehschluss. Ich habe sowohl bei *The Birds* als auch bei *Marnie* mit Tippi zusammengearbeitet, wir waren eng befreundet. Bei ihr merkte ich an der Körpersprache, dass sie aufgewühlt war, und bei ›Hitch‹ merkte ich es, weil er es mir mitteilte. Es gab tatsächlich Phasen, in denen ihr Verhältnis nicht so herzlich war, wie es hätte sein können. Ich war so eine Art Mittelsmann. Hitch sagte immer: ›Tell the Girl‹, und Tippi sagte: ›Tell Hitch‹, und so gab es vielleicht ein oder zwei Wochen, in denen sie praktisch nicht direkt miteinander gesprochen haben.«[23]

Warum, gerade von Hedrens Seite, die massiven posthumen Beschuldigungen in den Jahren 2009 und 2012 erst vier, fünf Jahrzehnte nach den Dreharbeiten zu *Marnie* von ihr vollends öffentlich gemacht werden, bleibt allein ihr Geheimnis. Hedren gibt in Folge in den 2010er Jahren zahlreiche Interviews, in denen sie Hitchcock plakativ als Misogynisten, als Sadisten und als Monster tituliert.

Diese Interviews, vor allem geführt mit der US-amerikanischen sowie der britischen Presse, gehen um die Welt, werden kopiert und kolportiert. Der Beschuldigung folgt die Beschädigung einer Biographie und eines Werks. Daraufhin wenden sich zahlreiche Zeitzeugen, die an den beiden Sets zu *The Birds* und *Marnie* auch anwesend waren, ebenfalls in der Presse zu Wort und widersprechen der Schauspielerin massiv. Zudem wird Hitchcock in an der Zahl insbesondere seit den 80ern stetig wachsenden wissenschaftlichen Abhandlungen – nicht selten von Frauen wie Camille Paglia, Laura Mulvey oder Tania Modleski verfasst[24] – nicht als Frauenfeind, sondern vielmehr als Feminist dargestellt und interpretiert. Auch *Marnie* gilt inzwischen in der feministischen Filmtheorie als einer der eminent wichtigsten, komplexesten Frauenfilme.

2016 schließlich veröffentlicht Tippi Hedren in den USA ihre Autobiographie, *Tippi. A Memoir*.[25] Auf der Rückseite des Umschlags ist die Schwarzweiß-Photographie abgebildet, auf der sie mit einem Raben posiert – eine der mittlerweile ikonischen Still-Photographien zu *The Birds*. Auf der Cover-Vorderseite ist ein Portraitphoto von ihr zu sehen, ebenfalls ein Still, das während der Dreharbeiten zu *Marnie* aufgenommen ist, darunter ihre Signatur, die sie stets, wann immer sie um ihr Autogramm gebeten wird, mit drei Vögeln versieht. Schlägt man das Buch auf, begegnen einem die von Hedren selbst skizzierten Vögel immer wieder, die überdies auch jedes neue Kapitel eröffnen. Aller Ruhm, aller *stardom*, alles, was die Grundfesten ihrer Karriere ausmacht, findet sich allein in Layout und Grafik des Buches widergespiegelt. Hedren macht von *The Birds* und *Marnie* fleißig Gebrauch, um sich und ihre Memoiren zu vermarkten. Kein Interview im Jahr 2016 ohne diese Thematik. Kein Interview, in dem sie nicht zugleich den Menschen, dem sie letztlich alles zu verdanken hat, beschuldigt. In Kapitel fünf, als sie über die Dreharbeiten von *Marnie* schreibt, kommt Hedren zur Sache: Belästigungen auf dem Autorücksitz und in der Garderobe, Liebeserklärungen und Liebesnotizen, Erpressungsversuche und Androhungen ihres Karriereendes. Auf 15 Seiten geht sie ins Detail – es mag einer posthumen einseitigen Abrechnung gleichkommen. In den innerhalb der darauffolgenden Jahre aufkommenden gesellschaftlichen Debatten über Gewalt an und Missbrauch von Frauen im beruflichen Kontext (»MeToo«), die zunächst und zuerst in der internationalen Filmbranche thematisiert werden, wird durch Tippi Hedrens Aussagen Alfred Hitchcock in eine Reihe mit Roman Polanski, Woody Allen und anderen gestellt, bis hin zu Hollywood-Produzent Harvey Weinstein.

Auf der Cover-Vorderseite *Marnie*, auf der Rückseite *The Birds*. Hitchcock. Der, dem sie alles zu verdanken hat. Der, den sie bei jeder Gelegenheit diskreditiert.

In *Tippi. A Memoir* finden sich zahlreiche Despektierlichkeiten dem Regisseur gegenüber, den sie über Jahre ihres Lebens offenbar ebenso verehrt wie verabscheut. So beschreibt Hedren mit süffisantem Unterton neben vielem anderem, wie sie zusammen mit Tochter Melanie Griffith 1985 – fünf Jahre nach Hitchcocks Tod – mitwirkt, in »einer Episode von *Alfred Hitchcock Presents*, einer Wiederauflage von Hitchcocks Erfolgsserie aus den 1950ern und frühen 1960ern. Hitchcock lebte damals schon nicht mehr, und ich überlegte, ob er sich wohl im Grab umdrehen würde, wenn er wüsste, dass ich wieder spiele, und dann auch noch in einem Format, das seinen Namen trägt.«[26]

Fünf Jahre zuvor findet sie sich auf den Trauerfeierlichkeiten nach Hitchcocks Tod im April 1980 ein: »Alle waren überrascht, dass ich zu Hitchcocks Beisetzung in Beverly Hills gekommen bin. Ich hatte sogar ein Blumengesteck in Form des ikonischen Hitchcock-Profils anfertigen lassen. Das Gestell dazu habe ich immer noch. Ich habe bei den Trauerfeierlichkeiten aber nicht gesprochen. Ich war einfach da, weil ich sein Genie als Filmemacher und seine Leistungen für die Branche würdigen wollte. Ich war da, um ihm ganz persönlich als unvergleichlichem Lehrer und ›Star-

Maker‹, der vor langer Zeit einmal an ein ehemaliges Model geglaubt hat, das noch keinen Tag im Leben als Schauspielerin verbracht hatte, die letzte Ehre zu erweisen. (...) Letztendlich war ich also dort, um zu sagen: ›*Good-bye, and thank you, Hitch*‹.«[27]

Es ist die Ambivalenz der Tippi Hedren.

Auf ihre Zeit mit Alfred Hitchcock zurückblickend – auf die Jahre also, in denen er sie unterrichtet, sie coacht, mit ihr Stimmübungen macht und zwei große Kinofilme dreht, die zu zeitlosen modernen Klassikern der internationalen Filmgeschichte werden sollen –, bekennt Tippi Hedren letztlich uneingeschränkt, bis heute:

»Wahrscheinlich habe ich in drei Jahren alles gelernt, wofür ich andernfalls 15 Jahre gebraucht hätte. Ich habe so viel von Hitchcock gelernt. Er ist eine absolut faszinierende Gestalt.«[28]

1 Maxford, Howard: *The A – Z of Hitchcock.* London 2002, S. 109.

2 Moral, Tony Lee: *The Making of Hitchcock's The Birds.* Harpenden, Herts 2013, S. 63.

3 Hedren, Tippi: *Tippi. A Memoir.* New York 2016, S. 44.

4 Maxford, Howard: *The A – Z of Hitchcock.* London 2002, S. 109.

5 Interview mit Tippi Hedren (unveröffentlichte Interview-Passagen, WDR-Archiv Köln). TV-Dokumentation *ARD-Legenden – Alfred Hitchcock.* Erstausstrahlung am 10. August 2009.

6 Moral, Tony Lee: *The Making of Hitchcock's The Birds.* Harpenden 2013, S. 64 f.

7 Moral, Tony Lee: *The Making of Hitchcock's Marnie.* Lanham, Maryland 2005, S. 18.

8 Moral, Tony Lee: *The Making of Hitchcock's The Birds.* Harpenden, Herts 2013, S. 140.

9 Moral, Tony Lee: *The Making of Hitchcock's The Birds.* Harpenden, Herts 2013, S. 141.

10 Interview mit Tippi Hedren (unveröffentlichte Interview-Passagen, WDR-Archiv Köln). TV-Dokumentation *ARD-Legenden – Alfred Hitchcock.* Erstausstrahlung am 10. August 2009.

11 Interview des Autors mit Tochter Patricia Hitchcock. Berlin, Februar 1997.

12 Moral, Tony Lee: *The Making of Hitchcock's The Birds.* Harpenden, Herts 2013, S. 143.

13 Hamilton, John: *Hitchcock's Blonde. Grace Kelly and Alfred Hitchcock.* Bristol 2009, S. 200.

14 Taraborrelli, Randy J.: *Grace Kelly und Fürst Rainier. Ein Hollywoodmärchen in Monaco.* Frankfurt 2004, S. 264.

15 Leigh, Wendy: True Grace. *The Life and Times of an American Princess.* New York 2007, S. 197.

16 Fernseh-Dokumentation: *Secret Lives: Grace Kelly* (*Gracia Patricia – Der Preis des Ruhms*). Channel 4 1997 / ORF 2007 / 3sat 2011.

17 Lexikon des Internationalen Films. Band L – N. Reinbek bei Hamburg 1995, S. 3714 f.

18 Truffaut, François: *Mr. Hitchcock, wie haben Sie das gemacht?* München 1973 / Neuausgabe 2003, S. 257 f.

19 Maxford, Howard: *The A – Z of Hitchcock.* London 2002, S. 109.

20 Truffaut, François: *Mr. Hitchcock, wie haben Sie das gemacht?* München 1973 / Neuausgabe 2003, S. 316.

21 Maxford, Howard: *The A – Z of Hitchcock.* London 2002, S. 109.

22 Diverse Zeitzeugen-Interviews in: Moral, Tony Lee: *The Making of Hitchcock's The Birds.* Harpenden, Herts 2013. Moral, Tony Lee: *The Making of Hitchcock's Marnie.* Lanham, Maryland 2005.

23 Moral, Tony Lee: *The Making of Hitchcock's Marnie.* Lanham, Maryland 2005, S. 123.

24 Modleski, Tania: *The Women Who Knew Too Much. Hitchcock and Feminist Theory.* New York 1988.

25 Hedren, Tippi: *Tippi. A Memoir.* New York 2016.

26 Hedren, Tippi: *Tippi. A Memoir.* New York 2016, S. 244.

27 Hedren, Tippi: *Tippi. A Memoir.* New York 2016, S. 75.

28 Moral, Tony Lee: *The Making of Hitchcock's The Birds.* Harpenden, Herts 2013, S. 64.

11

Julie Andrews

Torn Curtain

(Der zerrissene Vorhang, 1966)

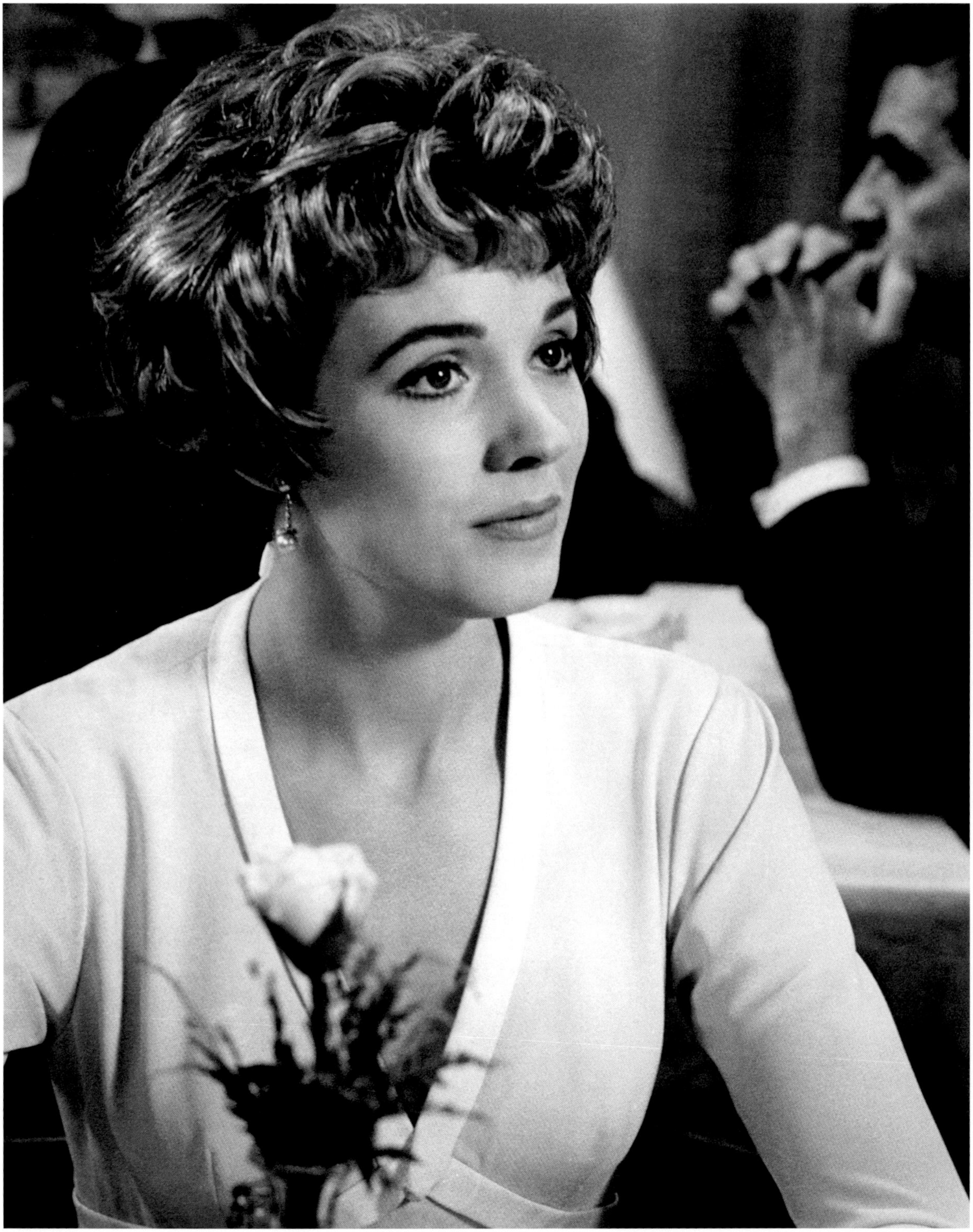

Julie Andrews in *Torn Curtain*, 1966

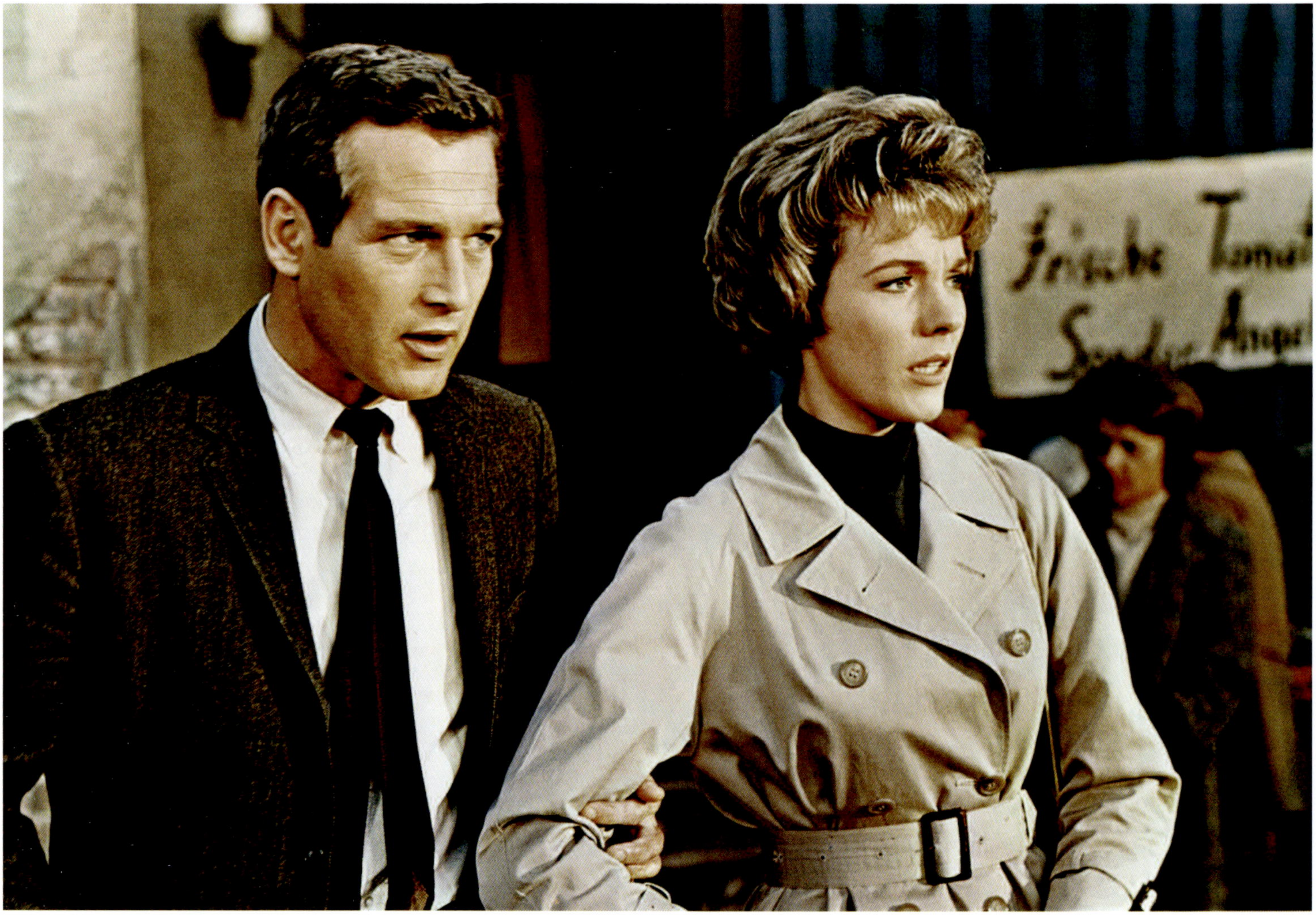

Szenenphoto mit Paul Newman aus *Torn Curtain*, 1966

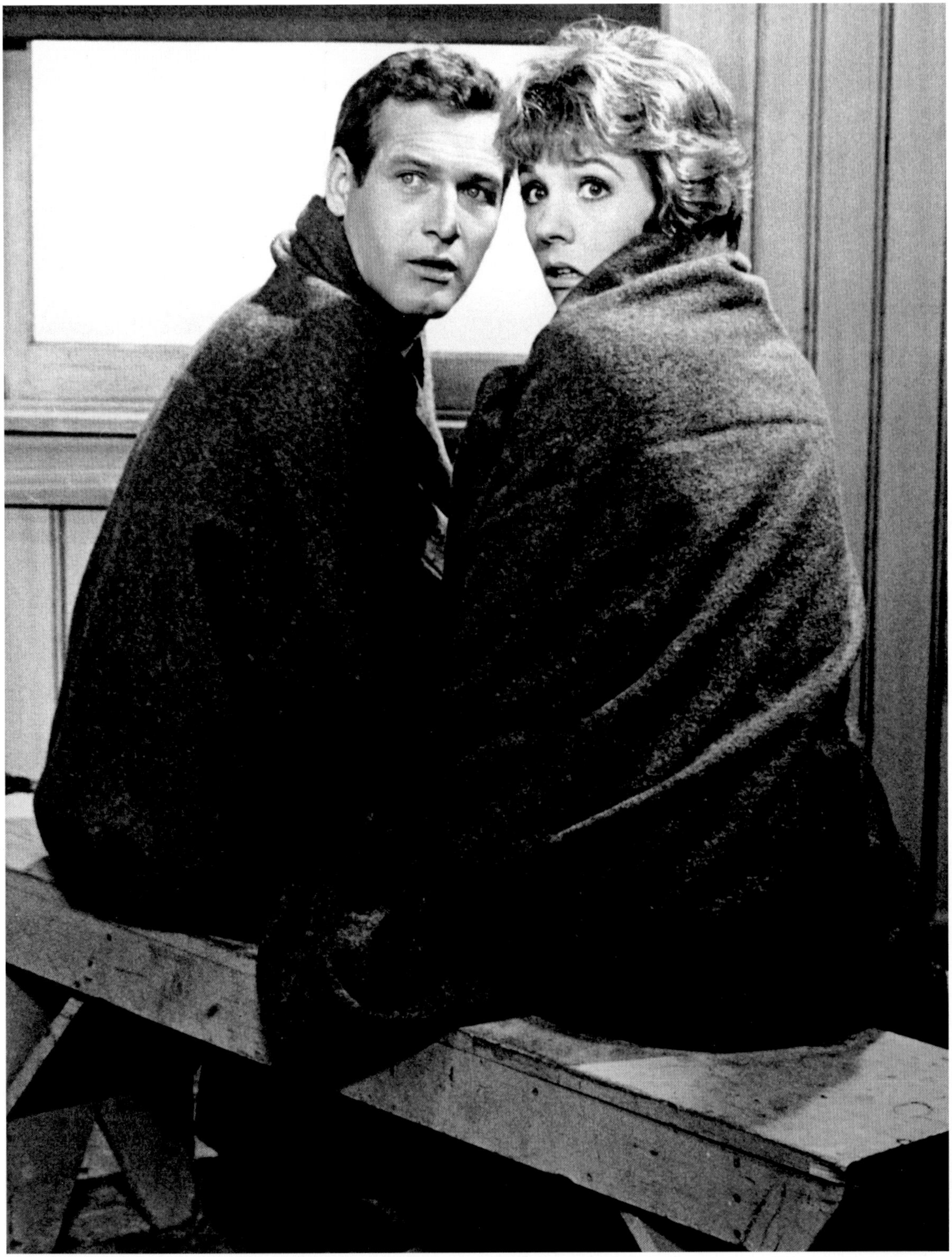

Szenenphoto mit Paul Newman aus *Torn Curtain*, 1966

Julie Andrews

(*1935)

»I don't feel this scene.« – »Look, Julie, say what you want. I'll take care of it in the cutting room.«

Torn Curtain – und mit ihm auch die Besetzung von Julie Andrews und Paul Newman in den Hauptrollen – markiert eine scharfe Bruchstelle in Alfred Hitchcocks Werk. Diese Bruchstelle ist auf mehreren Ebenen, einer künstlerischen wie einer persönlichen, deutlich spürbar. Es sind die 1960er Jahre, die für Alfred Hitchcock unruhige, durchaus schmerzliche Jahre sind. 1965 hat er *Psycho*, *The Birds* und zuletzt *Marnie*, seinen 49. Film, hinter sich. Nach diesen drei Arbeiten stellt sich ihm sowie dem Studio, bei dem er seit *The Birds* unter Vertrag steht, den Universal Pictures, die Frage: Was kann, was soll darauf folgen? Was könnte der 50. Hitchcock werden? *Psycho* war ein weltweiter, immenser Erfolg. *The Birds* kam verhalten an. *Marnie* wurde von Kritik und Publikum regelrecht missachtet.

Was nun, Mr. Hitchcock?

Der mehrfache Bruch, den *Torn Curtain* bedeutet, betrifft Hitchcock zunächst in Form persönlicher Verluste und hat infolgedessen merkliche Auswirkungen auf seine künstlerische Arbeit: Die Zusammenarbeit mit Robert Burks, seit *Strangers On a Train* (*Der Fremde im Zug*, 1951) Hitchcocks langjähriger Kameramann, vertrauter Freund auch, endet nach dem unseligen letzten Film, *Marnie*. Auch bei dem auf *Torn Curtain* folgenden *Topaz* wird eine Wiederaufnahme der Zusammenarbeit nicht mehr möglich sein – Burks verunglückt zusammen mit seiner Frau Elisabeth im Mai 1968 auf tragische Weise in seinem kalifornischen Haus, das in Flammen steht. George Tomasini, Cutter des Regisseurs seit *Rear Window*, stirbt im November 1964. Schließlich werden sich Alfred Hitchcock und Bernard Herrmann – der mit seinem Filmscore zu *The Trouble with Harry* die erste einer Vielzahl magisch-hypnotischer Musikstücke für Hitchcock komponiert – in einem Streit überwerfen und nie wieder ein Wort miteinander wechseln. Ein tragisches Debakel, zu dem es um den Jahreswechsel 1965/1966 herum kommt, als die Universal und Hitchcock auf der Suche nach einem Komponisten für den im Februar 1966 abgedrehten *Torn Curtain* sind. Hitchcock wünscht wie stets Herrmann. Und Herrmann macht sich an die Arbeit und entwirft eine Komposition. Doch der Druck, den Universal auf Hitchcock ausübt, verbunden mit der Ansage, der neue Film müsse neue Stars und neue Musik, ganz im Stil des stylishen 60er-Jahre-Pop, haben, diesen Druck gibt Hitchcock an Herrmann weiter. Über der *Torn Curtain*-Musikkomposition kommt es zum Zerwürfnis der beiden langjährigen Freunde, stattdessen wird John Addison engagiert.

Am 18. Oktober 1965 beginnen die Dreharbeiten zu Alfred Hitchcocks 50. Film, *Torn Curtain*. Selten ist der Regisseur derart unglücklich mit einem Projekt, einem Script, den Produktionsumständen und nicht zuletzt den Stars. Denn die Stars, die hier gecastet wurden, sind keine Hitchcock-Stars. Sie gehören einer neuen Generation an, mit der Hitchcock nicht sonderlich viel anfangen kann. Sie sind nicht seine Wahl, es bedeutet für ihn einen leidigen Kompromiss einzugehen, einen, den ihm Studio-Boss Lew Wasserman regelrecht aufzwingt.

Kurz vor Drehbeginn, am 1. Oktober 1965, feiert Julie Andrews ihren 30. Geburtstag. Einer der Gründe, weswegen die Universal sie gegen Hitchcocks Willen besetzt, ist denn auch das Alter der 1935 im englischen Walton-on-Thames geborenen Schauspielerin. Denn Hitchcocks eigentliche Wunsch-Besetzung, seine blonde Heldin aus *North by Northwest*, Eva Marie Saint, ist dem Studio mit ihren 42 Jahren bereits viel zu alt.

Julie Andrews, die schon als Kind auf Englands kleinen Theaterbühnen in der Provinz fröhlich singt und spielt, gibt im zarten Alter von nur zwölf Jahren in der Musical-Revue *Starlight Roof* im Londoner Hippodrome ihr professionelles Debüt. Es folgen erste Rollen im Londoner West End in *Aladdin* oder *Humpty Dumpty*. Ein früher Kinderstar. Bald schon hat sie auch am New Yorker Broadway, am Vorabend ihres 19. Geburtstags, ihren Einstand in dem Part der Polly Browne in *The Boy Friend* (1954), auf den die Hauptrollen der Eliza Doolittle in *My Fair Lady* und die der Queen Guinevere in *Camelot* folgen sollen. In diesen 1950er Jahren ist sie zudem in einigen britischen Fernsehfilmen zu sehen, darunter *Cinderella* (1957). Als die Universal Pictures sie für *Torn Curtain* kontaktiert, hat Andrews gerade einmal in drei Kinofilmen mitgewirkt: in gleich zwei aufeinanderfolgenden großen Kassenschlagern – dem Walt Disney-Film *Mary Poppins* (1964) und Robert Wises Musical *The Sound of Music* (*Meine Lieder, meine Träume*, 1965) – sowie in der Schwarzweiß-Komödie *The Americanization of Emily (Nur für Offiziere*, 1964). Julie Andrews ist *Hollywood's biggest star*. Gefragt, wie sie derzeit ist, steht sie nur für einen kurzen Zeitraum zur Verfügung, so dass der Film zudem unter Zeitdruck entsteht, auch weil Hitchcock mit Brian Moores recht durchwachsenem Drehbuch noch keineswegs zufrieden ist.

Obwohl er nicht gerade begeistert von seiner Hauptdarstellerin ist, behandelt Hitchcock Julie Andrews immer ausgesucht höflich. Vor Drehbeginn hat er Bedenken, das Publikum, das sie in *Mary Poppins* sah, könnte erwarten, dass sie auch hier singt. Andrews selbst sagt einmal über ihre Erfahrung bei den Dreharbeiten: »Ich musste in *Torn Curtain* kaum spielen. Ich war einfach nur mit von der Partie. Meinem Gefühl nach hat mir diese Rolle nicht viel abverlangt, ich musste nur *glamouros* aussehen, und das kann Mr. Hitchcock ja so gut arrangieren wie kein anderer. Ich hatte durchaus Vorbehalte gegen den Film, aber ich habe nicht darunter gelitten. *The kick of it* – das war die Arbeit für Hitchcock. Deswegen habe ich den Film gemacht, und genau das hat er mir auch gebracht.«[1]

1965 spricht Hitchcock auch mit einem seiner bevorzugten *Leading Men*, Cary Grant, über dessen mögliche Besetzung in der Hauptrolle des US-Physikers Michael Armstrong, muss jedoch erfahren, dass Grant nur noch einen einzigen, letzten Film – Charles Walters' *Walk Don't Run* (*Nicht so schnell, mein Junge*, 1966) – drehen und sich dann endgültig vom Filmgeschäft zurückziehen und seine Karriere beenden will. Grant steht 1965 in seinem 61. Lebensjahr – er wird bis zu seinem Tod im November 1986 nie wieder auf die Leinwand zurückkehren.

Statt Cary Grant also Paul Newman. Die Arbeitsbeziehung zwischen Hitchcock und Newman gestaltet sich bald problematisch. Newman entstammt einer anderen Generation von Schauspielern als etwa Cary Grant oder James Stewart. Er stellt Hitchcock während der gesamten Dreharbeiten immerzu Fragen zum Drehbuch und zur Charakterisierung. Hitchcock äußert später, er habe Newmans Benehmen und seinen Ansatz als inakzeptabel und respektlos empfunden. Newman selbst beharrt wiederum darauf, er habe Hitchcock keineswegs angreifen wollen: »Ich glaube, ›Hitch‹ und ich hätten uns eigentlich bestens verstanden, aber das Drehbuch kam uns immer wieder in die Quere.« Als Newman, ein *Method Actor*, Hitchcock am Set zur Motivation seiner Figur um Rat fragt, antwortet ihm der Regisseur: »motivation is your salary« (»Die Motivation ist Ihre Gage«).[2]

Damit nicht genug, muss Hitchcock zu seinem Leidwesen auch noch feststellen, dass sich die Chemie zwischen Newman und Julie Andrews auf der Leinwand einfach nicht einstellen will. Zudem ist er der Ansicht, dass die beiden Stars nicht gut zu ihren Rollen passen, während ihre Gagen in Höhe von zusammen 1,5 Millionen US-Dollar hingegen einen Großteil des Fünf-Millionen-Budgets vereinnahmen. Hitchcock bezeichnet die Millionen-Gage der beiden schließlich als »disgrace … just because they happened to be hot!«[3]

So hat *Torn Curtain* – zumindest zum Zeitpunkt seiner Entstehung – geradezu etwas von einem Hitchcockschem Harakiri. Bereits während der Vorproduktion und der Dreharbeiten weiß der Regisseur: Sein 50. Film – ausgerechnet – kann nur noch schiefgehen.

Auch in dem Spionage-Thriller *Torn Curtain* gibt es wieder eine Sequenz, die auf einem kleinen Hügel spielt und ein Liebespaar zeigt, das dort einen kathartischen, für den weiteren Handlungsverlauf essentiellen Moment erlebt. Wie schon in *Suspicion*, wo Hitchcock Cary Grant und Joan Fontaine auf einen Hügel schickt, oder in *The Birds*, wo sich Tippi Hedren und Rod Taylor über abwesende Mütter und Väter austauschen, bevor die Vögel zum ersten Mal angreifen, so gehen auch hier Julie Andrews und Paul Newman auf eine in Leipzig gelegene Anhöhe, die einer grünen, von Bäumen und Büschen flankierten kleinen Insel inmitten der Stadt gleicht. Ein Idyll im kalten Grau. Während unten der dem DDR-Regime nahestehende Professor Karl Manfred (Günter Strack) zusammen mit dem Stasi-Genossen Haupt wartet und aufmerksam verfolgt, was geschieht, stehen oben der US-Physiker Michael Armstrong (Paul Newman) und Sarah Sherman (Julie Andrews), seine Verlobte und wissenschaftliche Mitarbeiterin. Zunächst zeigt Hitchcock die Szenerie aus der Ferne, in einer Totalen. Der US-Professor und seine Verlobte gehen auf den Hügel, bleiben oben stehen, und fast sieht es so aus, als ob sie miteinander kämpfen, miteinander ringen würden. Die zutiefst enttäuschte Frau wendet sich ab von dem Mann, den sie so sehr liebt. Von dem sie sich um die Wahrheit betrogen fühlt. Sie dreht ihm den Rücken zu, bedeckt mit den Händen ihre Ohren, will den auf sie Einredenden nicht hören. Doch dann, ganz allmählich, ändert sich ihre Haltung. Noch immer zeigt Hitchcock die Szenerie aus der Ferne, der Ton lässt nicht ihr Gespräch, sondern lediglich die Geräusche der Stadt hören. Die Frau dreht sich langsam um, wendet sich dem Mann wieder zu. Schnitt. Nun ist die Kamera von John F. Warren in einer halbnahen Einstellung bei den Schauspielern, zeigt ihre Oberkörper, wie sie sich gegenüberstehen, nun einander zugewandt, offen. Und die Kamera umkreist Julie Andrews, die mit Tränen in den Augen, die ihr die Wangen herunterlaufen, leuchtet und strahlt. Es ist der Hitchcocksche Moment der Epiphanie. Michael hat seiner Sarah endlich erklärt, warum er wirklich hier ist: nicht, um als Wissenschaftler zu desertieren, um aus den USA für immer in das andere System überzulaufen, hierher in die DDR, hinter den Eisernen Vorhang, wie es alle Offiziellen annehmen. Sondern um die geheime Nuklear-Formel des Leipziger Professors Gustav Lindt (Ludwig Donath) zu bekommen und anschließend in die USA zurückzukehren. Sarah, die ihm nach Ost-Deutschland gefolgt ist, ist erleichtert, dachte sie doch längst, Michael habe ihr nicht alles erzählt und ihr etwas vorgemacht. Habe ihr die Wahrheit vorenthalten. Da Professor Manfred noch immer unten wartet, dass das Paar zurückkommt, zieht Michael Sarah kurz hinter die Zierbüsche, um sie zu küssen. Die Kamera – im typischen Hitchcock-Stil – kommt ihnen dabei so nah, dass ihre Gesichter, Gesichtspartien im Close-up zu sehen sind. Aus der Totalen ins Close-up. Aus der Distanz voreinander in die vollkommene Nähe zueinander.

Hinter dem politischen Plot sowie hinter dem »MacGuffin«, der ominösen physikalischen Geheimformel, ist auch dieser Hitchcock-Film mit Julie Andrews eine Romanze, die Geschichte einer Liebe. Wie fast alle Hitchcock-Filme.

[1] Maxford, Howard: *The A – Z of Hitchcock*. The Ultimate Reference Guide. London 2002, S. 31.

[2] McGilligan, Patrick: *Alfred Hitchcock. A Life in Darkness and Light*. New York 2003, S. 672.

[3] Sullivan, Jack: *Hitchcock's Music*. New Haven/London 2006, S. 277.

12

Karin Dor

Topaz

(Topas, 1969)

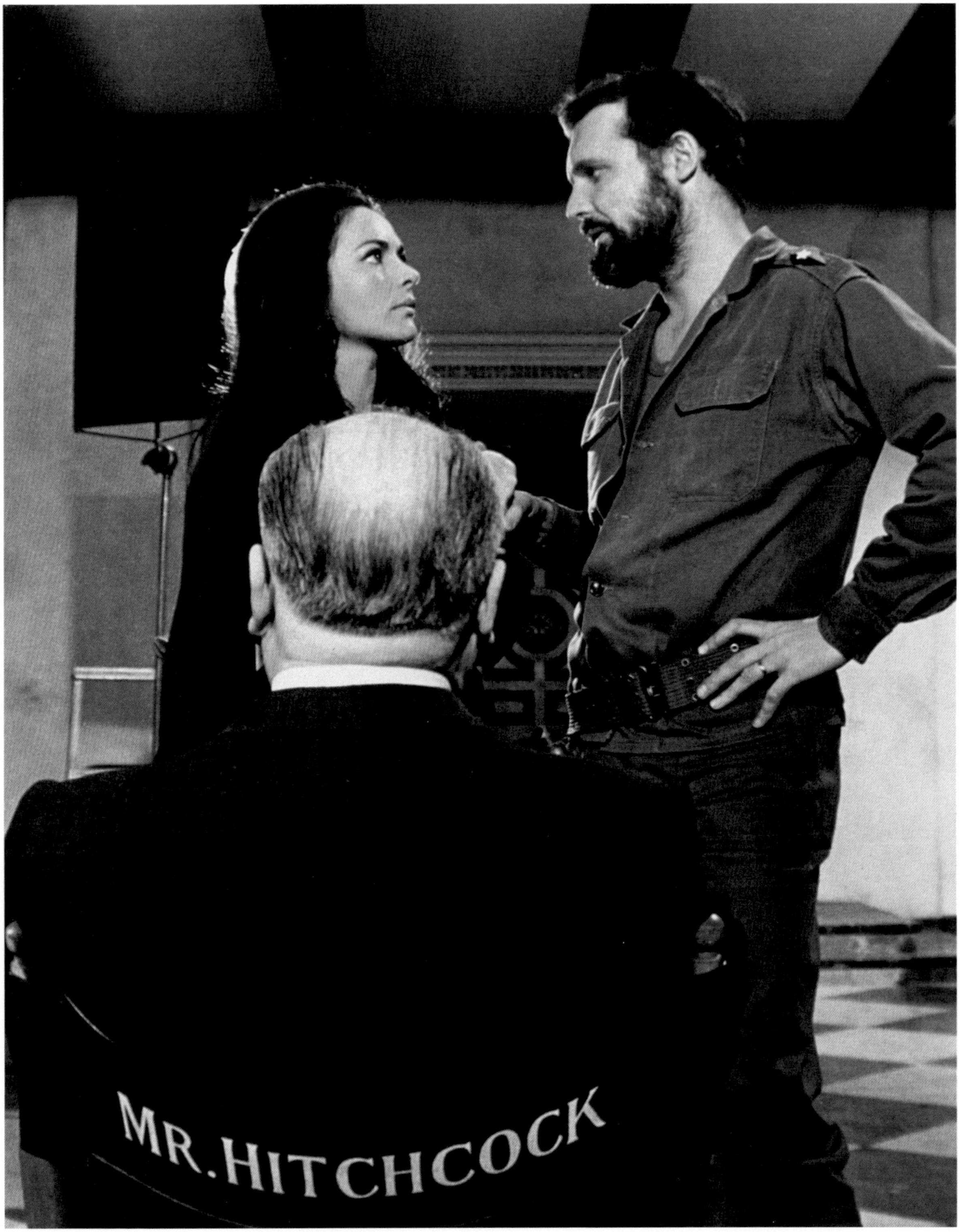

Alfred Hitchcock mit Karin Dor und John Vernon am Set von *Topaz*, 1969

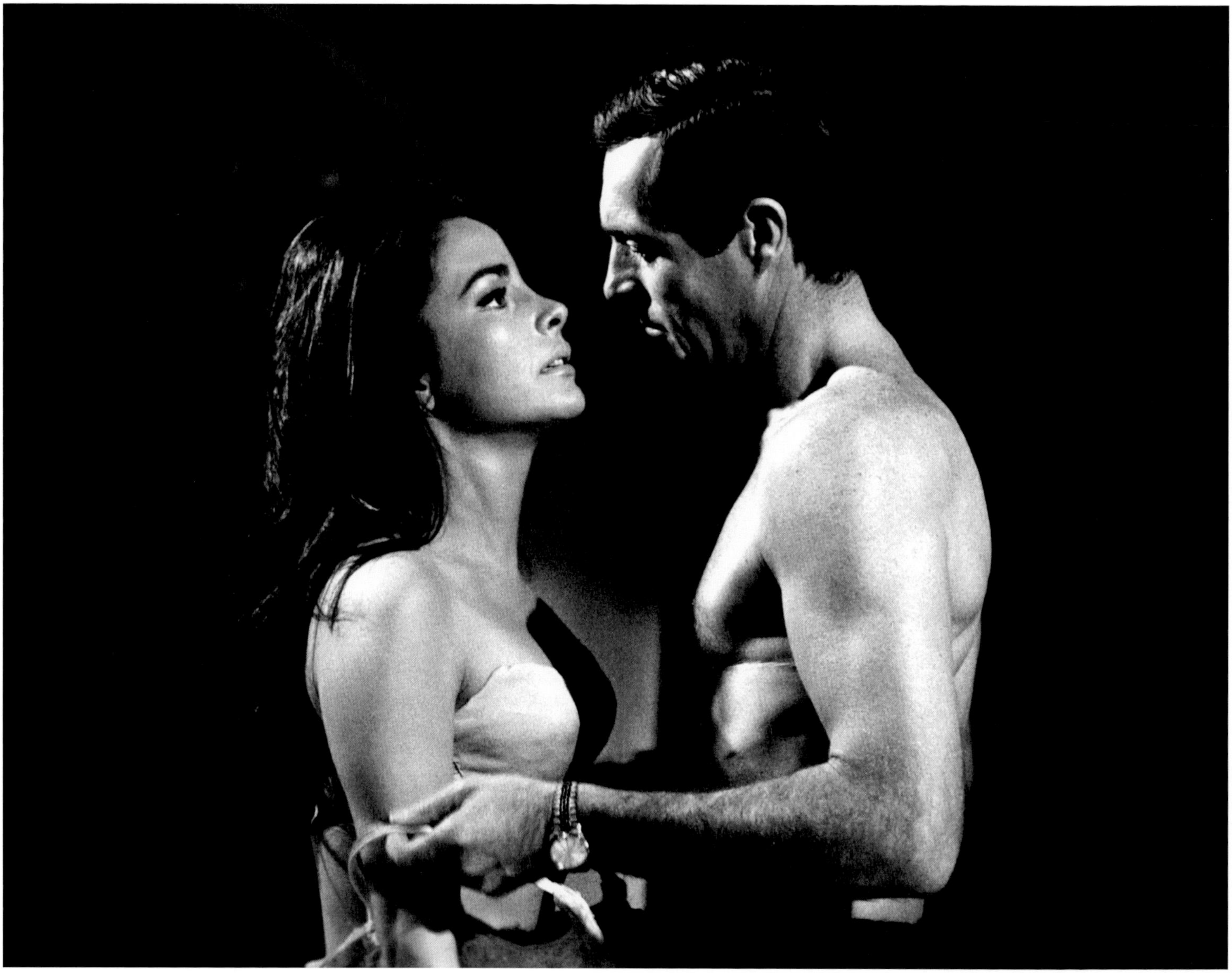

Szenenphoto mit Frederick Stafford aus *Topaz*, 1969

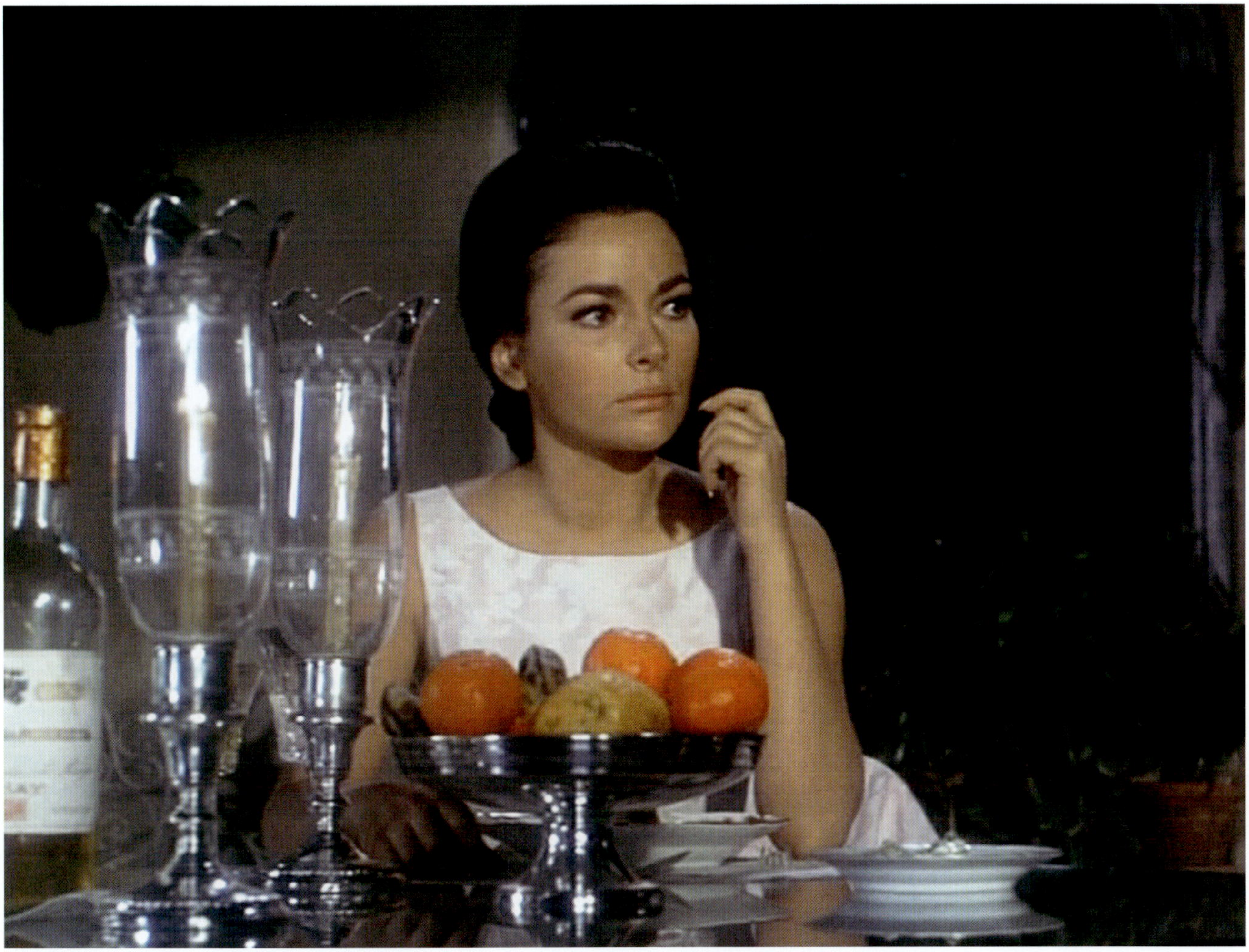

Filmstill aus *Topaz*, 1969

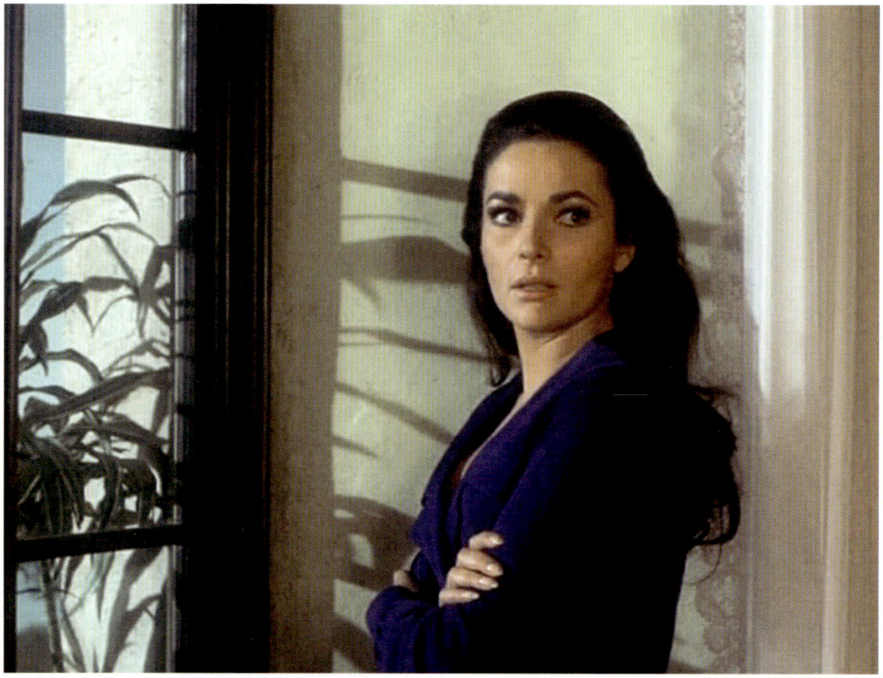

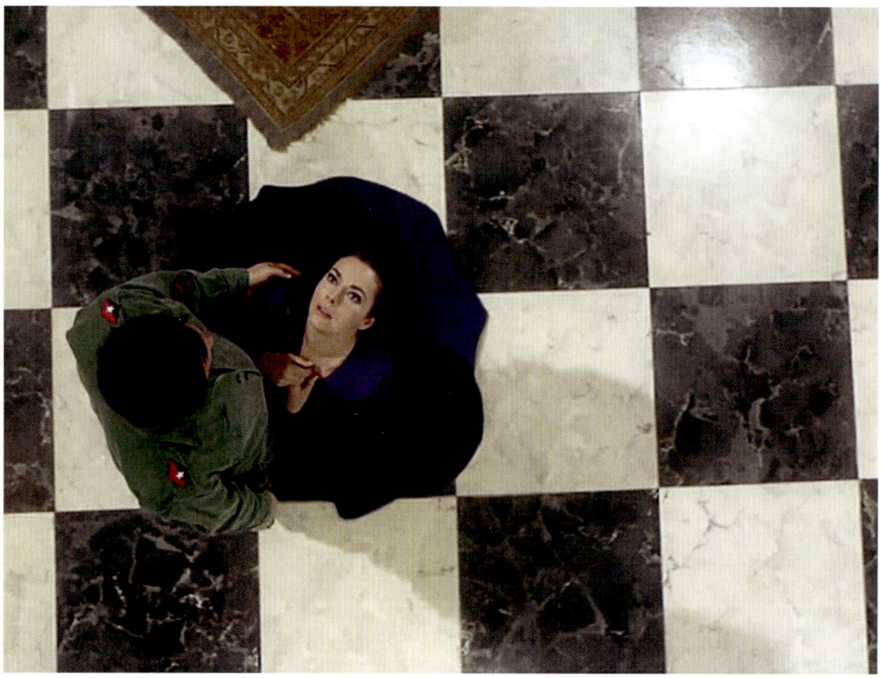

Filmstills aus *Topaz*, 1969

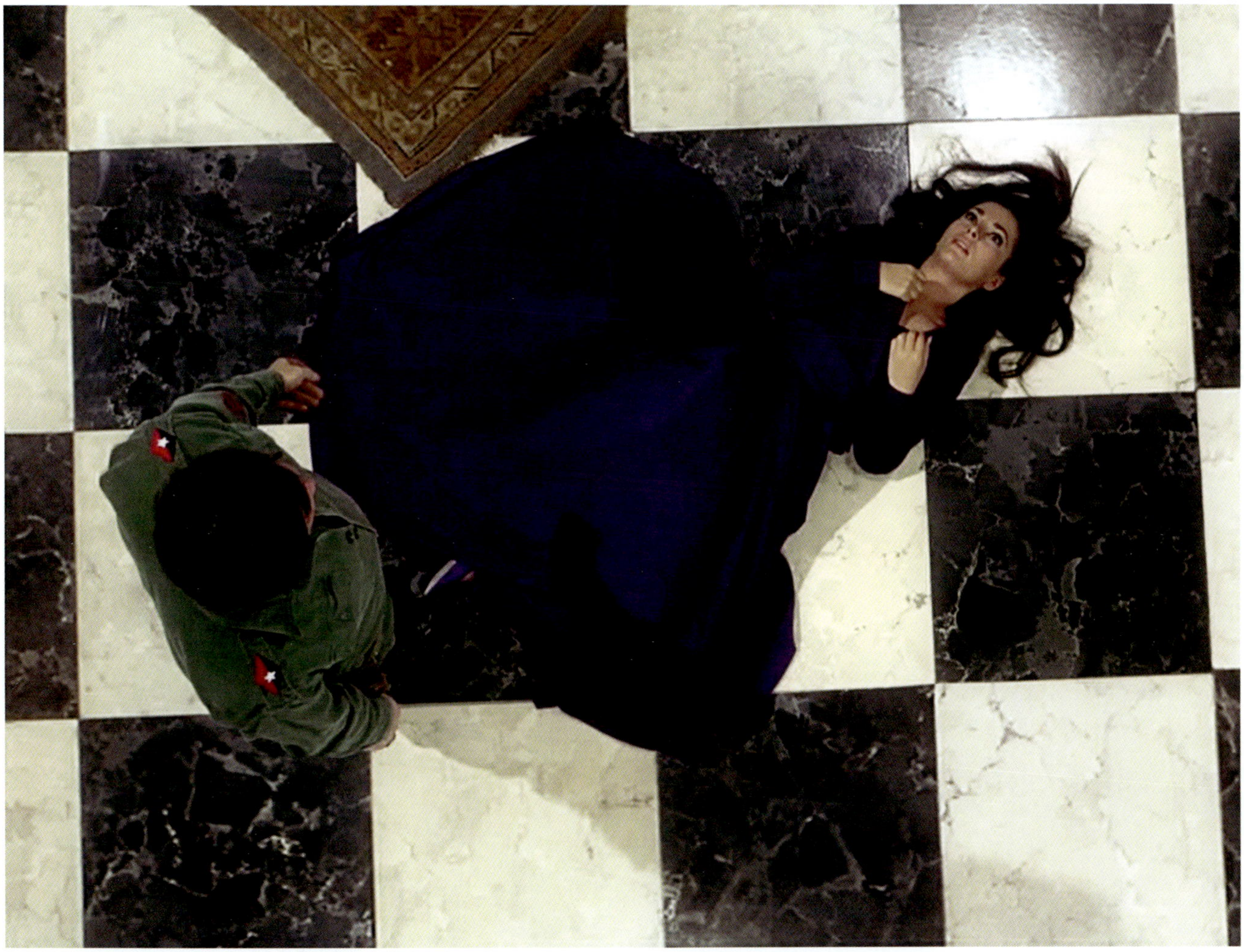

Filmstill aus *Topaz*, 1969

Karin Dor

(1938–2017)

»She is blonde inside.«

So antwortet Alfred Hitchcock auf die Frage eines Journalisten auf einer Pressekonferenz zu *Topaz*, warum er denn eine dunkelhaarige Darstellerin ausgewählt habe, und keine blonde. Die Dunkelhaarige, nach der da auf der Pressekonferenz im Dezember 1969 in den USA gefragt wird, ist nicht nur das einzige deutsche Bond-Girl, sie ist auch die einzige deutsche Hitchcock-Heldin. Zwar haben in Hitchcock-Filmen deutsche Schauspielerinnen wie etwa Leopoldine Konstantin in *Notorious* mitgewirkt – dort in dem Part der diabolischen Mutter des unglückseligen Nazi-Kollaborateurs Claude Rains –, doch in einer wirklich tragenden Hauptrolle findet sich in allen 53 Arbeiten des gewichtigen Regisseurs lediglich eine einzige: die gebürtige Wiesbadenerin Karin Dor.

Kätherose Derr, wie sie mit gebürtigem Namen heißt, wird am 22. Februar 1938 in der zwischen Rheingau und Taunus gelegenen hessischen Landeshauptstadt geboren, wo sie aufwächst und zur Schule geht. Erste kleine Auftritte hat sie noch zu ihrer Schulzeit auf dem am Waldrand gelegenen Wiesbadener Filmstudiogelände »Unter den Eichen«, das zu dieser Zeit zu den größeren Studiobetrieben im Nachkriegsdeutschland zählt. In einem der Studios hier dreht Regisseur Hans Deppe mit der blutjungen, ebenfalls 1938 geborenen Romy Schneider und Mutter Magda Schneider Romys Leinwanddebüt *Wenn der weiße Flieder wieder blüht* (1953). 1954 heiratet der dreißig Jahre ältere Regisseur Harald Reinl Kätherose Derr, und um die Heirat überhaupt möglich zu machen, gibt sie statt ihres Geburtsjahrs 1938 einfach 1936 an. So kommt es, dass sie bereits im zarten Alter von 16 Jahren verheiratet ist. Es folgen allererste Rollen für die Jungdarstellerin, die sich nunmehr Rose Dor und schließlich, einige Kinofilme später, Karin Dor nennt. Bald schon kommen auch erste gemeinsame Arbeiten unter der Regie ihres Ehemanns Reinl, darunter an der Seite der ebenso jungen Christine Kaufmann in *Rosen-Resli* (1954), in *Kleiner Mann – ganz groß* (1957) oder in *Almenrausch und Edelweiß* (1957). Reinl dreht leicht verdauliche Heimatfilme. Wie so viele seiner Regiekollegen auch. Es sind die 50er Jahre des zerbombten Nachkriegslandes. Es ist die bleierne Zeit.

In den *Swinging Sixties* erlebt Karin Dor die wohl beste Zeit ihrer ziemlich langen Schauspielkarriere: Auch sie geht an Bord der deutschen Edgar Wallace-Verfilmungen, die im Jahr 1959 mit *Der Frosch mit der Maske* beginnen und über ein Jahrzehnt lang die Kinogänger der noch jungen, betulichen Bundesrepublik in wohligem Grusel-Schauer ins behütete Heim entlassen. Neben Regisseuren wie Alfred Vohrer und Franz Josef Gottlieb ist es auch hier Harald Reinl, der auf dem Regiestuhl sitzt, während seine Ehefrau vor der Kamera wahlweise durch Londons Nebel oder durch dunkle Gänge entlegener Grusel-Schlösser wandert. Karin Dor – die mit hellem Teint und pechschwarzem Haar im kontrastierenden Schwarzweiß dieser Zeit noch anmutiger und zugleich vollkommen zeitlos wirkt – ist gleich in einem halben Dutzend Wallace-Filmen zu sehen, von *Die Bande des Schreckens* (1960) und *Der grüne Bogenschütze* (1961) über *Der Fälscher von London* (1961) bis hin zu *Zimmer 13* (1964) und *Der unheimliche Mönch* (1965): wie sie, mit ihren großen, weit aufgerissenen dunklen Augen einen gellenden Schrei des Entsetzens ausstößt, wie sie vor dem Grünen Bogenschützen flieht und nicht selten in Joachim »Blacky« Fuchsbergers rettenden Armen liegt, jenem Schauspiel-Kollegen in München, mit dem sie unzählige Male gemeinsam vor der Kamera steht und bis zu dessen Tod 2014 freundschaftlich verbunden bleibt. Zudem verhilft ihr der Part der Ribanna in den publikumsaffinen Winnetou-Filmen (*Der Schatz im Silbersee*, 1962; *Winnetou II*, 1964; *Winnetou III*, 1965) zu noch größerer Popularität. Karin Dor avanciert zum Star. Auf Edgar Wallace und Winnetou folgt schließlich James Bond 007: Karin Dor wird als erstes deutsches Bond-Girl für das fünfte Bond-Spektakel *You Only Live Twice* (*Man lebt nur zweimal*, 1967) engagiert, in dem sie in der Rolle der undurchsichtigen, rothaarig gefärbten und durchaus lasziven Helga Brandt an der Seite von Sean Connery zu sehen ist und mit ihm eine luftige Kussszene hoch über den Wolken hat. Das Ende der feurig kühlen Rothaarigen ist perfide und berühmt: Bonds unsterblicher *Longtime*-Gegner Ernst Stavro Blofeld lässt Helga Brandt von einer sich aufklappenden Studio-Brücke in ein Piranha-Becken fallen. Wallace, Winnetou, Bond – die Sechziger, sie sind wahrlich Karin Dors goldenes Jahrzehnt.

Was könnte da überhaupt noch kommen?

Eines Morgens klingelt um vier Uhr das Telefon. Es ist das Jahr eins nach dem Revoluzzer-Jahr 1968. Am anderen Ende in der rauschenden Leitung ist Karin Dors US-Agent Walter Cohner in Hollywood. Sie möge doch bitte sofort die nächste Maschine nach Los Angeles nehmen: »Packen Sie sofort Ihren Koffer und kommen Sie hier vorbei – Hitchcock will Sie sehen!" Die aufwendigen Dreharbeiten zu seinem jüngsten Projekt *Topaz* (*Topas*, 1969) – nach dem gleichnamigen Polit-Roman von Leon Uris – laufen bereits, doch die Rolle der kubanischen Untergrundkämpferin Juanita de Cordoba ist noch immer nicht besetzt. Hitchcocks Ankündigung im Jahr zuvor, nach *Torn Curtain* einen weiteren politisch motivierten Spionage-Thriller zu drehen, der zu Zeiten des Kalten Krieges und der Kuba-Krise im Oktober 1962 spielt, fällt just in den politisch aufgeheizten Zeitraum zwischen den beiden Attentaten auf Martin Luther King und Robert F. Kennedy. Hinzu kommt: Nahezu drei Jahre gab es keinen neuen Hitchcock-Film. Doch nach den beiden schmerzlichen Misserfolgen *Marnie* und *Torn Curtain* soll ihm auch dieses neue Projekt kein Glück bringen.

Für Karin Dor hingegen kann das Glück gar nicht größer sein: »Er hatte sich bereits viele Darstellerinnen angesehen und ich konnte gar nicht glauben, dass ausgerechnet ich die Rolle bekommen sollte. Also packte ich nur einen kleinen Koffer. Ich dachte nur: Du kriegst einen Erste-Klasse-Flug, bleibst ein paar Tage in L.A., genießt es und fliegst wieder zurück. Wir haben dann zu Mittag gegessen bei ihm im Büro, er hatte dort einen riesigen Speisesaal. Zu dritt, seine Sekretärin Peggy Robertson, er und ich. Dann sagt er plötzlich: ›Kennen Sie Miss Edith Head? Ich glaube, es wäre eine gute Idee, wenn Sie zu ihr gehen würden und an sich Maß nehmen ließen.‹ Das war also seine Art mir klar zu machen, dass ich die Rolle habe. Das tat ich dann und blieb für die nächsten zwei Monate in den USA.«[1]

Todesszenen sind in den Filmen Alfred Hitchcocks oftmals wie Liebesszenen angelegt, stellte schon François Truffaut treffend fest. Auch der Tod von Karin Dors schöner Juanita de Cordoba, zweifellos der Höhepunkt dieses 51. Hitchcock-Films, ist auf visueller Ebene so gehalten, dass unweigerlich der amouröse Subtext mitschwingt: Juanita de Cordoba ist aufgeflogen, Rico

Parra stellt sie zur Rede. Es ist der Moment der Erkenntnis des doppelten Betrugs – des politischen und des emotionalen. Dann fällt ein Schuss und Juanita bäumt sich auf. In zwei sehr nahen Close-ups zeigt die Kamera erst das Gesicht John Vernons, dann das Gesicht Karin Dors. Dann entgleitet sie langsam seinen Armen und sinkt zu Boden, auf den schwarzweiß gekachelten Steinboden. Das lilafarbene Kleid der sterbenden Juanita de Cordoba breitet sich auf dem Schwarzweiß-Muster aus wie eine allmählich immer größer werdende Blutlache. Es wirkt regelrecht, als ob ein Blutsturz sich über den Boden ergießen würde. Eine ungemein virtuose, flamboyante, farbintensive Szene. Eine, die jene in *Notorious* assoziiert, in der Ingrid Bergman als Alicia Huberman in der großen Eingangshalle zusammenbricht. Sowohl in *Topaz* als auch in *Notorious* geht die Kamera im Moment des Zusammenbrechens nach einem Schnitt von einer Nahaufnahme in die vollkommene Totale, in eine vertikale Aufsicht, hoch oben jenseits der Emporen, der weiten Treppen, oberhalb der Kronleuchter noch, und zeigt die auf den marmornen Schachbrettböden liegenden Frauen. Wie umgekippte Schachfiguren liegen sie dort unten in ihren prachtvollen Kleidern und in aller morbiden Anmut.

Der Tod kann bei Hitchcock ebenso schön sein wie die Liebe. Das Lieben ebenso schmerzvoll wie das Sterben.

Die Dreharbeiten zu *Topaz*, des mit einem Vier-Millionen-Dollar-Budget bis dahin teuersten Hitchcock-Films überhaupt, finden in der ersten Jahreshälfte 1969 statt. Auf drei großen Studiobühnen werden bei Universal die Dekorationen vieler der auf Kuba spielenden Szenen nachgebaut, auch das »Theresa-Hotel« in Harlem, in dem Castro während seines letzten UNO-Besuchs wohnt, und der New Yorker Flughafen La Guardia. Zuvor geht es für die vielen Außenaufnahmen *on location* nach Kopenhagen, Paris, Washington, New York – und, es mag eine Ironie des Schicksals sein, in Karin Dors Geburtsstadt Wiesbaden.

Hitchcock, so erzählt es Karin Dor über all die Jahre hinweg immer wieder, sei ein Gentleman gewesen, durch und durch, höflich und galant, voller Humor. »Ich bin ein Riesenfan von Alfred Hitchcock. Von allen Regisseuren, mit denen ich gearbeitet habe, ist Hitchcock mein Favorit. Als Regisseur habe ich ihn bewundert. Ich war begeistert von seiner Akribie, seiner Phantasie und seiner exakten Vorbereitung: Er hat vor dem Dreh jeder Szene genau erzählt, wie jede Einstellung, ja wie der Fall eines Kleides auszusehen hatte.«

Sobald Drehschluss am Set von *Topaz* ist, muss die Schauspielerin aus Deutschland mit ihm, dem Gourmet und Weinkenner, Rezepte deutscher Gerichte austauschen, zur Perfektionierung von des Meisters Kochkunst – und zur Freude seiner dunkelbrünetten Aktrice: »Lief ein Drehtag gut, hievte ›Hitch‹ sich nachmittags zu mir in den Trailer. Mal hatte er seine Hunde, mal einen Daiquiri dabei. Immer an seiner Seite war Sekretärin Peggy Robertson. ›Hitch‹ wollte typisch deutsche Rezepte. Also diktierte ich sie Peggy in den Block, etwa für Kohlrouladen und Königsberger Klopse. Seiner Sekretärin musste ich die Rezepte verraten, damit es die Köchin nachkochen konnte.«

»Hitchcock liebte Wortspiele und Tricks – so hatte ich eine Szene, in der ich auf der Galerie bin und die Treppe hinunter kommen sollte. Ich stand im Schlafzimmer hinter einer Tür und konnte nicht wissen, wann ich wohin gehen sollte. Seine Anweisung für mich lautete: ›Sie warten bis das Licht leuchtet und dann gehen Sie zu dem zu heiß gewaschenen Pullover!‹ Ich überlegte, was er wohl damit meinen könnte, bis ich plötzlich wusste: er meint den Schrank! (engl. *to shrink, shrank, shrunk*: einlaufen) Seine Bemerkung darauf: ›I knew you would get it!‹ Ich freue mich noch heute, dass ich seine Sympathie gewinnen konnte. Seitdem ich seine Zuneigung gewonnen hatte, wurde ich oft von ihm und seiner Frau Alma Reville zum Essen eingeladen, ich habe mich zauberhaft mit den beiden unterhalten. Wir hatten sofort eine wunderbar sympathische Beziehung zueinander. Ich habe mich immer sehr gut mit ihm verstanden. *Topaz* war nicht vergleichbar mit den Filmen, die ich davor gemacht habe – es war eine meiner besten Erfahrungen des Filmemachens.«

Karin Dor stirbt am 6. November 2017 im Alter von 79 Jahren in München.

Ihr künstlerisch wichtigster Film nach 62 Jahren Schauspielkarriere bleibt wahrscheinlich Alfred Hitchcocks *Topaz*.

[1] Alle Interview-Passagen mit Karin Dor: *Rheinische Post*, 24. September 2014; *Der Westen*, 5. Oktober 2012; *Kabel 1* Presseportal, 27. Oktober 2003.

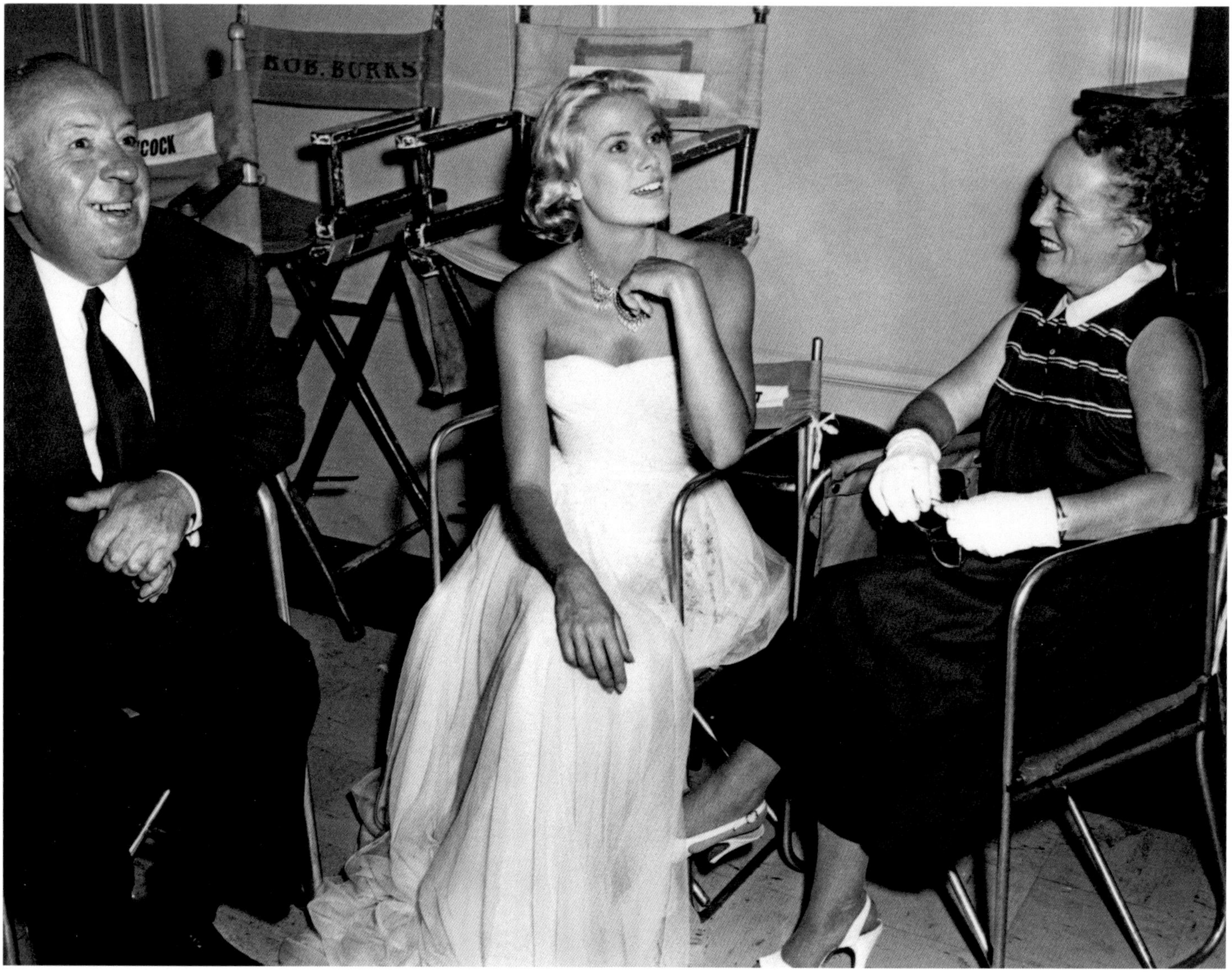

Grace Kelly mit Alfred Hitchcock und Alma Reville

Abspann – Ein letztes Wiedersehen

»(...) and their names are Alma Reville.«

Es ist das Frühjahr 1979. Ingrid Bergman reist nach Los Angeles. Sie möchte alte Freunde besuchen, in Hollywood die Luft ihrer einstigen Wirkungsstätte schnuppern. Vor allem aber gilt es, einen großen alten Freund zu ehren: Das American Film Institute, AFI, das alljährlich einer Persönlichkeit den AFI Life Achievement Award verleiht, hat für die im März '79 bevorstehende Zeremonie Alfred Hitchcock ausgewählt. Ingrid Bergman soll als Conférencière durch den Gala-Abend führen.

Ingrid Bergmans Freund und Mentor Alfred Hitchcock befindet sich in diesem Frühjahr 1979 bereits in schlechter körperlicher Verfassung. Seine letzten Lebensjahre sind schwer. Nach dem Kinostart seines 53. Films *Family Plot* (*Familiengrab*, 1976) plant er im Frühjahr 1978 ein weiteres Projekt, das den Arbeitstitel *The Short Night* trägt und in Finnland sowie in London gedreht werden soll. Die dem finnischen Festland vorgelagerten Inseln sind es, die Hitchcock als Handlungsort für den Spionagethriller besonders interessieren, dort würde er gerne drehen. Doch wird es dazu nicht mehr kommen, *The Short Night* wird nicht mehr realisiert, Hitchcock ist körperlich bereits zu schwach.

Die Arthritis plagt den Regisseur sehr, seine Gelenke schmerzen ihn. Sich zu bewegen gerät für ihn zur Tortur. Die Knie schmerzen ihn manches Mal derart, dass er sich zeitweise nur noch an den Wänden seines Hauses in der Bellagio Road in Hollywoods Bel Air entlangbewegt. Immer wieder stürzt er, fällt um. In diesen letzten Jahren benutzt er zuhause manchmal einen Rollstuhl. Wenn er aus dem Haus geht, in seinen Bungalow auf dem Universal-Studio-Gelände gefahren wird, dann geht er öfter am Stock. Hinzu kommt der übermäßige Alkoholkonsum – der Wein, der Wodka, die Brandys. Er trinkt viel, zu viel, nicht zuletzt auch, um die Schmerzen zu betäuben. Hitchcock ist deprimiert, äußert in Gesprächen seine Verbitterung am Leben, fühlt sich einsam, obgleich seine ebenfalls sehr kranke und durch mehrere Schlaganfälle geschwächte Ehefrau Alma Reville stets mit ihm zuhause ist. Sie gehen kaum mehr aus dem Haus in der Bellagio Road, täglich sind Krankenschwestern bei den Hitchcocks, um sie zu versorgen. Auf einem Sideboard sind Dutzende von Medikamenten ordentlich aufgereiht. Die wenigen Besucher, die Hitchcock in den späten Jahren noch empfängt – darunter auch Ingrid Bergman – berichten von einer drückenden Krankenhaus-Atmosphäre, die dieses Haus durchzieht.

Der 7. März 1979 ist gekommen. Es ist eine weitere, späte Ehrung für ihn, der wie auch Charlie Chaplin zeit seines Lebens nie einen Oscar erhielt. Die Veranstaltung wird im Fernsehen übertragen, es ist so ziemlich alles da, was in Hollywood Rang und Namen hat. Nicht zuletzt die großen Hitchcock-Stars, von Tippi Hedren und Janet Leigh, Anthony Perkins, Sean Connery und Henry Fonda, bis hin zu den beiden wichtigsten *Leading Men*, Cary Grant und James Stewart. Letzteren beiden, die als die einzigen in jeweils vier Hitchcock-Filmen mitspielten, wird die Ehre zuteil, direkt neben dem Geehrten am Tisch sitzen zu dürfen. An »Hitchs« rechter Seite, es versteht sich von selbst, sitzt seine Frau Alma Reville.

Hitchcock besteht darauf, nach der Ankündigung im verdunkelten Saal in einem Lichtkegel ein letztes, ein allerletztes Mal aufzutreten, indem er sich vom Gang draußen durch all die Menschen hindurch zum Tisch bewegt. Es gibt bereits *Standing Ovations*, als nur sein Name zu hören ist und er daraufhin im Lichtkegel erscheint. Mit schmerzverzerrtem Gesicht schleppt er sich mühsam durch die wartende Menge, bleibt ostentativ bei einer blonden Frau stehen, die er grüßt, und kommt allmählich an den Tisch, wo ihm seine auf ihn wartende Frau Alma den Platz neben sich weist. Beide, wie sie da sitzen, haben den denkbar größten Energieaufwand erbracht, diese Veranstaltung trotz ihrer körperlichen Beschwerden noch persönlich wahrnehmen zu können. Das Schmerzliche an diesen Fernsehbildern, die seinerzeit aufgezeichnet werden, ist der sichtbare Abbau insbesondere Hitchcocks. Wie Alma und Alfred Hitchcock an diesem großen gedeckten Tisch sitzen, inmitten der anderen Dinner-Tische dieser opulenten Gala-Show, das hat in seiner Anmutung etwas Verlorenes, etwas sehr Wehmütiges. Stellenweise wirkt es so, als seien sie beide nicht mehr von dieser Welt, als seien sie gar nicht wirklich anwesend.

Auch François Truffaut gehört zu den diversen Laudatoren und Gratulanten des Abends – noch einmal ruft er das legendäre 50-Stunden-Interview in Erinnerung. So viel Anerkennung und Respekt und Zuneigung wird dem *Master of Suspense* zuteil, der dies alles mit stoischer Miene scheinbar unbewegt zur Kenntnis nimmt.

Schließlich ist es an Alfred Hitchcock, all den Laudatoren zu danken. Unter großen Mühen erhebt er sich vom Stuhl, fällt einmal in diesen zurück, erhebt sich erneut, und hält seine Dankesrede, nicht ohne abermals die Legende um seinen fünfminütigen Gefängnisaufenthalt als sechsjähriger Junge in London zum Besten zu geben.

Der bewegendste Moment dieser Rede ist gewiss der, in dem er stellvertretend für alle Mitarbeiter seiner Filme genau vier Personen dankt:

»Die erste der vier ist eine Cutterin, die zweite ist eine Drehbuchautorin, die dritte ist die Mutter meiner Tochter Pat, und die vierte ist die beste Köchin, die Wunder in einer häuslichen Küche vollbrachte – und ihre Namen sind Alma Reville. *(Applaus)* Hätte die bezaubernde Miss Reville vor 53 Jahren nicht den Vertrag auf Lebenszeit als Mrs. Alfred Hitchcock ohne Wenn und Aber akzeptiert, wäre Mr. Alfred Hitchcock heute Abend vielleicht auch in diesem Saal anwesend, aber nicht an diesem Tisch, sondern als einer der langsameren Ober. Ich teile diese Auszeichnung mit ihr, so wie ich mein Leben mit ihr teile.«[1]

Eine Liebeserklärung vor einem Millionenpublikum.

Es hat dabei, ganz ohne jedes Pathos, etwas sehr Ergreifendes, wenn diese pragmatische, selbst so schwerkranke Frau Alma Reville kurz ihr Gesicht hinter den Händen verbirgt und hinter ihrer überdimensional großen Brille die Tränen zu sehen sind, die ihr in den Augen stehen. Vielleicht wird in diesem Moment am deutlichsten, dass »Hitch« und Alma, Alma und »Hitch«, ohne einander nicht denkbar sind.

»*She was his soul*«, sagt Norman Lloyd einmal, Darsteller in *Saboteur* und *Spellbound* sowie Co-Produzent von Hitchcocks US-Fernsehserie.

Alma Reville – sie ist Alfred Hitchcocks eigentliche *Leading Lady*.

Sie haben 53 Ehejahre hinter sich – und 53 Spielfilme.

Tochter Patricia Hitchcock erinnert sich heute an ihre Eltern, die damals, in den 1940er Jahren, in unmittelbarer Nachbarschaft von Ingrid Bergman und Ehemann Petter Lindström wohnen: »Meiner Meinung nach wurde meine Mutter eigentlich nie ausreichend dafür gewürdigt, was sie alles tat. Und das, obwohl mein Vater keinen einzigen Film in Angriff nahm, ohne sie vorher das Drehbuch lesen zu lassen. Sagte sie ›Nein‹, verfolgte er das Projekt nicht weiter. Das gilt übrigens auch für die Auswahl der Darsteller, Autoren und vieles andere mehr. Sie war die erste, die den fertigen Film sah, bevor man ihn zum Kopieren gab. Bei *Psycho* etwa sagte sie: ›Du kannst den Film nicht rausgeben.‹ Er fragte natürlich, warum. ›Na, weil Janet Leigh noch atmet, als sie bereits tot ist.‹ Niemandem außer ihr war es aufgefallen. Außerdem arbeitete sie auch als Cutterin. Lediglich die *Los Angeles Times* schrieb nach ihrem Tod: ›Der Hitchcock-Touch hatte vier Hände, zwei davon gehörten Alma.‹ Und das ist wahr.«[2]

Sei es Janet Leigh, die in *Psycho* nach dem Duschmord noch atmet, sei es Kim Novak, die ihr in einer einzigen Szene in *Vertigo* in ihrem Mantelumhang als zu füllig erscheint: Alma Revilles Urteil ist dem Regisseur ein Leben lang sakrosankt. Entsprechend reagiert er.

Isabella Rossellini begleitet ihre Mutter Ingrid Bergman an diesem 7. März auf den Gala-Abend und sitzt an einem der großen runden Tische im Saal. Sie erinnert sich: »Hitchcock war unglaublich alt, wirklich, wirklich alt, und es sah aus, als wäre er auf seinem Stuhl festgefroren, als wäre er gar nicht da, nichts an ihm bewegte sich. Und Alma, seine Frau, saß neben ihm, ganz klein. ›Hitch‹ war so alt, und Mamma, sie war so ... Sie wollte das zu einem fröhlichen Anlass machen, das merkte man ihr an, ihre Augen leuchteten. Sie haben immer so viel gescherzt, sie hatten eine Menge Spaß miteinander. Ich saß mit an diesem Tisch. Und ich war ganz erschrocken, wie alt er war, weil ich ihn nie kennengelernt hatte.«[3]

Bevor Ingrid Bergman die Gäste in den Abend von Los Angeles entlässt, hat sie noch eine kleine Überraschung für ihren Freund »Hitch«:

»Wir müssen Sie nun verlassen, doch dank des Kinos werden ›Hitchs‹ Werke immer bleiben. Ich möchte nur noch eine Kleinigkeit hinzufügen, bevor wir den Abend beenden. Du erinnerst dich doch noch an diese mühselige Einstellung, für die du eine Art Aufzug hast bauen lassen, einen Korb oder so etwas Ähnliches, in dem du mit dem Kameramann standst, ihr habt das große Fest in *Notorious* gefilmt und du hast dich mit deinem Aufzug und dem Kameramann immer näher herangezoomt, bis ganz nach unten, auf meine Hand, wo man den Schlüssel in Nahaufnahme sieht. Eine extrem lange Einstellung, dann die Nahaufnahme, nur der Schlüssel. Und weißt du was? Als die Szene abgedreht war, hat Cary den Schlüssel geklaut. Ja. Und er hat ihn behalten. Er hat ihn gut zehn Jahre lang behalten. Und eines Tages drückte er ihn mir in die Hand und sagte: ›Ich habe ihn lange genug aufgehoben, jetzt bekommst du ihn, als Glücksbringer.‹ Ich behielt ihn zwanzig Jahre lang, und hier in meiner Hand halte ich jetzt den Schlüssel.«

Applaus brandet auf, und, was er den ganzen Abend nicht getan hat, den er nahezu bewegungslos verbringt, da die arthritischen Schmerzen zu stark sind, Hitchcock klatscht, ebenso seine Frau Alma. Ingrid wirft ihm von der Bühne eine Kusshand zu. »Ich komme jetzt rüber. Mir hat er sehr viel Glück gebracht und auch eine Menge guter Filme. Jetzt möchte ich ihn dir geben, zusammen mit dem Gebet, dass er auch dir einige wunderbare Türen öffnen möge. Gott segne dich, lieber ›Hitch‹. Ich komme jetzt und gebe dir den Schlüssel.«[4]

Der *Notorious*-Schlüssel von 1946 – Symbol ihres gemeinsamen größten Erfolgs, Symbol ihrer Filme und ihrer Freundschaft. Ingrid Bergman geht nach ihrer Abschlussrede durch den Saal, an all den gedeckten Tischen entlang, bis sie schließlich an dem großen halbrunden Ehrentisch angelangt ist, bei Hitchcock, seiner Frau Alma, Cary Grant und James Stewart. Der ganze Saal applaudiert. *Standing Ovations.* Hitchcock steht auf, und Ingrid kommt mit dem Schlüssel auf ihn zu, küsst ihn auf die Wangen und die alten Freunde umarmen sich. Umarmen sich einen ganzen innigen Moment lang, halten sich – der kleine, dicke, alte, kranke Mann legt seine Arme um seine große *Leading Lady*. Als sie sich loslassen, da flackert ein kurzes Lächeln in seinem Gesicht auf.

Es ist ein zutiefst herzerweichender Moment.

Direkt neben ihnen stehen Cary Grant und James Stewart und klatschen. Es sind die versammelten Heroen einer goldenen Epoche.

Die Schlüssel-Episode wird einige Wochen später noch ein kleines postalisches Nachspiel haben, Ingrid Bergman und Alfred Hitchcock schicken sich mehrere Briefe, ist es doch nicht der echte »Unica«-Schlüssel. Sie hatte ihm einen anderen, den falschen gegeben. Den echten *Notorious*-Schlüssel schickt sie ihm per Briefpost nach.

Fünf Wochen nach dem Hollywood-Großereignis der Verleihung des AFI Life Achievement Award schickt Ingrid Bergman Alfred Hitchcock am 17. April 1979 einen ihrer vielen handschriftlichen Briefe, den sie in ihrem Londoner Apartment verfasst. Auch dieses humorige, liebevolle Schreiben mag davon erzählen, wie die Schauspielerin und der Regisseur – ganz ähnlich wie Grace Kelly – ein Leben lang zueinander stehen, auch jetzt, nach so langer Zeit, nur ein Jahr vor seinem Tod im April 1980.[5]

Einige Monate später, im August 1979, erhält Alfred Hitchcock Besuch von Ingrid Bergman, zuhause in Bel Air in Hollywood. August, es ist der Monat, in dem sie beide Geburtstag haben – Hitchcock ist am 13. achtzig geworden, Ingrid Bergman wird am 29. vierundsechzig. Sie erlebt einen gebrochenen Mann, dessen starker geistiger und körperlicher Abbau nicht mehr aufzuhalten ist. Hitchcock ist von einer tiefen Traurigkeit erfasst. Der alte Regisseur und eine seiner beiden Lieblings-Aktricen reden über das Sterben. Er hat Angst, wie so oft in seinem von Ängsten durchzogenen Leben. Diesmal vor dem eigenen Tod. So sitzen sie beieinander. Eine geradezu morbide, melancholische Stimmung voller Wehmut liegt über dieser Wiederbegegnung der beiden langjährigen Freunde. Wie weit sind sie entfernt, die gemeinsamen Zeiten von *Notorious* und *Spellbound* und *Under Capricorn*. Ingrid Bergman erinnert sich später an diese letzte Begegnung im Haus der Hitchcocks: »Er nahm meine beiden Hände, Tränen liefen ihm über das Gesicht, und dann sagte er: ›Ingrid, ich werde sterben.‹«[6]

Das Ende ist ganz still, ganz leise. Die Nieren versagen. Es ist der Morgen des 29. April 1980. Gegen halb zehn Uhr morgens stirbt Alfred Hitchcock zuhause in seinem Bett. Die Familie ist bei ihm. Auch Ingrid Bergman verliert mit ihm einen wichtigen Menschen, der in ihrer Schauspielkarriere von ganz wesentlicher Bedeutung ist – wie für so viele von *Hitchcock's Blondes*.

Als die Trauerfeierlichkeiten in der Church of the Good Shepherd in Beverly Hills stattfinden – abgehalten von Jesuitenpater Thomas Sullivan, einem langjährigen Bekannten Hitchcocks –, ist die Verwunderung groß: Der Sarg fehlt. Ein letzter Scherz des humorvollen Meisters. Selbst posthum will er alles unter Kontrolle behalten, nichts dem Zufall überlassen. Eine katholische Feier mit jesuitischem Pater, formell und korrekt. Doch der Sarg fehlt. Hitchcock hatte zuvor seine Einäscherung bestimmt. Seine Asche, so hatte er es angeordnet, soll am Pazifik verstreut werden, vor der kalifornischen Küste. Am 8. Mai 1980 schließlich wird in der Londoner Westminster Cathedral eine Messe für den gebürtigen Londoner gelesen.

Nur zwei Jahre später, am 6. Juli 1982, stirbt auch Alma Reville. Eine Ära geht zu Ende.

[1] Übersetzung des Originalwortlauts von Alfred Hitchcocks Dankesrede. AFI. Los Angeles, 7. März 1979.

[2] Gespräch des Autors mit Tochter Patricia Hitchcock. Berlin im Februar 1997.

[3] Gespräch des Autors mit Isabella Rossellini. Long Island, NY, am 1. Dezember 2014.

[4] Übersetzung des Originalwortlauts von Ingrid Bergmans Rede auf Alfred Hitchcock. AFI. Los Angeles, 7. März 1979.

[5] Brief Ingrid Bergman an Alfred Hitchcock. London, 17. April 1979. Ingrid Bergman Collection. Wesleyan University, Connecticut. Abgedruckt in: Wydra, Thilo: *Ingrid Bergman. Ein Leben.* München 2017, S. 625 f.

[6] Ackroyd, Peter: *Alfred Hitchcock.* London 2015, S. 257.

Anhang

Zeittafel

Alfred Hitchcock

1899 13. August: Alfred Joseph Hitchcock wird als drittes Kind des Obst- und Gemüsehändlers William Hitchcock und seiner Frau Emma Jane, geb. Whelan, in Leytonstone bei London geboren. – 14. August: Alma Lucy Reville, Hitchcocks spätere Ehefrau, wird im nordenglischen Nottingham geboren.

1907 Die Familie Hitchcock zieht von Leytonstone nach Poplar bei London um.

1910 Erneuter Umzug der Familie, in den Londoner Stadtteil Stepney.

1910–1913 Ab Oktober: Der junge, katholisch erzogene Alfred Hitchcock besucht für drei Jahre das von Jesuiten geführte St. Ignatius College in Stamford Hill, London.

1913 Schulabschluss und Besuch von Abendkursen an der Universität London im Alter von nur 14 Jahren. Erstes Interesse am Film.

1914 12. Dezember: Hitchcocks Vater William stirbt.

1915–1920 Ab Frühjahr 1915 arbeitet Hitchcock bei der Henley Telegraph and Cable Company als Büroangestellter.

1919 Juni: *Gas*. Hitchcocks Kurzgeschichte wird in der Betriebszeitschrift von Henley veröffentlicht.

1920 Hitchcock entwirft Zwischentitel für die amerikanische Firma Famous Players-Lasky, deren britische Studio-Niederlassung sich im Londoner Stadtteil Islington befindet.

1921 Alfred Hitchcock lernt Alma Reville kennen, sie arbeitet als Cutterin bei Famous Players-Lasky.

1922 Hitchcock erlernt von dem amerikanischen Regisseur George Fitzmaurice Grundlagen der Filmarbeit. – Jahresende: erste Regie bei *Mrs. Peabody* resp. *Number Thirteen*, der unvollendet bleibt.

1923 Famous Players-Lasky veräußert das Londoner Studio in Islington, das Michael Balcon, Victor Saville und John Freedman übernehmen. Hitchcock arbeitet als Regieassistent bei Graham Cutts' *Woman to Woman*, Alma Reville als Cutterin.

1924 Michael Balcon gründet die Gainsborough Pictures, Hitchcock übernimmt verschiedene Funktionen bei diversen Filmen: *The White Shadow*, *The Passionate Adventure*, *The Prude's Fall*. Die Produktion *The Blackguard* wird in den Berliner Ufa-Studios gedreht, Hitchcock zeichnet für Drehbuch und Bauten verantwortlich, Erich Pommer ist der deutsche Coproduzent. In Berlin sieht Hitchcock Filme des deutschen Expressionismus. – Verlobung mit Alma Reville.

1925 In den Münchner Emelka-Studios dreht Hitchcock seine ersten beiden eigenständigen Regiearbeiten, *The Pleasure Garden* und *The Mountain Eagle*. Während *The Pleasure Garden* erhalten ist, gilt *The Mountain Eagle* als verschollen. Durch seine Arbeit in Berlin und München spricht Hitchcock passabel Deutsch.

1926 Hitchcock realisiert *The Lodger: A Story of the London Fog*. – 2. Dezember: Heirat von Alfred Hitchcock und Alma Reville in London, Hochzeitsreise nach St. Moritz. Einzug in die Londoner Wohnung in der Cromwell Road 153.

1927 *Downhill* und *Easy Virtue* für Michael Balcons Gainsborough Pictures. – *The Ring* (erstes eigenes Originaldrehbuch) und *The Farmer´s Wife* für John Maxwells British International Pictures (BIP).

1928 *Champagne* und *The Manxman*. – 7. Juli: Patricia Alma Hitchcock, »Pat« gerufen, das einzige Kind von Alfred Hitchcock und Alma Reville, wird in London geboren. – Dreharbeiten zu *Blackmail*.

1929 *Blackmail* – in einer stummen und in einer partiellen Tonfassung gedreht – wird von der BIP als erster englischer Tonfilm uraufgeführt.

1930 Verfilmung von Sean O'Caseys Bühnenstück

Juno and the Paycock. – Hitchcock gründet die »Hitchcock Baker Productions Ltd.« zu Werbezwecken und der Selbstvermarktung. – Inszenierung der Rahmenhandlung des Gruppenfilms *Elstree Calling.* – *Murder!* – *The Skin Game.*

1931 Weltreise mit Alma und Patricia zu Weihnachten.

1932 *Number Seventeen.* – *Rich and Strange.*

1933 *Waltzes from Vienna.* Erneute Begegnung und Zusammenarbeit mit Produzent Michael Balcon, diesmal für die Filmgesellschaft Gaumont-British.

1934 *The Man Who Knew Too Much.* – Erstmals an Weihnachten Familienurlaub im schweizerischen St. Moritz. Von nun an haben diese Weihnachtsurlaube Tradition.

1935 *The Thirty-nine Steps.* – *Secret Agent.*

1936 *Sabotage.*

1937 *Young and Innocent.* – Sommer: Italienreise. Erste Amerikareise, zusammen mit Alma und Patricia. – *The Lady Vanishes.*

1938 Hitchcock unterzeichnet einen mehrjährigen Vertrag mit US-Produzent David O. Selznick. – Herbst: Dreharbeiten zu *Jamaica Inn*, seinem vorerst letzten englischen Film.

1939 März: Übersiedlung der Familie Hitchcock von England in die USA, nach Los Angeles. – Das Projekt *Titanic* wird nicht realisiert. – *Rebecca.* Hitchcocks erster US-Film für David O. Selznick, für den er insgesamt drei Filme dreht.

1940 Oscar für *Rebecca* als Bester Film 1940. – *Foreign Correspondent.* – *Mr. and Mrs. Smith*, der erste von drei Filmen für die RKO Studios.

1941 *Suspicion.* Der erste von vier Filmen mit Cary Grant.

1942 Jahresbeginn: Bühnendebüt von Tochter Patricia am Broadway. – Frühjahr: Umzug in die endgültige Adresse, Bellagio Road 10957, Bel Air. Zudem Kauf des Wochenend-Hauses in Scotts Valley, Santa Cruz. – *Saboteur.* – *Shadow of a Doubt.* – 26. September: Hitchcocks Mutter Emma stirbt 79-jährig in England.

1943 4. Januar: Hitchcocks Bruder William begeht in London Selbstmord. – *Lifeboat.*

1944 Hitchcock dreht in London die beiden Antikriegs-Kurzfilme *Bon Voyage* und *Aventure Malgache* zur Unterstützung der französischen Résistance. – *Spellbound.* Zusammenarbeit mit Salvador Dalí. Erster von drei Filmen mit Ingrid Bergman.

1945 *Notorious.*

1946 April: Gründung der eigenen Produktionsfirma Transatlantic Pictures, zusammen mit Sidney Bernstein.

1947 *The Paradine Case*, die letzte Arbeit Hitchcocks für Selznick.

1948 Tochter Patricia beginnt ein Schauspielstudium an der Royal Academy of Dramatic Art. – *Rope.* Hitchcocks erster Farbfilm sowie sein erster von zwei Filmen als sein eigener Produzent. Zudem erster von vier Filmen mit James Stewart. – Dreharbeiten zu *Under Capricorn* in England.

1949 Dreharbeiten zu *Stage Fright* mit Marlene Dietrich. Tochter Patricia Hitchcock spielt erstmals in einem Film ihres Vaters mit, zwei weitere Nebenrollen in *Strangers on a Train* und in *Psycho* folgen. – Transatlantic Pictures wird wieder aufgelöst.

1950 Dreharbeiten zu *Strangers on a Train* nach einem Roman von Patricia Highsmith, der ersten von vier Produktionen für die Warner Bros. Studios.

1951 13. September: Verlobung von Patricia Hitchcock und Joseph E. O'Connell.

1952 17. Januar: Heirat von Pat Hitchcock und O'Connell in New York. – *I Confess* wird im frankokanadischen Québec gedreht.

1953 17. April: Geburt von Hitchcocks erster Enkelin Mary Alma. – *Dial M for Murder* markiert die erste von drei Arbeiten mit Grace Kelly. Der Film wird in 3-D-Technik gedreht. – Hitchcock inszeniert sechs Filme für die Paramount: *Rear Window* bildet den Auftakt der goldenen Paramount-Ära.

1954 2. Juli: Geburt von Hitchcocks zweiter Enkelin Teresa. – Dreharbeiten zu *To Catch a Thief* an der südfranzösischen Côte d'Azur. – *The Trouble with Harry.* – Beginn der mehrjährigen Zusammenarbeit mit Komponist Bernard Herrmann, der zu insgesamt acht Hitchcock-Filmen die Musik anlegt.

1955 Alfred Hitchcock und François Truffaut begegnen sich zum ersten Mal. – *The Man Who Knew Too Much*, das einzige Remake eines eigenen Films, wird in Marokko und London gedreht. – Oscar für Kameramann Robert Burks für *To Catch a Thief.* – 20. April: Alfred Hitchcock nimmt die amerikanische Staatsbürgerschaft an. – 2. Oktober: Beginn der Fernsehreihe *Alfred Hitchcock Presents* mit der Folge *Revenge.*

1956 *The Wrong Man.*
1957 *Vertigo.* – Claude Chabrol und Eric Rohmer veröffentlichen das Buch *Hitchcock*, die erste Biographie über den Regisseur überhaupt.
1958 18. April: Krebsoperation Alma Hitchcocks. – Herbst: Dreharbeiten zu *North by Northwest* für MGM.
1959 27. Februar: Geburt von Hitchcocks dritter Enkelin Kathleen. – Das Projekt *No Bail for the Judge* wird abgebrochen. – Spätherbst: Dreharbeiten des Low-Budget-Films *Psycho*. Hitchcocks letzter Film für die Paramount Studios sowie sein letzter in Schwarzweiß. Ein Film, der ein ganzes Genre weltweit revolutionieren wird. Zuschauer haben noch Monate nach dem Kinobesuch Angst, eine Dusche zu benutzen.
1960 Ab April: Weltreise zum Start von *Psycho*, auch nach Deutschland.
1961 13. Oktober: Alfred und Alma entdecken Tippi Hedren in einem Fernseh-Werbespot für einen Diät-Trunk.
1962 Frühjahr: Dreharbeiten zu dem technisch aufwendigen und innovativen *The Birds*. Hitchcock ist nun bei den Universal Studios, für die er seine letzten sechs Filme dreht.
1963 Herbst: *Marnie*. Nach den beiden gelungenen vorhergehenden Arbeiten beginnen die Jahre der künstlerischen und kommerziellen Misserfolge, bis auf *Frenzy*. – Planungen zu den drei Projekten *The Three Hostages*, *Mary Rose* und *R.R.R.R.*, die jedoch allesamt nicht zustande kommen.
1964 Mai: Urlaub in Europa.
1965 7. März: Hitchcock erhält den Milestone Award. – Spätherbst: Dreharbeiten zu *Torn Curtain*, zu Teilen auch in Deutschland, mit den deutschen Schauspielern Günter Strack, Wolfgang Kieling, Hansjörg Felmy und Gisela Fischer in Nebenrollen.
1966 November: Truffauts Buch *Le cinéma selon Hitchcock* (deutsch: *Mr. Hitchcock, wie haben Sie das gemacht?*, 1973) erscheint in seiner ersten originären französischen Fassung.
1967 Rückzug Hitchcocks in sein kalifornisches Zuhause, nach allzu starker öffentlicher Kritik an seinen letzten beiden Filmen.
1968 April: Auszeichnung mit dem Irving G. Thalberg Memorial Award durch die Academy of Motion Picture Arts and Sciences. – Mai: Die Universität von Kalifornien in Santa Cruz ernennt ihn zum Ehrendoktor. – *Topaz.*
1969 September: Hitchcock wird zum Officier des Arts et des Lettres ernannt.
1970 Die Hitchcocks trennen sich von ihrem Landsitz in Santa Cruz.
1971 März: Verleihung der Ehrenmitgliedschaft der Society of Film and Television in der Londoner Royal Albert Hall. – Juni: In Paris wird er zum Ritter der Ehrenlegion ernannt. – Sommer/Herbst: Alfred Hitchcock kehrt nach 20 Jahren in seine Heimat London zurück, um hier seinen vorletzten Film zu drehen: *Frenzy*. – Alma Hitchcock erleidet während der Dreharbeiten in London einen Schlaganfall und muss in die USA zurück.
1972 Auszeichnung mit dem Golden Globe. – 6. Juni: Die Universität von Columbia verleiht ihm die Ehrendoktorwürde.
1973 Januar/Februar: Retrospektive von Hitchcocks Filmen im Los Angeles County Museum of Art. – Seit *Rebecca* (1939/40) schwerstes Körpergewicht von etwa 150 Kilo. – Zunehmender Alkoholkonsum.
1974 29. April: Würdigung durch die New Yorker Film Society of Lincoln Center. – Oktober: Implantation eines Herzschrittmachers. Nierensteinoperation.
1975 Ab Mai: Dreharbeiten zu *Family Plot*. – Hitchcock leidet unter Erschöpfungszuständen, die Gefahr eines Herzinfarkts besteht. – Zweiter Schlaganfall Alma Hitchcocks. – 24. Dez.: Bernard Herrmann stirbt.
1976 April: Uraufführung von *Family Plot*, Alfred Hitchcocks 53. und letztem Film.
1977 Zunehmende Isolation. Depressionen.
1978 Frühjahr und Herbst: Arbeit am Drehbuch zu *The Short Night*. Der Film wird nicht mehr realisiert. – Starker Alkoholkonsum. Jahresende: Entziehungskur.
1979 7. März: Alfred Hitchcock wird mit dem Life Achievement Award des American Film Institute ausgezeichnet. – 9. Mai: Hitchcock schließt sein Büro auf dem Studiogelände der Universal. – 31. Dezember: Ernennung zum Knight Commander of the British Empire durch die Queen. Er ist nun Sir Alfred Hitchcock. – Starker geistiger und körperlicher Abbau.

1980 16. März: Letzter öffentlicher Auftritt. – 29. April: Alfred Hitchcock stirbt morgens gegen halb zehn zuhause in Bel Air im Alter von 80 Jahren an Nierenversagen.

1982 6. Juli: Alma Reville stirbt im Alter von 82 Jahren.

1983 François Truffauts Hitchcock-Buch erscheint als »Édition définitive«, ergänzt um seine letzten Filme seit *Torn Curtain*.

1999 13. August: Alfred Hitchcocks 100. Geburtstag wird weltweit mit Retrospektiven, Ausstellungen und Hommagen gewürdigt.

2018 7. Juli: Tochter Patrica Hitchcock O'Connell begeht ihren 90. Geburtstag.

2019 13. August: Hitchcocks 120. Geburtstag.

2020 29. April: Hitchcocks 40. Todestag.

Bibliographie

Bei ins Deutsche übertragenen Publikationen werden die entsprechenden bibliographischen Angaben hierzu aufgeführt, andernfalls die der Originalausgaben.

Literatur über Alfred Hitchcocks Leben und Werk – sowie über seine Schauspielerinnen (alphabetische Auswahl)

Ackroyd, Peter: *Alfred Hitchcock.* London 2015

Auiler, Dan: *Hitchcock's Notebooks. An Authorized and Illustrated Look Inside the Creative Mind of Alfred Hitchcock.* London 1999

Auiler, Dan: *Vertigo. The Making of a Hitchcock Classic.* New York 1998

Ball, Gregor: *Gracy Kelly. Ihre Filme – ihr Leben.* München 1983

Barr, Charles: *Vertigo.* London 2002

Beier, Lars-Olav / Georg Seeßlen (Hrsg.): *Alfred Hitchcock.* Berlin 1999

Bellour, Raymond: *L'analyse du Film.* Paris 1979

Bergman, Ingrid / Burgess, Alan: *Mein Leben.* Berlin/Frankfurt/Wien 1980

Bogdanovich, Peter: *The Cinema of Alfred Hitchcock.* New York 1963

Bourdon, Laurent: *Dictionnaire Hitchcock.* Paris 2007

Boyd, David (Hrsg.): *Perspectives on Alfred Hitchcock.* New York 1995

Brill, Lesley: *The Hitchcock Romance. Love and Irony in Hitchcock's Films.* Princeton 1988

Brown, Curtis F.: *Ingrid Bergman. Ihre Filme – ihr Leben.* München 1980

Chabrol, Claude / Rohmer, Eric: *Hitchcock.* Paris 1957/1986

Chandler, Charlotte: *Hitchcock. Die persönliche Biografie.* München 2005

DeRosa, Steven: *Writing with Hitchcock. The Collaboration of Alfred Hitchcock and John Michael Hayes.* New York/London 2001

Dewey, Donald: *James Stewart. Ein Leben für den Film.* Berlin 1997

Douchet, Jean: *Alfred Hitchcock.* Paris 1967. Erweiterte Fassung: Paris 1985

Dufreigne, Jean-Pierre: *Le style Hitchcock.* Paris 2004

Duncan, Paul: *Alfred Hitchcock. Sämtliche Filme.* Köln 2003

Durgnat, Raymond: *The Strange Case of Alfred Hitchcock.* London 1974

Filmmuseum Düsseldorf (Hrsg.): *Obsessionen – Die Alptraum-Fabrik des Alfred Hitchcock.* Düsseldorf 1999

Fischer, Herwig: *Der Duschmord in Alfred Hitchcocks »Psycho«. Eine Mikroanalyse.* Erlangen 1990

Fontaine, Joan: *No Bed of Roses.* New York 1978

Freeman, David: *The Last Days of Alfred Hitchcock.* New York 1984

Fründt, Bodo: *Alfred Hitchcock und seine Filme.* München 1986

Gottlieb, Sidney (Hrsg.): *Hitchcock on Hitchcock. Selected Writings and Interviews.* London 1995

Hamilton, John: *Hitchcock's Blonde. Grace Kelly and Alfred Hitchcock.* Bristol 2009

Hedren, Tippi: *Tippi. A Memoir.* New York 2016

Hembus, Joe (Hrsg.): *Alfred Hitchcock und seine Filme.* München 1979

Hitchcock O'Connell, Pat / Bouzereau, Laurent: *Alma Hitchcock. The Woman Behind the Man.* New York 2003

Hotchner, A. E.: *Doris Day. Her Own Story.* London 1975

Humphries, Patrick: *The Films of Alfred Hitchcock.* New York 1986

Hunter, Evan: Me and Hitch. London 1997

Jacobs, Steven: *The Wrong House: The Architecture of Alfred Hitchcock.* Rotterdam 2007

Jendricke, Bernhard: *Alfred Hitchcock.* Reinbek bei Hamburg 1993
Krohn, Bill: *Hitchcock at Work.* London 2000
Leff, Leonard J.: *Hitchcock and Selznick: The Rich and Strange Collaboration of Alfred Hitchcock and David O. Selznick.* New York 1987
Leigh, Janet / Nickens, Christopher: *Psycho. Hinter den Kulissen von Hitchcocks Kultthriller.* München 1996
MacLaine, Shirley: *Don't Fall Off the Mountain.* New York 1970
Maxford, Howard: *The A – Z of Hitchcock. The Ultimate Reference Guide.* London 2002
McGilligan, Patrick: *Alfred Hitchcock. A Life in Darkness and Light.* New York 2003
Modleski, Tania: *The Women Who Knew Too Much. Hitchcock and Feminist Theory.* New York 1988
Moral, Tony Lee: *The Making of Hitchcock's Marnie.* Lanham, Maryland 2005
Moral, Tony Lee: *The Making of Hitchcock's The Birds.* Harpenden, Herts 2013
Morris, George: *Doris Day. Ihre Filme – ihr Leben.* München 1987
Paglia, Camille: *The Birds.* London 1998
Patalas, Enno: *Alfred Hitchcock.* München 1999
Phillips, Gene D.: *Alfred Hitchcock.* Boston 1984
Pomerance, Murray: *Marnie.* London 2014
Pomerance, Murray: *The Man Who Knew Too Much.* London 2016
Rebello, Stephen: *Alfred Hitchcock and the making of Psycho.* London 1998
Rothman, William: *Hitchcock – The Murderous Gaze.* Cambridge, London 1982
Ryall, Tom: *Blackmail.* London 1993
Ryall, Tom: *Alfred Hitchcock and the British Cinema.* London 1986
Schickel, Richard: *Cary Grant. A celebration.* London 1983
Schmenner, Will / Corinne Granof (Hrsg.): *Casting a Shadow. Creating the Alfred Hitchcock Film.* Evanston, Illinois 2007
Sinyard, Neil: *The Films of Alfred Hitchcock.* New York 1986
Skerry, Philip J.: *Psycho in the Shower. The History of Cinema's Most Famous Scene.* New York 2009
Spoto, Donald: *Alfred Hitchcock. Die dunkle Seite des Genies.* München 1986
Spoto, Donald: *Alfred Hitchcock und seine Filme.* München 1999
Spoto, Donald: *Spellbound by Beauty. Alfred Hitchcock and His Leading Ladies.* London 2008
Stiftung Deutsche Kinemathek (Hrsg.): *Kim Novak. Hommage.* Berlin 1997
Stiftung Deutsche Kinemathek (Hrsg.): *Shirley MacLaine. Hommage.* Berlin 1999
Sullivan, Jack: *Hitchcock's Music.* New Haven/London 2006
Taylor, John Russell: *Die Hitchcock-Biographie. Alfred Hitchcocks Leben und Werk.* München/Wien 1980
Thompson, Howard: *James Stewart. Seine Filme – sein Leben.* München 1979
Truffaut, François: *Die Filme meines Lebens.* München/Wien 1976
Truffaut, François: *Le cinéma selon Hitchcock.* Paris 1966. Erweiterte Fassung: *Hitchcock/Truffaut.* Paris 1983. / Deutsche Ausgabe: *Mr. Hitchcock, wie haben Sie das gemacht?* München 1973/Neuausgabe 2003. Erweiterte Fassung: *Truffaut/Hitchcock.* München 1999
Vermilye, Jerry: *Cary Grant. Seine Filme – sein Leben.* München 1979
Villien, Bruno: *Hitchcock.* Paris 1985
Wolff, Mark H. / Nourmand, Tony (Hrsg.): *Hitchcock Poster Art.* London 1999
Wood, Robin: *Hitchcock's Films.* London/New York 1977. Erweiterte Fassung: New York 1989
Wulff, Hans Jürgen (Hrsg.): *All about Alfred. Hitchcock-Bibliographie.* Münster 1983. Erweiterte Fassung: Münster 1996
Wydra, Thilo: *Alfred Hitchcock. Leben – Werk – Wirkung.* Berlin 2010
Wydra, Thilo: *Grace. Die Biographie.* Berlin 2012
Wydra, Thilo: *Grace Kelly. Film Stills.* München 2014
Wydra, Thilo: *Ingrid Bergman. Ein Leben.* München 2017
Žižek, Slavoj u.a.: *Was Sie immer schon über Lacan wissen wollten und Hitchcock nie zu fragen wagten.* Frankfurt/Main 2002

Dokumentationen

Kino- und Fernseh-Dokumentarfilme sowie TV-Auftritte (chronologische Auswahl)

Frankfurter Stammtisch (1966)
HR, 13. Oktober 1966.
Hitchcock nimmt anlässlich des Starts von *Torn Curtain* an der HR-Sendung in Frankfurt teil.

The Dick Cavett Show (1972)
ABC, 8. Juni 1972.
US-Showmaster Dick Cavett im Gespräch mit Alfred Hitchcock. Einer seiner sehenswertesten Fernsehauftritte überhaupt.

V.I.P-Schaukel (1972)
ZDF, 25. August 1972.
Margret Dünser im Gespräch mit Alfred Hitchcock über *Frenzy*.

American Film Institute. Life Achievement Award (1979)
ABC, 7. März 1979.
Aufzeichnung der AFI-Preisverleihung in Beverly Hills.

Music for the Movies: Bernard Herrmann (1992)
Channel 4, 1992. Regie: Joshua Waletzky.
Dokumentation über Bernard Herrmanns Leben und Werk und die Zusammenarbeit mit Hitchcock.

Hitchcock, Selznick & das Ende von Hollywood (1999)
BBC/BR, 1999. Buch / Regie: Michael Epstein.
Dokumentation über die Zusammenarbeit von Hitchcock und Produzent David O. Selznick.

Alfred Hitchcock und die Kunst des Verbrechens (1999)
BBC/NDR, 1999. Regie: Tim Kirby.
Zweiteilige Dokumentation.

The Pervert's Guide to Cinema (2006)
Channel 4, 2006. Buch: Slavoj Žižek. Regie: Sophie Fiennes.
Kino-Dokumentarfilm mit dem slowenischen Philosophen Slavoj Žižek, in der es neben D. Lynch, A. Tarkovskij und F. F. Coppola ausführlich um Hitchcocks *The Birds*, *Psycho* und *Vertigo* geht.

Legenden: Alfred Hitchcock (2009)
ARD/WDR, 10. August 2009.
Buch / Regie: Michael Strauven.
ARD-Dokumentation anlässlich des 110. Geburtstags am 13. August 2009.

Hitchcock/Truffaut (2015)
Arte, 16. November 2015. Buch / Regie: Kent Jones.
Kino-Dokumentarfilm, auf den Filmfestspielen von Cannes am 19. Mai 2015 uraufgeführt, der das legendäre 50-Stunden-Interview zwischen François Truffaut und Hitchcock zum Thema hat.

78/52 (2017)
Arte, 22. Oktober 2017.
Buch / Regie: Alexandre O. Philippe
Kino-Dokumentarfilm, der den Mythos des Films *Psycho* und dessen Duschsequenz behandelt.

Filmographie

Die Jahre von Produktion und Uraufführung müssen nicht immer übereinstimmen, sondern können teils um mindestens ein Jahr oder länger voneinander abweichen. Die Jahresangaben orientieren sich daher einheitlich am Jahr der jeweiligen Uraufführung. Aufgeführt sind alle Filme, bei denen Alfred Hitchcock Regie führte.

Kinofilme / Stummfilme

1922
Number Thirteen
Buch: N.N. – Kamera: Rosenthal. *(unvollendet)*

1927
The Pleasure Garden (Irrgarten der Leidenschaft)
Buch: Eliot Stannard; nach einem Roman von Oliver Sandys. – Kamera: Baron Giovanni Ventimiglia. – Länge: 74 Min.

The Mountain Eagle (Der Bergadler)
Buch: Eliot Stannard. – Kamera: Baron Giovanni Ventimiglia. – Länge: 72 Min. *(verschollen)*

The Lodger: A Story of the London Fog (Der Mieter)
Buch: Eliot Stannard; nach dem gleichnamigen Roman von Marie Belloc Lowndes. – Kamera: Hal Young, Baron Giovanni Ventimiglia. – Länge: 85 Min.

Downhill
Buch: Eliot Stannard; nach einem Theaterstück von Ivor Novello und Constance Collier. – Kamera: Claude McDonnell. – Länge: 80 Min.

Easy Virtue
Buch: Eliot Stannard; nach einem Theaterstück von Noël Coward. – Kamera: Claude McDonnell. – Länge: 73 Min.

The Ring (Der Weltmeister)
Buch: Alfred Hitchcock und Alma Reville. – Kamera: John J. Cox. – Länge: 116 Min.

1928
The Farmer's Wife
Buch: Alfred Hitchcock; nach einem Theaterstück von Eden Phillpotts. – Kamera: John J. Cox. – Länge: 67 Min.

Champagne
Buch: Eliot Stannard; nach einer Geschichte von Walter C. Mycroft; adaptiert von Alfred Hitchcock. – Kamera: John J. Cox. – Länge: 104 Min.

1929
The Manxman
Buch: Eliot Stannard; nach einem Roman von Hall Caine. – Kamera: John J. Cox. – Länge: 106 Min.

Kinofilme / Tonfilme

1929
Blackmail (Erpressung)
Buch: Alfred Hitchcock; nach einem Theaterstück von Charles Bennett. – Kamera: John J. Cox. – Musik: Campbell und Connelly. – Länge: 86 Min. (von dem Film entstanden zwei Fassungen, eine stumme und eine mit Ton)

1930
Elstree Calling
Buch: Adrian Brunel, Val Valentine und Walter C. Mycroft. – Kamera: Claude Friese-Greene. – Musik: Reg Casson, Vivian Ellis, Chick Endor. – Länge: 86 Min. (Gruppenfilm)

Juno and the Paycock
Buch: Alfred Hitchcock und Alma Reville; nach dem gleichnamigen Theaterstück von Sean O'Casey. – Kamera: John J. Cox. – Länge: 85 Min.

Murder! (Mord – Sir John greift ein)
Buch: Alma Reville; nach dem Roman und Theaterstück *Enter Sir John* von Clemence Dane und Helen Simpson; bearbeitet von Alfred Hitchcock und Walter Mycroft. – Kamera: John J. Cox. – Musik: John Reynders. – Länge: 92 Min. (von dem Film entstanden zwei separate Fassungen, eine englische und eine deutsche)

1931
The Skin Game (Bis auf's Messer)
Buch: Alfred Hitchcock und Alma Reville; nach einem Theaterstück von John Galsworthy. – Kamera: John J. Cox. – Länge: 85 Min.

1932
Rich and Strange (Endlich sind wir reich)
Buch: Alma Reville; nach einer Idee von Dale Collins; bearbeitet von Alfred Hitchcock. – Kamera: John J. Cox, Charles Martin. – Musik: Hal Dolphe. – Länge: 83 Min.

Number Seventeen (Nummer Siebzehn)
Buch: Alma Reville, Alfred Hitchcock und Rodney Ackland; nach einem Roman und Theaterstück von J. Jefferson Farjeon. – Kamera: John J. Cox, Brian Langley. – Musik: A. Hallis. – Länge: 63 Min.

1933
Waltzes from Vienna
Buch: Guy Bolton und Alma Reville; nach einem Theaterstück von Guy Bolton; basierend auf dem Stück *Walzerkrieg* von Heinz Reichert, A. M. Willmer und Ernst Marischka. – Kamera: Glen McWilliams. – Musik: Johann Strauss. – Länge: 80 Min.

1934
The Man Who Knew Too Much (Der Mann, der zuviel wusste)
Buch: Edwin Greenwood und A. R. Rawlinson; nach einer Geschichte von Charles Bennett und D. B. Wyndham Lewis; bearbeitet von Emlyn Williams. – Kamera: Curt Courant. – Musik: Arthur Benjamin. – Länge: 74 Min.

1935
The Thirty-nine Steps (Die 39 Stufen)
Buch: Charles Bennett; nach dem gleichnamigen Roman von John Buchan; bearbeitet von Alma Reville und Ian Hay. – Kamera: Bernard Knowles. – Musik: Louis Levy. – Länge: 87 Min.

1936
Secret Agent (Geheimagent)
Buch: Charles Bennett; nach dem Theaterstück von Campbell Dixon und den *Ashenden*-Geschichten von Somerset Maugham; bearbeitet von Ian Hay, Jesse Lasky Jr. und Alma Reville. – Kamera: Bernard Knowles. – Musik: Louis Levy. – Länge: 83 Min.

Sabotage
Buch: Charles Bennett; nach dem Roman *The Secret Agent* von Joseph Conrad; bearbeitet von Alma Reville, Ian Hay, Helen Simpson und E. V. H. Emmett. – Kamera: Bernard Knowles. – Musik: Louis Levy. – Länge: 77 Min.

1938
Young and Innocent (Jung und unschuldig)
Buch: Charles Bennett, Edwin Greenwood und Anthony Armstrong; nach dem Roman *A Shilling for Candles* von Josephine Tey, bearbeitet von Alma Reville und Gerald Savory. – Kamera: Bernard Knowles. – Musik: Louis Levy. – Länge: 84 Min.

The Lady Vanishes (Eine Dame verschwindet)
Buch: Sidney Gilliat und Frank Launder; nach dem Roman *The Wheel Spins* von Ethel Lina White; bearbeitet von Alma Reville. – Kamera: John J. Cox. – Musik: Louis Levy. – Länge: 97 Min.

1939
Jamaica Inn (Riff-Piraten)
Buch: Sidney Gilliat und Joan Harrison; nach dem gleichnamigen Roman von Daphne du Maurier; bearbeitet von Alma Reville und J. B. Priestley. – Kamera: Harry Stradling, Bernard Knowles. – Musik: Eric Fenby. – Länge: 108 Min.

1940
Rebecca (Rebekka)
Buch: Robert E. Sherwood und Joan Harrison; nach dem gleichnamigen Roman von Daphne du Maurier; bearbeitet von Philip MacDonald und Michael Hogan. – Kamera: George Barnes. – Musik: Franz Waxman. – Länge: 130 Min.
Foreign Correspondent (Mord)
Buch: Charles Bennett und Joan Harrison; bearbeitet von James Hilton und Robert Benchley. – Kamera: Rudolph Mate. – Musik: Alfred Newman. – Länge: 120 Min.

1941
Mr. and Mrs. Smith (Mr. und Mrs. Smith)
Buch: Norman Krasna. – Kamera: Harry Stardling. – Musik: Edward Wand. – Länge: 95 Min.

Suspicion (Verdacht)
Buch: Samson Raphaelson, Joan Harrison und Alma Reville; nach dem Roman *Before the Fact* von Francis Iles. – Kamera: Harry Stradling. – Musik: Franz Waxman. – Länge: 99 Min.

1942
Saboteur (Saboteure)
Buch: Peter Viertel, Joan Harrison und Dorothy Parker; nach einer Idee von Alfred Hitchcock. – Kamera: Joseph Valentine. – Musik: Frank Skinner. – Länge: 109 Min.

1943
Shadow of a Doubt (Im Schatten des Zweifels)
Buch: Thornton Wilder, Sally Benson und Alma Reville; nach einer Geschichte von Gordon McDonnell. – Kamera: Joseph Valentine. – Musik: Dimitri Tiomkin. – Länge: 108 Min.

1944
Lifeboat (Das Rettungsboot)
Buch: Jo Swerling; nach einer Originalgeschichte von John Steinbeck. – Kamera: Glen Mac Williams. – Musik: Hugo W. Friedhofer. – Länge: 96 Min.

Bon Voyage
Buch: J. O. C. Orton und Angus MacPhail; nach einer Idee von Arthur Calder-Marshall. – Kamera: Gunther Krampf. – Länge: 26 Min. (Kurzfilm)

Aventure Malgache
Buch: Angus MacPhail. – Kamera: Gunther Krampf. – Länge: 31 Min. (Kurzfilm)

1945
Spellbound (Ich kämpfe um dich)
Buch: Ben Hecht; nach dem Roman *The House of Dr. Edwardes* von Francis Beeding; bearbeitet von Angus MacPhail. – Kamera: George Barnes. – Musik: Miklos Rozsa. – Länge: 111 Min.

1946
Notorious (Berüchtigt / Weißes Gift)
Buch: Ben Hecht; nach einer Idee von Alfred Hitchcock. – Kamera: Ted Tezlaff. – Musik: Roy Webb. – Länge: 102 Min.

1947
The Paradine Case (Der Fall Paradin)
Buch: David O. Selznick; nach einem Roman von Robert Hichens; bearbeitet von Alma Reville. – Kamera: Lee Garnes. – Musik: Franz Waxman. – Länge: 110 Min.

1948
Rope (Cocktail für eine Leiche)
Buch: Arthur Laurents; nach einem Theaterstück von Patrick Hamilton; bearbeitet von Hume Cronyn. – Kamera: Joseph Valentine, William V. Skall. – Musik: Francis Poulenc, Leo F. Forbstein. – Länge: 81 Min.

1949
Under Capricorn (Sklavin des Herzens)
Buch: James Bridie; nach dem Theaterstück von John Colton und Margaret Linden sowie nach einem Roman von Helen Simpson. – Kamera: Jack Cardiff. – Musik: Richard Addinsell. – Länge: 116 Min.

1950
Stage Fright (*Die rote Lola*)
Buch: Whitfield Cook; nach den Geschichten *Man Running* und *Outrun the Constable* von Selwyn Jepson; bearbeitet von Alma Reville und James Bridie. – Kamera: Wilkie Cooper. – Musik: Leighton Lucas. – Länge: 110 Min.

1951
Strangers on a Train (Verschwörung im Nordexpreß / Der Fremde im Zug)
Buch: Raymond Chandler, Czenzi Ormonde und Whitfield Cook; nach dem gleichnamigen Roman von Patricia Highsmith. – Kamera: Robert Burks. – Musik: Dimitri Tiomkin. – Länge: 101 Min.

1953
I Confess (Ich beichte / Zum Schweigen verurteilt)
Buch: George Tabori und William Archibald nach dem Theaterstück *Nos Deux Consciences* von Paul Anthelme. – Kamera: Robert Burks. – Musik: Dimitri Tiomkin. – Länge: 95 Min.

1954
Dial M for Murder (Bei Anruf Mord)
Buch: Frederick Knott; nach seinem eigenen Theaterstück. – Kamera: Robert Burks. – Musik: Dimitri Tiomkin. – Länge: 105 Min.

Rear Window (Das Fenster zum Hof)
Buch: John Michael Hayes; nach der gleichnamigen Kurzgeschichte von Cornell Woolrich. – Kamera: Robert Burks. – Musik: Franz Waxman. – Länge: 112 Min.

1955
To Catch a Thief (Über den Dächern von Nizza)
Buch: John Michael Hayes; nach einem Roman von David Dodge. – Kamera: Robert Burks. – Musik: Lyn Murray. – Länge: 107 Min.

The Trouble with Harry (Immer Ärger mit Harry)
Buch: John Michael Hayes; nach einem Roman von John Trevor Story. – Kamera: Robert Burks. – Musik: Bernard Herrmann. – Länge: 99 Min

1956
The Man Who Knew Too Much (Der Mann, der zuviel wusste)
Buch: John Michael Hayes und Angus MacPhail; nach einer Geschichte von Charles Bennett und D. B. Wyndham Lewis. – Kamera: Robert Burks. – Musik: Bernard Herrmann. – Lieder: *Whatever Will Be* und *We'll Love Again* von Jay Livingston und Ray Evans. – Länge: 119 Min.

The Wrong Man (Der falsche Mann)
Buch: Maxwell Anderson und Angus MacPhail; nach der Geschichte *The True Story of Christopher Emmanuel Balestrero* von Maxwell Anderson. – Kamera: Robert Burks. – Musik: Bernard Herrmann. – Länge: 107 Min.

1958
Vertigo (Aus dem Reich der Toten)
Buch: Alec Coppel und Samuel Taylor; nach dem Roman *D'Entre les Morts* von Pierre Boileau und Thomas Narcejac. – Kamera: Robert Burks. – Musik: Bernard Herrmann. – Länge: 128 Min.

1959
North by Northwest (Der unsichtbare Dritte)
Buch: Ernest Lehman. – Kamera: Robert Burks. – Musik: Bernard Herrmann. – Länge: 136 Min.

1960
Psycho
Buch: Joseph Stefano; nach dem gleichnamigen Roman von Robert Bloch. – Kamera: John L. Russell. – Musik: Bernard Herrmann. – Länge: 109 Min.

1963
The Birds (Die Vögel)
Buch: Evan Hunter; nach der gleichnamigen Kurzgeschichte von Daphne du Maurier. – Kamera: Robert Burks. – Musik / Elektronischer Soundtrack: Remi Gassmann, Oskar Sala. – Länge: 120 Min.

1964
Marnie
Buch: Jay Presson Allen; nach dem gleichnamigen Roman von Winston Graham. – Kamera: Robert Burks. – Musik: Bernard Herrmann. – Länge: 130 Min.

1966
Torn Curtain (Der zerrissene Vorhang)
Buch: Brian Moore. – Kamera: John F. Warren. – Musik: John Addison. – Länge: 128 Min.

1969
Topaz (Topas)
Buch: Samuel Taylor; nach dem gleichnamigen Roman von Leon Uris. – Kamera: Jack Hildyard. – Musik: Maurice Jarre. – Länge: 125 Min.

1972
Frenzy
Buch: Anthony Shaffer; nach dem Roman *Goodbye Piccadilly, Farewell Leicester Square* von Arthur La Bern. – Kamera: Gil Taylor. – Musik: Ron Goodwin. – Länge: 116 Min.

1976
Family Plot (Familiengrab)
Buch: Ernest Lehman; nach dem Roman *The Rainbird Pattern* von Victor Canning. – Kamera: Leonard South. – Musik: John Williams. – Länge: 120 Min.

Fernsehfilme

Zwanzig der insgesamt 359 Folgen der beiden zwischen 1955 und 1965 entstandenen Fernsehserien *Alfred Hitchcock Presents* und *The Alfred Hitchcock Hour* inszenierte Hitchcock selbst. Diese sind hier aufgeführt.

1955
Revenge
Buch: Francis Cockrell und A. I. Bezzerides; nach einer Geschichte von Samuel Blas. – Kamera: John L. Russell.

Breakdown
Buch: Francis Cockrell und Louis Pollock; nach einer Geschichte von Louis Pollock. – Kamera: John L. Russell.

1956
The Case of Mr. Pelham
Buch: Francis Cockrell; nach einer Geschichte von Anthony Armstrong. – Kamera: John L. Russell.

Back for Christmas
Buch: Francis Cockrell; nach einer Geschichte von John Collier. – Kamera: John L. Russell.

Wet Saturday
Buch: Marian Cockrell; nach einer Geschichte von John Collier. – Kamera: John L. Russell.

Mr. Blanchard's Secret
Buch: Sarett Rudley; nach einer Geschichte von Emily Neff. – Kamera: John L. Russell.

1957
One More Mile to Go
Buch: James P. Cavanagh; nach einer Geschichte von F. J. Smith. – Kamera: John L. Russell.

Four O'Clock
Buch: Francis Cockrell; nach einer Geschichte von Cornell Woolrich. – Kamera: John L. Russell.

The Perfect Crime
Buch: Stirling Silliphant; nach einer Geschichte von Ben Ray Redman. – Kamera: John L. Russell.

1958
Lamb to the Slaughter
Buch: Roald Dahl; nach einer eigenen Geschichte. – Kamera: John L. Russell.

Dip in the Pool
Buch: Robert C. Dennis und Francis Cockrell; nach einer Geschichte von Roald Dahl. – Kamera: John F. Warren.

Poison
Buch: Casey Robinson; nach einer Geschichte von Roald Dahl. – Kamera: John L. Russell.

1959
Banquo's Chair
Buch: Francis Cockrell; nach einer Geschichte von Rupert Croft-Cooke. – Kamera: John L. Russell.

Arthur
Buch: James P. Cavanagh; nach einer Geschichte von Arthur Williams. – Kamera: John L. Russell.

The Crystal Trench
Buch: Strirling Silliphant; nach einer Geschichte von A. E. W. Mason. – Kamera: John F. Warren.

1960
Incident at the Corner
Buch: Charlotte Armstrong; nach einer eigenen Geschichte. – Kamera: John L. Russell.

Mrs. Bixby and the Colonel's Coat
Buch: Halstedt Welles; nach einer Geschichte von Roald Dahl. – Kamera: John L. Russell.

1961
The Horseplayer
Buch: Henry Slesar; nach einer eigenen Geschichte. – Kamera: John L. Russell.

Bang! You're Dead
Buch: Harold Swanton; nach einer Geschichte von Margery Vosper. – Kamera: John L. Russell.

1962
I Saw the Whole Thing
Buch: Henry Slesar; nach einer Geschichte von Henry Cecil. – Kamera: Benjamin H. Kline.

Filmdiven bei Schirmer/Mosel

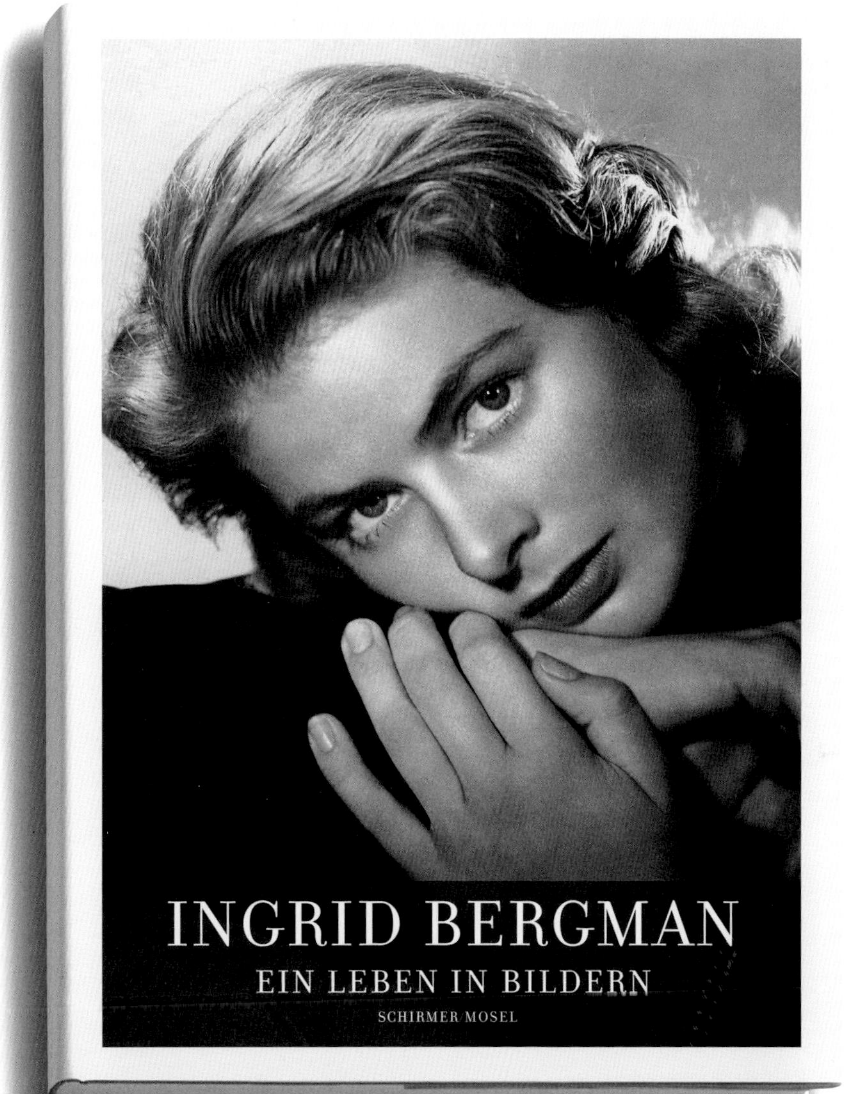

Ingrid Bergman
Ein Leben in Bildern
Herausgegeben von Isabella Rossellini und Lothar Schirmer
Mit einem Vorwort von Liv Ullmann und einem Interview zwischen
Ingrid Bergman und John Kobal
528 Seiten, 385 Abbildungen in Farbe und Duotone
ISBN 978-3-8296-0648-6 (gebunden), 978-3-8296-0702-5 (broschiert)

Filmdiven bei Schirmer/Mosel

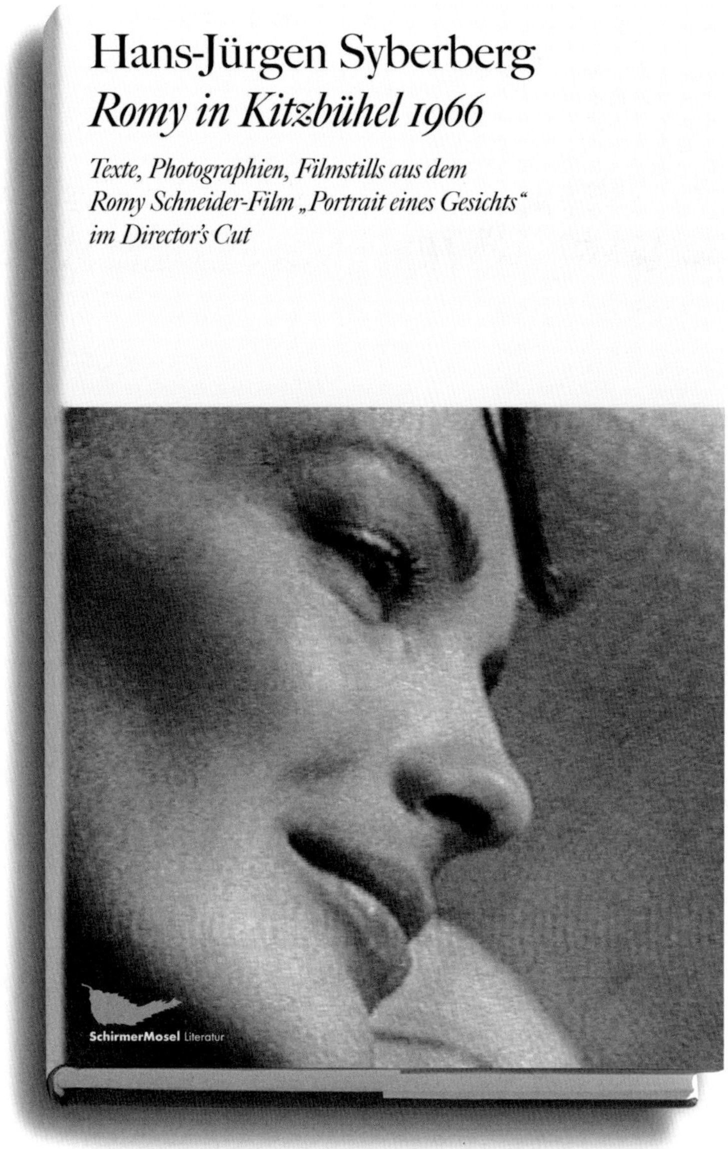

Hans-Jürgen Syberberg
Romy in Kithbühel
Texte, Photographien, Filmstills aus dem
Romy Schneider-Film *Portrait eines Gesichts* im Director's Cut
Mit Texten von Hans-Jürgen Syberberg und Thilo Wydra
128 Seiten, 82 Abbildungen, ISBN 978-3-8296-0855-8

Filmdiven bei Schirmer/Mosel

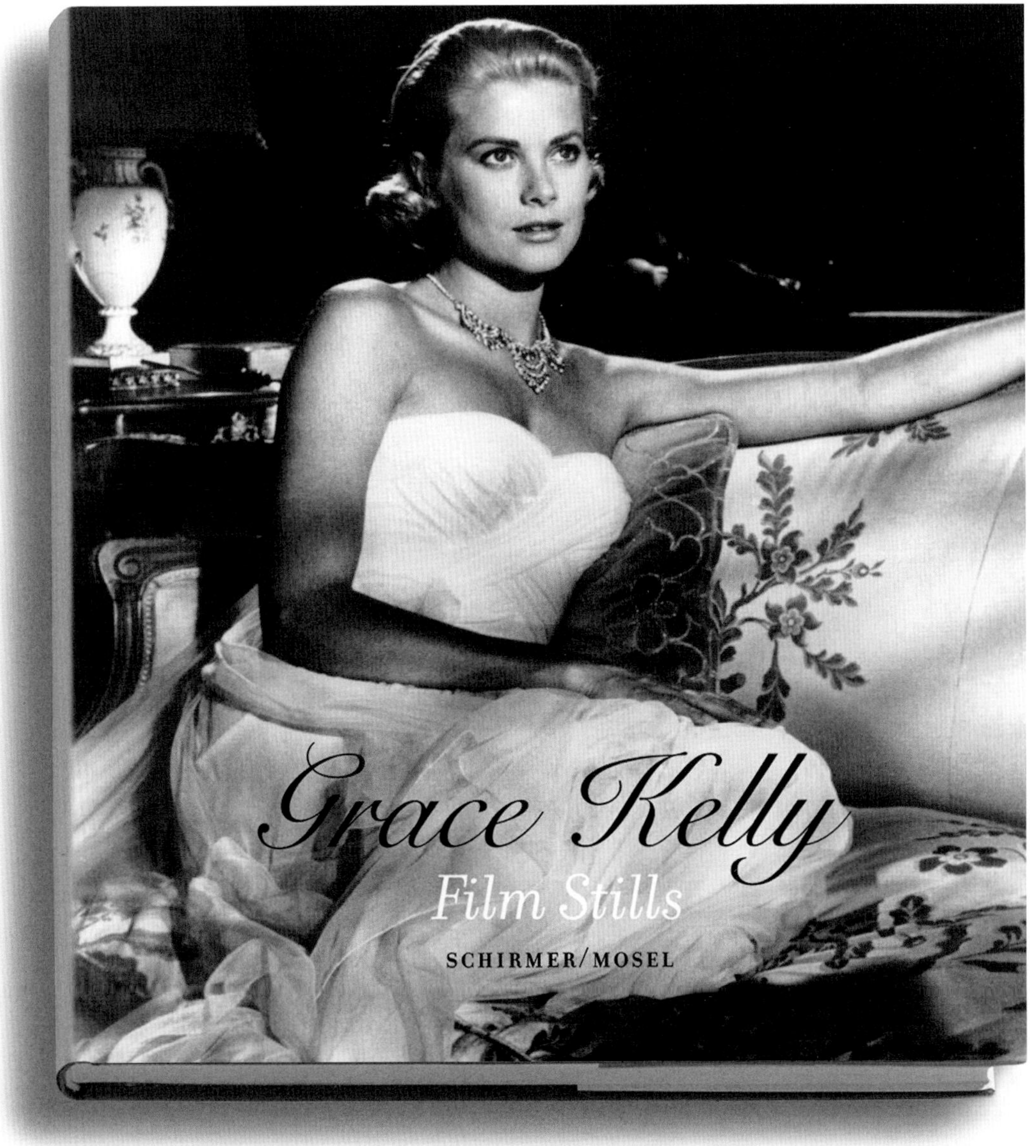

Grace Kelly
Filmstills aus ihren elf Filmen 1951–1956
Mit einem Text von Thilo Wydra
144 Seiten, 87 Abbildungen in Farbe und Duotone
ISBN 978-3-8296-0667-7

Bildnachweis

Frontispiz, S. 13, 15: Sunset Boulevard/Getty Images; S. 14, 53, 98, 143, 206: Moviepix (hand-out); S. 16/17, 97: John Springer Collection/Getty Images; S. 19, 20, 21: akg-images/ Album/RKO; Umschlag hinten: Sunset Boulevard / Getty Images; S. 27, 28, 29, 30, 31, 32, 33, 34, 35, 54, 55, 56/57, 58, 59, 60, 61, 62, 63, 130, 131, 199, 200, 201, Umschlag vorne: Verlagsarchiv; S. 81: akg-images/ Album/Paramount Pictures; S. 82, 83, 84, 110, 114: Paramount/Kobal/Shutterstock; S. 85, 109, 115, 129: Moviestore Collection/Shutterstock; S. 111: Snap Stills/Shutterstock; S. 125: GTV Archive/Shutterstock; S. 126, 128, 132/133: MGM/Kobal/Shutterstock; S. 127, 159, 171: SNAP/Shutterstock; S. 158, 160/161, 165, 166, 190: Universal/ Kobal/Shutterstock; S. 93, 94, 95: akg-images/Album/Warner Brothers; S. 99: Archive Photos/Getty Images; S. 112, 113, 157, 162, 163: akg-images/Album/ Alfred J. Hitchcock Productions; S. 141, 142: akg-images/Album/ Shamley Productions; S. 144/145: Bettman/Getty Images; S. 167: akg-images/ Album; S. 168: Hulton Archive/Getty Images; S. 169, 170, 189, 191, 198: akg-images/Album/Universal Pictures; S. 197: ullstein bild – Rex Features/SNAP/Shutterstock

Satz: Fotosatz Huber, Germering
Lithographie: Bayermedia, München
Druck und Bindung: Longo, Bozen

ISBN 978-3-8296-0835-0

Eine Schirmer/Mosel Produktion
www.schirmer-mosel.com